婦人部指導集

# 希望の花束

## 2

聖教新聞社

池田名誉会長ご夫妻

# 目次

## 第三章　スピーチ

装幀　内川　純子

一、本書は、「聖教新聞」（二〇〇六年～二〇〇九年）に掲載された池田名誉会長の長編詩、随想、スピーチ等のなかから「婦人部指導集」として収録したものです。

一、スピーチについては、読みやすくするために、漢字をひらがなにしたものもあります。また、抜粋した編は、末尾に（抜粋）と表記しました。

一、各編冒頭に表記した年月日については、長編詩は執筆日、随想は掲載日、スピーチは会合開催日を記しました。また、各スピーチ、メッセージについては、末尾に会場名を表記しました。

一、肩書、名称、時節等については、掲載時のままにしました。

一、御書の引用は、『新編 日蓮大聖人御書全集』（創価学会版）を（御書〇〇㌻）と表記しました。

一、法華経の引用は、『妙法蓮華経並開結』（創価学会版）を（法華経〇〇㌻）と表記しました。

一、引用および参照した箇所には、＊を付け、巻末に頁数を示し書籍名等を明記しました。

一、編集部による注は〈 〉（＝ ）と記しました。

# 第一章　長編詩

優《やさ》しくして　賢《かしこ》き　勇気ある母に贈《おく》る

# 偉大《いだい》なる尊《とうと》き母の交響楽《こうきょうがく》

二〇〇九年二月九日

母は
美しく
確固《かっこ》たる心を
持っている。

母の尊さは
姿《すがた》や衣裳《いしょう》ではない。
位《くらい》や財宝《ざいほう》でもない。
家の大きさでも
庭の広さでもない。

母は太陽である。
何よりも明るい。
母は大地である。
限《かぎ》りなく豊《ゆた》かだ。
母は幸福の旗《はた》である。
いつも朗《ほが》らかに
頭《こうべ》を上げて胸を張《は》る。

正義の母は
いかなる嫉妬《しっと》や
嫌《いや》がらせの迫害《はくがい》を
受けても
少しも動《どう》じない。

学歴《がくれき》がなくても
意地悪《いじわる》されて
悪口《わるくち》を言われても
有名人のように
騒《さわ》がれなくても
賢《かしこ》き母は
微動《びどう》だにしない。

先祖《せんぞ》や親戚《しんせき》に
いかなる
偉《えら》い人がいても
著名人《ちよめいじん》がいても
優《やさ》しき母の心に
敵《かな》う人はいない。

仏法では
「心こそ大切なれ」
「さいわいは
心より いでて
我《われ》をかざる」と
説《と》かれる。
「心」が
幸福の根本《こんぽん》なのだ。

地位にも
財産《ざいさん》にも　とらわれず
わが信念のまま
母は地道《じみち》に
今日も
皆のために祈《いの》る。
今日も
人びとのために
駆《か》けずり回《まわ》る。

私が若き日から愛読した
アメリカの民衆《みんしゅう》詩人
ホイットマンは
母たちを讃《たた》えに讃えた。

「多くの年輪《ねんりん》を刻《きざ》んできた
女性たち　母たちは
まったく無名《むめい》の存在だ。
けれども
この女性たちこそ
気高《けだか》く勇敢《ゆうかん》で
公平無私《こうへいむし》な精神を持つ
健全《けんぜん》な人たちだ。
国にとっても
世界にとっても
忘《わす》れてはならぬ
偉大《いだい》な力《ちから》なのだ」*
その通りである。

たとえ

わが誠実《せいじつ》の行動を
皆から見下《みさ》げられるような
悔《くや》しい日々が続いても
平然《へいぜん》として
正義の道
幸福の道
平和の道を
歩《あゆ》んでいるのが
母である。

母よ！
「母」という
文字を見ても
私は泣《な》いた。
「はは」という
言葉《ことば》を聞いても
私の胸は痛《いた》み
そしてまた
心は躍《おど》った――
これは
ある哲学者《てつがくしゃ》の言葉である。

その哲人《てつじん》は
こうも言った。
「世界の人びとが
一人《ひとり》も残《のこ》らず
母を大切にすれば
自然《しぜん》のうちに
平和の世界が出来上《できあ》がる。
幸福の道が創《つく》り上げられる。

「喜《よろこ》びの足並《あしな》みが揃《そろ》っていく」

そうだ!
母を大事にすることだ。
それが一切の
平和と幸福
進歩と前進の
最《もっと》も確《たし》かなる
太陽の輝《かがや》きのごとき
法則《ほうそく》なのだ。

御聖訓《ごせいくん》には
厳然《げんぜん》と仰《おお》せである。
「母を疎《おろそ》かにする人は
地獄《じごく》が

その人の心の内《うち》にある」

母を軽蔑《けいべつ》したり
ないがしろにしたり
苦《くる》しめたりする者は
その心の中が
すでに地獄の暗黒《あんこく》なのだ。

母たちを侮辱《ぶじょく》する
増上慢《ぞうじょうまん》の輩《やから》!
母たちを圧迫《あっぱく》する
横柄《おうへい》な権力者《けんりょくしゃ》!
彼らほど
心貧《まず》しく
心卑《いや》しく

幸《しあわ》せを壊《こわ》すものはない。
母を苛《いじ》める奴《やつ》!
母を泣《な》かせる奴!
母を大切にしない奴!
母を虐《しいた》げる奴!
これこそ
平和と幸福の社会を
ぶち壊す
世界一の悪党《あくとう》たちだ。
これは
ある世界的な教育者の
叫《さけ》びである。
母を苦《くる》しめるな!

母を守れ!
母を讃《たた》えよ!
母を
絶対《ぜったい》に下に見るな!
母に
あらゆる真心《まごころ》と愛情を
捧《ささ》げていくことだ。
これが人間だ。

あの詩人も謳《うた》った。
同じように
あの科学者も書いている。
あの大文豪《だいぶんごう》も
同じく綴《つづ》っているではないか。

ある日ある時
一人《ひとり》の仏弟子《ぶつでし》が
母が無学《むがく》であることを
ことさらに語った。
すると
師《し》である釈尊《しゃくそん》は
厳《きび》しく問《と》い質《ただ》した。
「汝《なんじ》が身をば
誰《だれ》か生みしぞや
汝が母　これを生む」

みな人間は
母から生まれてきたのだ。
母が命懸《いのちが》けで
生んでくれたのだ。

「御義口伝《おんぎくでん》」には
「宝浄《ほうじょう》世界とは
我等《われら》が母の胎内《たいない》なり」と
明《あ》かされている。
いのちを慈《いつく》しむ母ほど
尊貴《そんき》な当体《とうたい》はないのだ。

母よ　母よ！
母を思い出すと
今でも私は
胸に込《こ》み上《あ》げる。
もっと
大切にしてあげたかった。
もっともっと

親孝行《おやこうこう》してあげたかった。
あの　いじらしい母！
貧《まず》しきなかを
生《い》き抜《ぬ》き
耐《た》え抜き
優《やさ》しく強く
人生に満足《まんぞく》しきって
他界《たかい》した母たちに
滂沱《ぼうだ》の涙《なみだ》をもって
感謝と賞讃《しょうさん》
そして反省《はんせい》の自分を
見出《みいだ》していくことだ。

私の母は
「一《いち》」という名前だった。
その母親と父親が
「一番　幸福になるように」
そして
「子どもを生んだら
子どもたちが
何かで一番になり
社会に尽《つ》くせよ」という
願《ねが》いを託《たく》したようだ。

戦争《せんそう》は
大切な働《はたら》き盛《ざか》りの
四人の息子《むすこ》を
戦場《せんじょう》へと奪《うば》い取《と》った。
母は

父と共に
けなげな声で訴《うつた》えた。
「一軒《いっけん》で一人《ひとり》
兵隊《へいたい》に行かせれば
十分《じゅうぶん》じゃないか！
行かない家は
誰《だれ》も行かない。
うちは四人も
戦地《せんち》に送《おく》られた……」

長男は
ビルマ（現ミャンマー）で
戦死《せんし》した。
二十九歳の若さであった。

戦時中《せんじちゅう》は
「軍国《ぐんこく》の母」と
さんざん讃《たた》えられた。
しかし
暗い敗戦《はいせん》になると
掌《てのひら》を返して
国を滅《ほろ》ぼした
愚《おろ》かな兵士《へいし》どもの家よと
あざ笑われるようであった。

戦争《せんそう》は
あまりにも残酷《ざんこく》に
母たちを慟哭《どうこく》させた。

けれども
老《お》いた貧乏《びんぼう》な母は
どんな時も
笑顔《えがお》を忘《わす》れなかった。

平和と正義の信念に戦う
わが子を見つめつつ
「私は勝ったよ！」と
最後の最後まで
微笑《ほほえ》みを湛《たた》えていた。

途中《とちゅう》ではない。
人生の四季の最終章《さいしゅうしょう》を
いかに荘厳《そうごん》に飾《かざ》りゆくか。

生老病死《しょうろうびょうし》という
生命の法則《ほうそく》の上に立って
常楽我浄《じょうらくがじょう》の香風《こうふう》に包《つつ》まれた
母たちは
大勝利者である。
大博士である。

この母に最敬礼《さいけいれい》し
この母たちの大恩《だいおん》に
報《むく》いていくことが
教育の根本《こんぽん》であり
政治の本質《ほんしつ》である。
世界平和の
歓喜《かんき》の陽光《ようこう》であるはずだ。

親不孝《おやふこう》ほど
卑劣《ひれつ》な愚《おろ》か者《もの》はいない。
立派《りっぱ》そうに見せても
心は畜生《ちくしょう》だ。
親不孝者で
偉《えら》くなった人物はいない。
親不孝を悔《く》いて
「親孝行《おやこうこう》のために」と
偉くなった人物は多い。

親不孝は
心の敗北《はいぼく》!
親孝行は
生命の勝利!

いくら苦難《くなん》の姿《すがた》の
人生であっても
親孝行の心の人は
人間として誇《ほこ》り高く
永遠《えいえん》に母と共に
幸福という金《きん》の道を
歩《あゆ》んでいけるのだ。

わが恩師《おんし》は十九歳で
先師《せんし》・牧口先生に出会《であ》った。
ふるさと北海道から
東京へ旅立《たびだ》つ　そのとき
母上《ははうえ》は丹精《たんせい》こめた
アツシの袢纏《はんてん》を贈《おく》られた。
「これを着て働《はたら》けば

どんな苦労があっても
何《なん》でもできるよ」

二年間の法難《ほうなん》から
出獄《しゅつごく》なされた恩師《おんし》は
その袢纏《はんてん》を着《ちゃく》して
「これさえあれば大丈夫《だいじょうぶ》」と
巌窟王《がんくつおう》の闘魂《とうこん》を燃《も》やした。

母の真心《まごころ》こそ
最強無敵《さいきょうむてき》の生命の鎧《よろい》だ。
母の祈《いの》りに
応《こた》えゆくとき
人は強くなれる。
今は苦《くる》しくとも

母を思って
頑張り切ることが
親孝行《おやこうこう》になるのだ。

子どもがいなくても
母は母だ。
夫《おっと》がいなくても
母は母だ。

エマソン協会《きょうかい》の
サーラ・ワイダー前会長が
しみじみと語っておられた。
「私たちは
〝母なるもの〟を忘《わす》れた
社会に生きています。

ゆえに私たちは
もう一度深く
母たちへの真《しん》の尊敬《そんけい》の心を
育《はぐく》んでいかねばなりません」

どんなに
便利《べんり》になっても
裕福《ゆうふく》になっても
文明《ぶんめい》が進んでも
〝母なるもの〟を
忘《わす》れ去《さ》ってしまえば
生命の大地を踏《ふ》みにじる
野蛮《やばん》な恩知《おんし》らずなのだ。

日蓮大聖人は
明快《めいかい》に仰《おお》せになられた。
「女人成仏《にょにんじょうぶつ》を
説《と》き明《あ》かした法華経こそ
悲母《ひも》の恩を報《ほう》ずる
真実の報恩《ほうおん》の教《おし》えである。
だからこそ
悲母の恩を報ずるために
妙法《みょうほう》の題目を
一切の女人に唱《とな》えさせようと
願《ねが》いを立てたのである」

広宣流布こそ
大聖人と御一緒《ごいっしょ》に
自分自身の最愛《さいあい》の母へ
そして

全人類の尊《とうと》き母たちへ
最高の報恩《ほうおん》を果《は》たしゆく
大使命の軌道《きどう》なのである。
ここにこそ
人間が最《もつと》も人間らしく
生きる喜《よろこ》びと活力《かつりよく》を
蘇《よみがえ》らせゆく光《ひかり》がある。

二月は——
御本仏《ごほんぶつ》の聖誕《せいたん》の月。
そして
わが恩師《おんし》の誕生の月。
それは
偉大《いだい》な生命を育《はぐく》まれた
偉大な母上《ははうえ》たちへの
報恩謝徳《しやとく》の月でもある。
師恩《しおん》に報《むく》いるために
決然《けつぜん》と立ち上がった
あの二月闘争《とうそう》の折《おり》
二十四歳の私が
真剣な蒲田《かまた》の母たちと
約《やく》し合ったことがある。

第一に
祈《いの》りから始めること。
第二に
地域と社会を
大切にすること。
そして第三に

体験を生き生きと
語っていくことである。

その通りに
私たちは
祈《いの》りに祈った。
語りに語った。
大誠実《だいせいじつ》を尽《つ》くして行動した。

今日の世界広宣流布の
大発展を開いた
二月闘争《とうそう》は
一心不乱《いっしんふらん》の母たちの
勝利の劇《げき》であったのだ。

「祈る人間には
退却《たいきゃく》というものはない」*
これは
マハトマ・ガンジーの
叫《さけ》びである。

母の祈りに
勝《まさ》る力《ちから》はない。
祈り戦う
母の行動を
しのぐものはない。

いかなる
三類《さんるい》の強敵《ごうてき》が顕《あらわ》れようとも
いかなる

三障四魔《さんしょうしま》が競《きそ》い起《お》ころうとも
創価の母は明朗《めいろう》である。
「すべて御書の通りです。
断《だん》じて負《ま》けません」と
深く覚悟《かくご》しているからだ。

祈《いの》り抜《ぬ》き
祈り切って
そして
いつも晴れ晴れと
微笑《ほほえ》みを浮《う》かべるのだ。
「勝ちましたね！」
「よかったですね！」
その神々《こうごう》しい笑顔《えがお》に

その快活《かいかつ》な声に
ただただ合掌《がっしょう》するのみだ。
どれほど強盛《ごうじょう》に
祈ってくれたことか！
どれほど忍耐強《にんたいづよ》く
祈り続けてくれたことか！

創価学会の八十年は
母の祈りで勝ったのだ！
第三代《だいさんだい》の五十年の激戦《げきせん》は
母の祈りで勝ったのだ！

「母」とは
「永遠《えいえん》に負けない人」
そして

「最後に必《かなら》ず勝つ人」の
異名《いみょう》である。

名作『若草物語』の作者《さくしゃ》
オルコットは言った。
「他人に対《たい》し
喜《よろこ》びと安穏《あんのん》をもたらせば
それは自分自身に
四重《じゅう》にもなって戻《もど》り
私たちが
手を差《さ》し伸《の》べる人々の
幸福を倍加《ばいか》するのです」*
真《しん》の貴婦人《きふじん》とは
いかなる女性か？

それは
どんな偉《えら》ぶった人間にも
臆《おく》さず堂々《どうどう》と
真実を語り抜《ぬ》く女性だ。
そして
どんな苦労している人にも
分《わ》け隔《へだ》てなく語りかけ
希望を贈《おく》りゆく女性なのだ。

世界は今
創価の母たちを
蘭《らん》の花になぞらえて
讃《たた》えてくれている。

いにしえより

高貴《こうき》な蘭《らん》は
「三香《さんこう》」「四友《しゆう》」
「四愛《しあい》」「四君子《しくんし》」
「四逸《しいつ》」「五清《ごせい》」という
いずれの名花《めいか》の代表にも
選《えら》ばれてきた。

すなわち香《かお》り高く
親《した》しみやすく
愛らしく
高潔《こうけつ》な気品《きひん》に満《み》ち
優《すぐ》れて清《きよ》らかな
花の中の女王なのだ。

その蘭の花のごとく

皆から慕《した》われながら
御聖訓《ごせいくん》に示《しめ》された
「蘭室《らんしつ》の友」との
対話と友情を広げゆくのが
母の平和のスクラムである。

大聖人は仰《おお》せになられた。
「一を重《かさ》ぬれば
二となり
二を重ぬれば
三・乃至《ないし》　十・百・千
万・億《おく》・阿僧祇《あそうぎ》の母は
唯《ただ》・一なるべし」

すべては

一人《ひとり》から始まる。
一人を大切にする
母の心から始まる。

母よ！
偉大《いだい》なる
尊《とうと》き創価の母たちよ！
仏《ほとけ》のごとく
優《やさ》しくして賢《かしこ》き
強くして正しき
勇気ある心の名指揮《めいしき》で
幸福勝利の交響楽《こうきょうがく》を
天高《てんたか》く
轟《とどろ》かせてくれ給《たま》え！

広布に走《はし》る婦人部の皆さま
お体を大切に！
ご長寿《ちょうじゅ》で！
ご家庭を円満《えんまん》に！
賑《にぎ》やかに！
幸福の博士　勝利者となって
満足《まんぞく》と福徳《ふくとく》の一生《いっしょう》であられることを
お祈《いの》りいたします。
広布の母、万歳《ばんざい》！
創価の母、万歳！
平和の母、万歳！
勝利の母、万歳！

学会本部・師弟《してい》会館にて

# 第二章 文学随想

小説「芙蓉《ふよう》の人」を語る

# 心美しき「芙蓉の人」に

二〇〇八年八月二十三日

優雅《ゆうが》なる
　芙蓉の花の
　　笑顔《えがお》かな

気品《きひん》ある「芙蓉」の花が咲《さ》き誇《ほこ》りゆく季節《きせつ》である。

日本一の山・富士山《ふじさん》（三七七六メートル）は、「芙蓉峯《ほう》」とも謳《うた》われる。「芙蓉」の花にも似《に》た、うるわしい英姿《えいし》のゆえであろうか。

富士の山頂《さんちょう》は、烈風《れっぷう》との戦いである。しかし、いかなる烈風が吹《ふ》き荒《あ》れようとも、山頂は悠然《ゆうぜん》と微笑《ほほえ》みながら、芙蓉《ふよう》の花の宝冠《ほうかん》のごとく光彩《こうさい》を放《はな》っている。

## 女性にすすめる小説『芙蓉の人』

折々《おりおり》に、その富士《ふじ》を写真に収《おさ》めながら、思い出される一書《いっしょ》がある。小説『芙蓉の人』(以下、文春文庫から引用・参照)である。

明治《めいじ》時代、厳冬《げんとう》の富士山頂《さんちょう》での気象観測《きしょうかんそく》に挑《いど》んだ、気象学者の野中到《いたる》・千代子《ちよこ》夫妻の物語《ものがたり》である。とくに、千代子夫人に「芙蓉の人」として光《ひかり》が当てられている。

かつて、女性誌(「主婦の友」)から、〝結婚した女性にすすめたい本〟を尋《たず》ねられたとき、この『芙蓉の人』を挙《あ》げたことも懐《なつ》かしい。

作者《さくしゃ》は新田次郎氏。山岳《さんがく》を舞台《ぶたい》にした名作で名高《なだか》い。以前、「聖教新聞」のてい談《だん》でも味わい深い人間観を語っていただいた。また、夫人である作家の藤原ていさんは、聖教文化講演会《こうえんかい》で何度も講演をしてくださった。子息《しそく》であり著名《ちょめい》な数学者《すうがくしゃ》の藤原正彦氏も、息女《そくじょ》であり作家の藤原咲子さんも、「聖教新聞」のインタビュー等に登場《とうじょう》してくださっている。

新進気鋭《しんしんきえい》の気象《きしょう》学者・野中到《いたる》は、慶応《けいおう》三年（一八六七年）に生まれた。牧口先生と、ほぼ同世代《どうせだい》である。夫人の千代子《ちよこ》とともに、福岡の出身《しゅっしん》である。「火の国」九州の大情熱の持《も》ち主《ぬし》であった。

野中到は、大いなる夢を抱《いだ》いていた。

――富士山頂《ふじさんちょう》での通年《つうねん》の気象観測《かんそく》が成功《せいこう》すれば、正確《せいかく》な天気予報《よほう》が実現《じつげん》して、国民の利《り》益《えき》となり、世界に日本の名《な》を高めることにもなる、と。

なかんずく、富士山頂の高度《こうど》三七七六メートルで、厳冬期《げんとうき》に気象観測ができれば、世界でも類例《るいれい》がないだけに、その意義《いぎ》は計《はか》り知《し》れない。

この前人未到《ぜんじんみとう》の挑戦《ちょうせん》には、想像《そうぞう》を絶《ぜっ》する困難《こんなん》が待ちかまえていた。

明治《めいじ》二十八年（一八九五年）の二月、野中青年は、厳冬の富士山の初登頂《はつとうちょう》に成功した。それ自体《じたい》が、当時にあって、不可能《ふかのう》を可能にした登山史《とざんし》の大記録である。

この夏、彼は、私財《しざい》をなげうって、富士山頂に小さな観測所（六坪《つぼ》）を建《た》て、危険《きけん》を承《しょう》知《ち》で、冬の気象観測を開始《かいし》したのである。

「初《はじ》めっから死を賭《か》けての仕事」。これが、野中青年の決意であった。

彼は宣言《せんげん》していた。

――高層気象観測《こうそうきしょうかんそく》は至難《しなん》の業《わざ》である。しかし、わずかなりとも、この学術《がくじゅつ》の進歩《しんぽ》のため、国のための助《たす》けとなりたい。小さな観測所を建《た》て、烈《はげ》しい風と堅《かた》き氷《こおり》のなか、観測を試《こころ》みて、いささかでも、志《こころざし》ある人々の奮起《ふんき》を促《うなが》したい、と。

青年とは先駆者《せんくしゃ》である。挑戦者《ちょうせんしゃ》である。開拓者《かいたくしゃ》である。

すでに、でき上がった土台《どだい》の上に、自分が花を咲《さ》かせるのではない。わが身を犠牲《ぎせい》にしても、人のため、社会のため、あとに続く後輩《こうはい》たちのために、自分が礎《いしずえ》となる――。

この青年の誇《ほこ》り高き闘魂《とうこん》によって、道なき道が開かれる。

創価学会の歴史が、まさにそうであった。これからも、そうあらねばならない。

## 笑顔《えがお》とこまやかな配慮《はいりょ》が力《ちから》に

夫人の千代子《ちよこ》も、夫《おっと》の理想《りそう》をわが理想として、何があろうと成就《じょうじゅ》してみせると決意する。

千代子は、夫には秘密《ひみつ》で、気象学を学び、体を鍛錬《たんれん》し、登山《とざん》の準備《じゅんび》を重《かさ》ねていた。そして夫《おっと》の後を追《お》って、富士山頂《ふじさんちょう》に登頂《とうちょう》したのである。

こうして、この明治《めいじ》二十八年の十月より、夫妻による、歴史的な気象観測《きしょうかんそく》が始まった。

大自然《だいしぜん》の猛威《もうい》にさらされた極限《きょくげん》の状況《じょうきょう》にあって、気象観測を続けていくために、千代子《ちよこ》の女性としての見方《みかた》や行動が、どれほど大きな力《ちから》となったことか。

もともと、青年・野中が設計《せっけい》した観測所や観測計画《けいかく》には、無理《むり》があった。女性であり、母である千代子の目から見れば、観測する「人間」への配慮《はいりょ》が乏《とぼ》しかったからである。

千代子は、食事、栄養《えいよう》、睡眠《すいみん》時間、暖房《だんぼう》、トイレ等々、観測する「人間」を守る、こまやかな配慮をしていった。千代子は語っている。

「到《いたる》さまは科学的《かがくてき》にすべてを取《と》り運《はこ》んでいるつもりでいて、自分の身体《しんたい》に対《たい》しては、もっとも非科学的な考え方をしているのです。そして、その自分の身体が、今度の場合《ばあい》、一番大事なものであるということを忘《わす》れているのです」と。

山頂は酸素《さんそ》も少ない。高山病《こうざんびょう》との戦いが続く。壮絶《そうぜつ》な環境《かんきょう》は、千代子の体調《たいちょう》も狂《くる》わせた。

しかし、そのなかでも、彼女は、殺風景《さっぷうけい》な観測所に、せめてもの飾《かざ》りつけをするなど、少しでも心が和《やわ》らぐ工夫《くふう》を怠《おこた》らなかった。

さらに、小説には、こう記《しる》されている。

「千代子《ちよこ》は一日に何度か声を上げて笑った。その笑い声を聞いているだけで到《いたる》は、富士《ふじ》山頂《さんちょう》にひとりでいるのではないという気持《きもち》になり、千代子のためにも自分のためにもしっかりしなければならないのだと思っていた」

笑いは力《ちから》である。笑顔《えがお》は励《はげ》ましである。とりわけ、女性の聡明《そうめい》な笑顔、生き生きとした声の響《ひび》きこそ、皆に勝ち進む活力《かつりょく》をみなぎらせていく源泉《げんせん》である。

何ごとも、根本《こんぽん》は「人間」だ。「人間の心」である。その「心」に、明るい希望を、生きる喜《よろこ》びを、負《ま》けない勇気を贈《おく》り続けること――。ここに、勝利の原動力《げんどうりょく》がある。

これを忘《わす》れてしまえば、本当の力は出ない。

## 命《いのち》がけの執念《しゅうねん》で使命に生きる

野中夫妻は、励《はげ》まし合い、支《ささ》え合いながら、病気《びょうき》と戦い、困難《こんなん》と戦い、気象観測《きしょうかんそく》を続ける。しかし、いくつかの肝心《かんじん》の観測器が、あまりに過酷《かこく》な厳寒《げんかん》の富士の環境《かんきょう》に耐《た》えられず、壊《こわ》れた。

心に打撃《だげき》を受けた夫《おっと》は、ついに重い高山病《こうざんびょう》で起《お》き上《あ》がれなくなってしまった。

その夫に代《か》わって、千代子《ちよこ》は観測所《かんそくじょ》の主役《しゅやく》を担《にな》っていくのである。

「(=千代子は富士山頂《ふじさんちょう》での)冬期《とうき》連続観測の記録の鎖《くさり》に、彼女の手で一環《いっかん》一環を加《くわ》えて行くことに、どれほどの意味があるかも充分《じゅうぶん》知っていた。すべては未知《みち》の記録への挑戦《ちょうせん》であった」と。

まさに、一歩一歩、一日一日が、まだ誰《だれ》も成《な》しえなかった、高層気象《こうそうきしょう》観測の記録である。それは、一人《ひとり》の女性が命《いのち》がけの執念《しゅうねん》で切り開いていった魂《たましい》の尊厳《そんげん》の記録ともなった。

この間、家に残《のこ》した最愛《さいあい》の娘を病気《びょうき》で失《うしな》うという悲劇《ひげき》も重《かさ》なった。その娘の死を、彼女は後《のち》に聞いたのだ。あまりのショックに、深い悲《かな》しみの淵《ふち》に沈《しず》んだ。

しかし、自分が生きぬくことができたのも、わが子が自分に命をくれたからだ。そう受《う》け止《と》めて、亡《な》き娘とともに使命を果《は》たすことを決意し、立ち上がっていったのである。

野中夫妻は、観測が命に及《およ》ぶ危険《きけん》な状況《じょうきょう》であると知った政府《せいふ》の命令《めいれい》や、学識者《がくしきしゃ》や協力《きょうりょく》者《しゃ》の説得《せっとく》によって、越年《えつねん》の観測の中断《ちゅうだん》を余儀《よぎ》なくされた(十二月二十二日)。

この厳寒《げんかん》の富士山頂《ふじさんちょう》での夫妻の挑戦《ちょうせん》は、日本、いな、世界の気象観測《きしょうかんそく》の歴史に燦然《さんぜん》と光《ひか》る偉業《いぎょう》となったのである。

厳寒の富士山頂における、夫《おっと》・野中到《いたる》との気象観測——この千代子《ちよこ》の戦いは、新しい女性の歴史を開く先駆《せんく》ともなった。

いまだ、男尊女卑《だんそんじょひ》の風潮《ふうちょう》が強く、理不尽《りふじん》な男女差別《さべつ》が続いていた明治《めいじ》時代である。夫を助《たす》けるために千代子が富士山へ登頂《とうちょう》することも、気象観測に協力《きょうりょく》することも、人々は、なかなか認《みと》めようとしなかった。気象学の権威《けんい》とされていた学者もまた、同様《どうよう》であった。

千代子は、女性を下に見る男たちの頑迷《がんめい》さとも戦わなければならなかったのである。

小説の中で、彼女はこう語っている。

「学問《がくもん》には男も女もないでしょう」「なにかにつけて、女を軽蔑《けいべつ》する男は許《ゆる》せません。そういう男の存在は日本の将来に決《けっ》していいことではありませんわ」

まったく、その通りである。

女性の活躍《かつやく》を最大に讃《たた》えていくことだ。いずこの組織にあっても、女性が伸《の》び伸びと力《ちから》を発揮《はっき》できるようにすれば、どれほど新しい発展の道が開かれていくことであろうか。

## 「芙蓉《ふよう》」の花は「美しい人」の譬《たと》え

富士山頂《ふじさんちょう》での戦いを、千代子《ちよこ》夫人は『芙蓉日記』として綴《つづ》った。富士山が「芙蓉峯《ほう》」と呼《よ》ばれることを踏《ふ》まえたのであろう。

「芙蓉」は蓮《はす》の花の別称《べつしょう》でもある。「美しい人」の譬えとして用《もち》いられてきた。

著者《ちょしゃ》の新田次郎氏は述《の》べている。

「小説の題名《だいめい》『芙蓉の人』は、千代子夫人の芙蓉日記からヒントを得《え》たものだったが、千代子夫人の当時の写真を見ても、『芙蓉の人』と云《い》われてもいいほどの美しい人であり、心もまた美しい人だったからこの題名にした」

芙蓉の花には、凛《りん》とした品格《ひんかく》と香気《こうき》があると讃《たた》えられてきた。

昨年（二〇〇七年）秋、関西を訪問《ほうもん》した折《おり》、同志から贈《おく》られた「芙蓉」の絵が、会館に飾《かざ》られていた。私は、その真心《まごころ》に深い感謝を込《こ》めて、和歌《わか》を詠《よ》み贈った。

美しき
芙蓉《ふよう》の花は
咲《さ》き乱《みだ》れ
大関西の
婦人部　讃《たた》えむ

大勲章《だいくんしょう》
よりも偉大《いだい》な
芙蓉かな
全関西の
同志を見つめむ

なお戸田先生が、私の妻のことを「芙蓉の花は、香峯子《かねこ》だよ」と語ってくださっていたことも、忘《わす》れ得《え》ぬ思い出である。

## 未来を開く女性の力《ちから》を証明《しょうめい》

野中夫妻が命《いのち》を賭《と》して取り組んだ富士山頂《ふじさんちょう》での冬期《とうき》気象観測《きしょうかんそく》は、のちに国によって、富士山頂観測所が建設《けんせつ》される礎《いしずえ》となった。しかし、極限《きょくげん》の状況《じょうきょう》で夫《おっと》を支《ささ》え、ともに戦った千代子《ちよこ》夫人の功績《こうせき》に、光《ひかり》が当てられることは少なかった。

子息《しそく》は証言《しょうげん》されている。

「父に褒章《ほうしょう》の話がありました」「父はもし下《くだ》さるならば、千代子と共に戴《いただ》きたい。あの仕事は、私一人《ひとり》でやったのではなく千代子と二人《ふたり》でやったものですと云《い》って、結局、その栄誉《えいよ》は受けずに終《おわ》ったことがありました」

作者《さくしゃ》の新田氏は、こうした心をくみながら、歴史の陰《かげ》に隠《かく》れていた千代子夫人の活躍《かつやく》を浮《う》かび上《あ》がらせていったのである。

氏は綴《つづ》っている。

「野中千代子《ちよこ》は明治《めいじ》の女の代表であった。新しい日本を背負《せお》って立つ健気《けなげ》な女性であった。封建《ほうけん》社会の殻《から》を破《やぶ》って、日本女性此処《ここ》にありと、その存在を世界に示《しめ》した最初の女性は野中千代子ではなかったろうか。世界中の女性の誰《だれ》もが為《な》し得《え》なかった、三七七六メートルという高山《こうざん》における冬期《とうき》滞在《たいざい》記録の樹立《じゅりつ》は、彼女がその記録を意識《いしき》してやったことではないから更《さら》にその事蹟《じせき》は輝《かがや》いて見えるのである」

あの地でも、この地でも、喝采《かっさい》のない使命の舞台《ぶたい》で、生命を育《はぐく》み、地域を守り、社会を支《ささ》え、歴史を創《つく》り、未来を開く女性の崇高《すうこう》な献身《けんしん》が、いかに人知《ひとし》れず営々《えいえい》となされていることか。この大功績《だいこうせき》を、最敬礼《さいけいれい》して讃《たた》えていくことだ。その限《かぎ》りない智慧《ちえ》と努力から、学んでいくことだ。

私たちが仰《あお》ぎ見《み》るべき「芙蓉峯《ふようほう》」の山頂《さんちょう》とは、いったい、どこにあるのか。それは、だれが見ていなくとも、まじめに誠実《せいじつ》に、粘《ねば》り強《づよ》く、一歩また一歩と歩《あゆ》みを進めゆく女性たちが到達《とうたつ》する、「勝利と栄光の境涯《きょうがい》」なのである。

なかんずく、創価の女性たちの尊貴《そんき》な行動に、各界《かっかい》から限りない賞讃《しょうさん》が寄《よ》せられる時代に入《はい》っている。仏法で説《と》かれる「冥《みょう》の照覧《しょうらん》」は絶対《ぜったい》である。

私の妻も、世界から拝受《はいじゅ》する栄誉《えいよ》を、全世界の敬愛《けいあい》する創価の女性と分《わ》かち合《あ》わせていただきたいと、つねづね語っている。

〈池田名誉会長を支《ささ》え、女性として平和と文化の発展に貢献《こうけん》してきた香峯子《かねこ》夫人に対《たい》して、世界から賞讃《しょうさん》が寄《よ》せられている。

中国・氷心《ひょうしん》文学館の王炳根《おうへいこん》館長は、香峯子夫人への「愛心大使《あいしんたいし》」称号《しょうごう》の授与《じゅよ》の辞《じ》で語った。

「人生における、いかなる困難《こんなん》に直面《ちょくめん》しても、(=池田名誉会長夫妻の)お二人《ふたり》は、互《たが》いに励《はげ》まし合い、『冬は必《かなら》ず春となる』との確固《かっこ》たる信念に基《もと》づいて、戦う勇気を奮《ふる》い起《お》こされながら、生きぬいてこられたのです」

また、ブラジルのサント・アマーロ大学のソランジェ・モウラ教授は述《の》べている。

「近代《きんだい》の女性は、幾多《いくた》の差別《さべつ》や偏見《へんけん》に苦《くる》しんできました。そうしたなか、池田SGI(創価学会インタナショナル)会長とともに、平和建設《けんせつ》に貢献《こうけん》してこられた香峯子夫人が、世界の女性を代表して数多くの顕彰《けんしょう》を受けたことは、私たち女性にとって、輝《かがや》かしい未来の展望《てんぼう》が開けてきたという象《しょう》徴《ちょう》にほかなりません」

さらに、歌手《かしゅ》のアグネス・チャンさんは語っている。

「香峯子《かねこ》夫人は、大変なご苦労をされてきた方なのでしょう。だから、ただ朗《ほが》らかでいるだけでなく、周《まわ》りの人まで朗らかにしてしまう、そんな朗らかさに、多くの人が励《はげ》まされるのだと思います。氷《こおり》が陽《ひ》の光《ひかり》を浴《あ》びて溶《と》けだすように、香峯子夫人の朗らかさに相手《あいて》も頑《かたく》なな心を開いてしまう。香峯子夫人は、私の理想《りそう》です。そして『心の母』でもあるのです」〉

## 負《ま》けないこと、そこから道が開かれる

小説『芙蓉《ふよう》の人』では、零下《れいか》二〇度以下にもなる富士山頂《ふじさんちょう》での極限状態《きよくげんじようたい》での戦いが、迫《はく》真《しん》の筆致《ひっち》で描《えが》かれている。

——過酷《かこく》な環境下《かんきようか》で重い高山病《こうざんびよう》などのため、心身《しんしん》ともに弱《よわ》り果《は》てた野中到《いたる》は、栄養《えいよう》をとるのに不可欠《ふかけつ》な食べ物さえも、あまり口にしなくなっていった。

思いつめた到は、千代子《ちよこ》に言う。

「もはやおれは死を待つしか能《のう》のない身体《しんたい》になった。もし、おれが息《いき》を引き取ったら、その水桶《みずおけ》に入れて、器械室《きかいしつ》へころがして行《い》って、春になるまで置《お》いてくれ」

千代子は、毅然《きぜん》と言った。

「私の野中到《いたる》は死んだらなどという弱気《よわき》を吐《は》く男ではなかったわ」

「そんなことを云《い》うだけの力《ちから》があったら、粥《かゆ》のいっぱいも余計《よけい》に食べたらどうなんです。薬《くすり》でも飲《の》むつもりで食べたら、力が出て来て、病気《びょうき》なんかふっとんでしまいますわ」

そして、涙《なみだ》ながらに、夫《おっと》を励《はげ》ました。

「耐《た》えるのよ、頑張るんだわ。私たちにとって、いまが一番苦《くる》しい時なのよ。私だってもうだめかと思っていたのが、急《きゅう》に快《よ》くなったでしょう」

今も富士山頂《ふじさんちょう》にこだまするかのような、必死《ひっし》の女性の叫《さけ》びである。

人生には、幾多《いくた》の試練《しれん》がある。言語《げんご》に絶《ぜつ》する苦難《くなん》を前に、「もうだめだ」と思う時もあるかもしれない。しかし、何があろうとも、決《けっ》してあきらめてはいけない。希望を捨《す》ててはいけない。どんな戦いにおいても、まずは自分が負《ま》けないことだ。まずは自分が真剣になることだ。そこから、一切の道が開かれる。

「芙蓉《ふよう》の峯《みね》」――あの富士の山頂を心に仰《あお》ぎながら、きょうも、自分らしく、明るく朗《ほが》らかに、前進の一歩を踏《ふ》み出《だ》していくことだ。

終わりに、蓮祖《れんそ》大聖人が、乙御前《おとごぜん》の母（日妙聖人《にちみようしようにん》）に贈《おく》られた御聖訓《ごせいくん》を拝《はい》したい。

「あなたの前々《まえまえ》からの信心のお志《こころざし》の深さについては、言《い》い尽《つ》くせません。しかし、それよりもなおいっそう、強盛《ごうじよう》に信心をしていきなさい。その時は、いよいよ、（諸天善神《しよてんぜんじん》である）十羅刹女《じゆうらせつによ》の守りも強くなると思いなさい。他に例《れい》を引くまでもありません。日蓮を日本国の上一人《かみいちにん》より下万民《しもばんみん》に至《いた》るまで、一人《ひとり》の例外もなく害《がい》しようとしましたが、今までこうして無事《ぶじ》に生きてくることができました。これは、日蓮は一人であっても、法華経を信ずる心の強いゆえであったと思いなさい」（御書一二二〇ジペー、通解）

数々《かずかず》の大難《だいなん》を厳然《げんぜん》と勝ち越《こ》えてこられた、大聖人の絶対《ぜつたい》の御確信《ごかくしん》である。

模範《もはん》とすべきは、師匠《ししよう》の戦いである。「師匠のごとく！」「師匠とともに！」――この一点に徹《てつ》し、強盛な信心を奮《ふる》い起《お》こして進む時、諸天は必《かなら》ず動き、われらを護《まも》る。

全同志のご健康とご長寿《ちようじゆ》を、妻と共に祈《いの》り、一人ももれなく幸福者に、勝利者にと心から念願《ねんがん》し、私の文学随想《ずいそう》を結《むす》ばせていただきたい。

# 第三章　スピーチ

婦人部代表者会議

# 前進！　合言葉《あいことば》は「希望」

二〇〇六年二月一日

## 母をほめ讃《たた》えよう！

きょうはお忙《いそが》しいなか、また寒《さむ》いなか、本当にご苦労さま！

新春《しんしゅん》より、紅梅《こうばい》・白梅《はくばい》のごとく、凜然《りんぜん》と「広宣流布」の花また花を咲《さ》かせゆく、尊《とうと》き婦人部の皆さまを、私は、妻とともに最大に讃えたい。

目をみはる布教《ふきょう》の前進も、「聖教新聞」の拡大《かくだい》も、たいへんにご苦労さま！

皆さまの健闘《けんとう》に心から感謝し、記念の句《く》を贈《おく》りたい。

寒風《かんぷう》に
　皆が讃《たた》えむ
　　梅《うめ》の花

厳寒《げんかん》の
　王者の梅は
　　春見つめ

不朽《ふきゆう》の名作『母』で知られる、ロシアの文豪《ぶんごう》ゴーリキーは綴《つづ》った。

「女性をほめたたえよう、『母』を、このなにものにもうち勝つ生命《いのち》の涸《か》れることなき泉《いずみ》を!」*

母ほど、尊《とうと》く美しいものはない。

母ほど、強く気高《けだか》いものはない。

あの豪雪《ごうせつ》の村々でも、この北風吹《ふ》く街々《まちまち》でも、婦人部の友は、健気《けなげ》に戦ってくださっている。皆さまの健康と絶対無事故《ぜったいむじこ》を、私は毎日、真剣に祈《いの》っている。

時代は大きく変わっている。

社会においても、女性の活躍《かつやく》はめざましい。海外では女性の首相《しゅしょう》が誕生している。企業《きぎょう》や団体を見ても、女性のリーダーが、どんどん増《ふ》えてきている。

学会においても、これまで以上に女性を大切にし、さまざまな次元《じげん》で、女性の意見を尊《そん》重《ちょう》する体制を築《きず》いていきたい。革命《かくめい》していきたい。

「文化の高さは、女性への接《せっ》し方によって決まる」*とは、ゴーリキーの言葉《ことば》である。

男性が威張《いば》って、女性を下に見る——そんなことがあってはならない。

実際《じっさい》に、折伏《しゃくぶく》や「聖教新聞」の拡大《かくだい》でも、一番、頑張ってくださっているのは婦人部である。あらゆる意味で、婦人部の皆さんが学会の大発展を支《ささ》えてくださっている。広宣流布の推進力《すいしんりょく》となってくださっている。

そうした大功労《だいこうろう》の方々を大切にし、その意見を尊重していかなければ、衰亡《すいぼう》してしまう。

絶対に、そうなってはならない。

## 全員が「広布の責任者《せきにんしゃ》」と立て

学会は全員が平等《びょうどう》である。役職が上だから偉《えら》いとか、そういうことは一切ない。大切なのは信心である。

戸田先生が亡《な》くなられた後、私は〝全員が「私が戸田城聖である」との思いで立ってほしい〟と訴《うった》えた。

「私が広布の責任者である」との決意に全員が立つ。それが大切である。

もしも将来、慈悲《じひ》もなく、展望《てんぼう》もなく、次の人材も育《そだ》てない――そういう、ずるいリーダーが出たら、厳《きび》しく正《ただ》さなくてはいけない。

上の立場《たちば》になって、だれからも何も言われなくなると、人は「自分ほど偉い者はいない」と勘違《かんちが》いするものだ。こんな愚《おろ》かなことはない。

婦人部の皆さんも、意見や要望《ようぼう》があれば、どんどん言っていただきたい。言いたいことがあるのに、黙《だま》っていてはいけない。

男性と調和《ちょうわ》し、男性を聡明《そうめい》にリードしながら、学会のため、広宣流布のために声をあげていく。下から上へ意見をぶつけていく。そうであってこそ、新《あら》たな前進がある。永遠性《えいえんせい》の発展がある。

また、婦人部の皆さまのなかには、歴戦《れきせん》の大先輩《だいせんぱい》の方も多くおられる。いろいろな形で、広布の前進を支《ささ》えてきてくださった方もいる。

大事なことは、皆としっかり歩調《ほちょう》を合わせていくことである。若いメンバーの中に入《はい》って、励《はげ》ましを送《おく》り、後輩《こうはい》を育《そだ》てていくことだ。

ゴーリキーは、「誠実《せいじつ》な魂《たましい》には動揺《どうよう》がない」*と述《の》べている。最後の瞬間《しゅんかん》まで、強き信心で戦いきる。真心《まごころ》を尽《つ》くして、友のために生きぬく。そこにこそ、最高の人生が輝《かがや》いていくのである。

先日《せんじつ》(一月二十三日)、私が「名誉博士号」を拝受《はいじゅ》したロシアの名門《めいもん》・ウラル国立《こくりつ》大学には、創立に尽力《じんりょく》した文豪《ぶんごう》ゴーリキーの名前が冠《かん》されている(正式《せいしき》には、A・M・ゴーリキー記念ウラル国立大学)。ロシアを代表する総合大学の一つである。

同大学のトレチャコフ総長も「女性の力《ちから》」を讃《たた》えておられた。総長は、創価世界女性会館を訪問《ほうもん》された折《おり》、歓迎《かんげい》をした婦人部のメンバーに、こう語っておられたという。

「私たちの大学も、教職員《きょうしょくいん》の四分の三が女性です。だからロシアでも最高の大学の一つといわれているのです。女性が大事です」

女性教育者のミロノヴァ外国人学生担当学部長も、朗《ほが》らかに言われていた。

「私たちの職場《しょくば》でも、周囲《しゅうい》の男性だけでは解決《かいけつ》できない困難《こんなん》な問題は、すべて女性の力で解決します」

「女性の世紀」は、いよいよ輝《かがや》きを増《ま》している。その先頭《せんとう》に立つのが、世界一の学会婦人部なのである。

ウラル国立《こくりつ》大学の先生方も、婦人部の皆さま方を心から讃嘆《さんたん》しておられた。

わが婦人部は、本年で結成五十五周年となる。世界の知性も、この佳節《かせつ》を心から祝賀《しゅくが》してくださっている。

また、「ヤング・ミセス」は今年の四月に「ヤング・ミセスの日」二十周年を迎《むか》える。

本当におめでとう！

看護《かんご》に携《たずさ》わる婦人部の「白樺会《しらかばかい》」も三月で結成二十周年となる。いつも本当にありがとう！　美容関係に携わる婦人部「華峯会《かほうかい》」は記念の大会を行《おこな》う。これは、今年六月に結成四十周年を迎《むか》える「華冠《かかん》グループ」出身者《しゅっしんしゃ》の総会の意義《いぎ》を込《こ》めたものとうかがった。おめでとう！

## 伝統《でんとう》の二月は女性の勢《いきお》いで勝った！

思えば昭和二十七年（一九五二年）、あの「七十五万世帯《せたい》の大法弘通《だいほうぐつう》」への突破口《とっぱこう》を開いた、東京・蒲田《かまた》支部の二月闘争《とうそう》においても、勝利の推進力《すいしんりょく》となってくださったのは、婦人部の皆さま方であった。

戸田先生の命《めい》を受け、支部幹事として一人《ひとり》立った私は、白木静子《しらきしずこ》支部婦人部長に言った。

「二月に、二百世帯の折伏《しゃくぶく》をやりましょう」

白木婦人部長は驚《おどろ》かれながらも、勇《いさ》んで立ち上がってくださったのである。

私は、婦人部の皆さま方に、生き生きと、自信満々《じしんまんまん》に、信心の体験を語っていただくことをお願《ねが》いした。青年部の若い情熱と、婦人部の絶対《ぜったい》の確信《かくしん》が一体《いったい》となって、折伏《しゃくぶく》の波《なみ》は大きく広がっていった。私自身、日曜の朝から、婦人部の方と一緒《いっしょ》に仏法対話に走ったことも、忘《わす》れ得《え》ぬ宝《たから》の歴史である。

私の妻も、女子部として、寒風《かんぷう》のなか、折伏に飛《と》び回《まわ》った一人《ひとり》であった。拠点《きょてん》であった自宅での座《ざ》談会《だんかい》にも、職場《しょくば》の上司《じょうし》を誘《さそ》った。率先《そっせん》して会合を盛《も》り上《あ》げるとともに、毎日毎晩《まいばん》、集《あつ》まってこられる方々を笑顔《えがお》でお迎《むか》えしていった。

集《つど》われた婦人部のお子さんたちに、絵本を読んであげるのも、妻の役割《やくわり》であった。

ともあれ、婦人部、女子部を中心として、各部が一丸《いちがん》となって、仲良《なかよ》く朗《ほが》らかに、一人また一人と、御本尊流布《るふ》を成就《じょうじゅ》していったのである。

そして迎えた「二月闘争《とうそう》」の最終日。目標《もくひょう》の「二百世帯《せたい》」は、すでに達成《たっせい》されていた。

「ちょっと待って！」——これで締《し》め切《き》りという直前《ちょくぜん》、一人の婦人部の方から、もう一世帯の折伏を成《な》し遂《と》げたとの報告が入《はい》った。

歴史に残《のこ》る二月闘争の「二百一世帯」の金字《きんじ》塔《とう》は、わが婦人部のこの「勢《いきお》い」、この「真剣さ」、そして、この「粘《ねば》り」によって打ち立てられたのである。

御書には「一は万が母」（四九八㌻）とある。すべては「一人《ひとり》」から始まる。友の幸福を祈《いの》りぬく婦人部の戦いによって、「七十五万世帯《せたい》」成就《じょうじゅ》の道が大きく開かれた。

今再《ふたた》び、創立八十周年へ、わが婦人部の祈りと行動で、楽しく愉快《ゆかい》に、新《あら》たな広宣流布の波《なみ》を起《お》こしていっていただきたい。

折伏《しゃくぶく》は、日蓮大聖人の仏法の実践《じっせん》の根幹《こんかん》である。偉大《いだい》な御本尊を受持《じゅじ》させる。これほどの聖業《せいぎょう》はない。仏《ほとけ》の使《つか》いとしての尊《とうと》き振《ふ》る舞《ま》いである。

友人を、その一家一族《いちぞく》を、永遠《えいえん》の幸福の軌道《きどう》へと導《みちび》いていく。自身の宿命《しゅくめい》を転換《てんかん》し、無《む》量《りょう》の福徳《ふくとく》を積《つ》んでいく。そのための最高の仏道修行《ぶつどうしゅぎょう》である。

戸田先生は、しみじみと言われていた。

「折伏をする者ほど、御本尊が愛されるのは当然《とうぜん》である」

「歓喜《かんき》に燃《も》えて折伏する者こそ、ほんとうの信心の者といえるのである。かかる人こそ、願《ねが》わずとも、御本尊は無上《むじょう》の宝《たから》、すなわち強い生命力《せいめいりょく》と、福徳とをくださるのである」

来る日も来る日も、広宣流布へ邁進《まいしん》されゆく婦人部の皆さま方が、無量無辺《むへん》の大福徳に包《つつ》まれゆくことは、絶対《ぜったい》に間違《まちが》いない。

## 「祈《いの》り」こそ勝利の源泉《げんせん》

祈りは勝利の源泉である。

〝創価の母たちの祈りほど強いものは、この世《よ》に何もない〟――牧口先生も、戸田先生も、このように語り、創価の女性を賞讃《しょうさん》しておられた。

牧口先生がつねに携《たずさ》えておられた御書には、いたるところに朱線《しゅせん》が引かれ、赤丸《あかまる》が付《ふ》されている。大聖人が、病気《びょうき》と闘《たたか》う富木尼御前《ときあまごぜん》を励《はげ》まされた御書（「富木尼御前御返事《ごへんじ》」）にも、傍線《ぼうせん》が引かれていた。それは、「設《たと》い業病《ごうびょう》なりとも法華経の御力《おんちから》たのもし」「身を持《じ》し心に物《もの》をなげかざれ」（御書九七五㌻）の御文《ごもん》である。

「たとえ業病であったとしても、法華経の御力は頼《たの》もしいものです」「（富木尼御前もまた法華経の行者《ぎょうじゃ》です。ご信心は月が満《み》ちていくように、潮《しお》が満ちてくるように、ますます盛《さか》んです。どうして病《やまい》も消《き》え去《さ》り寿命《じゅみょう》も延《の》びないことがあろうかと、強く心を定《さだ》めて）お体を大切にし、心であれこれと嘆《なげ》かないことです」と仰《おお》せの部分である。

とくに「法華経の御力《おんちから》」の文字の右脇《みぎわき》には、一字ごとに赤丸《あかまる》がつけられていた。さらに「なげかざれ」の文字の右脇には、二重線《にじゅうせん》が引かれていた。

現実の人生は、さまざまな「悩《なや》み」との戦いである。しかし、いかなる試練《しれん》であっても、必《かなら》ずや乗《の》り越《こ》えることができる。いかなる宿業《しゅくごう》であっても、必ずや打開《だかい》できる。

これが「法華経の御力」である。何も嘆くことはない。

たとえ何があっても、御聖訓《ごせいくん》の通りに、強く、また強く、勝ち越えていくことである。断《だん》じて、へこたれない。一歩も退《ひ》かない。敢然《かんぜん》となすべきことをなす。それが仏法である。

戸田先生は、「我《わ》が頭《こうべ》は父母の頭・我が足は父母の足・我が十指《じっし》は父母の十指・我が口は父母の口なり」（御書九七七ジペー）との「忘持経事《ぼうじきょうじ》」の一節《いっせつ》を拝《はい》し、こう指導された。

「これは、親子同時の成道《じょうどう》を説《と》くためにおっしゃっているのです。あなた方が信心して、あなた方の成道がなり立てば、一家親類《しんるい》がことごとく成道するという理《ことわり》を、いまここで説いておられるのです」と。

皆さま方の「一人《ひとり》の勝利」が、「一家眷属《けんぞく》の勝利」へと連動《れんどう》することを、悠然《ゆうぜん》と確信《かくしん》していっていただきたい。

## 一つの出会《であ》い、一つの励《はげ》ましを大切に

昨日一月三十一日付の朝日新聞の「声」の欄《らん》に、「入学前に娘の顔覚《おぼ》えた校長」との見出しで、さわやかな記事《きじ》が掲載《けいさい》された。八王子の女性からの投稿《とうこう》である。

内容《ないよう》を紹介《しょうかい》させていただくと——この春、私立小学校に入学する長女の入学準備《じゅんび》のため、雪の舞《ま》う一月二十一日、その方は長女とともに学校を訪問《ほうもん》した。その帰りがけの校庭で、娘さんとは、まだ直接《ちょくせつ》、会ったことのない女性の校長先生が声をかけてくれた。

「よしみちゃんね。雪の中よく来たね。四月に待っているよ」

校長先生は、受験《じゅけん》の際《さい》に提出《ていしゅつ》された顔写真を見て、顔と名前を覚えていたのである。

その感動について、お母さんは、「子どもに注《そそ》ぐ愛情を強く感じ、これからお世話《せわ》になる学校に信頼《しんらい》を覚えた」と綴《つづ》っておられる。

じつは、この小学校は、わが創価小学校である。そして、校長先生は、若井幸子《さちこ》先生で

ある。

一回の何気《なにげ》ない出会《であ》いかもしれない。ひと言《こと》の何気ない呼《よ》びかけかもしれない。しかし、その〝小さなこと〟を、一つひとつ大事にしていくことが、どれほど〝大きな価値《かち》〟を生み出していくことか。

小さな薬《くすり》も、大きな効能《こうのう》をもっている。小さな種《たね》も、大きな木に育《そだ》ちゆく。一つひとつ、真剣に、また丁寧《ていねい》に、そして忍耐強《にんたいづよ》く手を打ち続けていくなかにのみ、勝利の道が開かれるのである。

とくに、立場《たちば》が高くなったり、威張《いば》る心が出てくれば、こうした小さなことに配慮《はいりょ》できなくなるものだ。皆が何か困《こま》っていないか、苦《くる》しんでいないか、「分かろう」「知ろう」と、つねに努力していくしかない。たとえ、何もしてあげられなくても、「あの人が分かってくれている」ということが、相手の力《ちから》になることもある。

「知らない」のは無慈悲《むじひ》である。

「知らないということは、発展しない、前進しないというにひとしい」*

これは文豪《ぶんごう》ゴーリキーの洞察《どうさつ》であった。

指導者は、冷淡《れいたん》であってはいけない。とくに男性のリーダーは、心して、小さなことに気をつかっていってもらいたい。

本日二月一日、冷《つめ》たい雨のなか、東京の創価中学校の入学試験《しけん》が行《おこな》われた。私は、受験生《じゆけんせい》の皆さんに、こう伝言《でんごん》を贈《おく》った。

「できることなら、全員、合格《ごうかく》させてあげたいけど、それはできません。もしも受からなかったら、創価高校を受けてください。それも受からなかったら、創価大学を受けてください。また、アメリカ創価大学に挑戦《ちょうせん》してください。それも受からなかったら、自分の子どもに託《たく》してください。ともかく、上へ上へと昇《のぼ》っていかなければいけない。下《した》へ下《さ》がってはいけない。寒《さむ》いから風邪《かぜ》をひかないように。お父さん、お母さんに、よろしくお伝えください」と。

創立者の私にとって、学園を志願《しがん》し受験してくれた人は、全員が大切な〝学園生〟である。私は、挑戦してくれた皆さん全員の栄光と勝利と健康を祈《いの》りに祈っている。どこまでも見守《みまも》っている。そのことだけは忘《わす》れないでいただきたい。

# 一人《ひとり》ひとりが輝《かがや》く時代に

あの地でも、この地でも、婦人部と女子部が一体《いったい》となって、仲良《なかよ》く幸福のスクラムを拡《かく》大《だい》しておられる。

「女子部が増《ふ》えて、にぎやかになった」「婦人部も、すがすがしい息吹《いぶき》で進んでいます」など、喜《よろこ》びのドラマも、たくさん、うかがっている。

ここに、未来への希望と勝利の足音《あしおと》がある。私はうれしい。

今、「少子化《しょうしか》」といわれる。不景気《ふけいき》で、さびしい、あまりいい言葉《ことば》ではないが、これは、「一人ひとりが輝く時代」の幕開《まくあ》けともいえるのではないだろうか。

どんどん人材をつくることだ。皆を人材に育《そだ》てることだ。これからは、「一人」の存在が、三人分、いな五人分の価値《かち》ある存在となり、輝いていく時代なのである。リーダーはそれをふまえ、変化《へんか》を先取《さきど》りして、あらゆる活動を考えていかねばならない。

ますます「長寿社会《ちょうじゅしゃかい》」となってくる。

年配《ねんぱい》になると、女性のほうが元気で、男性は元気がない——そういう声もあった。（笑い）人生の総仕上《そうしあ》げを、どう見事《みごと》に飾《かざ》るか。女性の堅実《けんじつ》さ、現実的《げんじつてき》な見方《みかた》を、どう生かすか。どう均衡《きんこう》をもって前進していくか。これも課題《かだい》となろう。

こうした状況《じょうきょう》を包《つつ》み込《こ》みながら、どんな時代になっても悠々《ゆうゆう》と発展していける軌道《きどう》を、今、厳然《げんぜん》と築《きず》いておきたい。

新しい学会をつくる、一番のチャンスである。私は、そう深く決意している。

一番、むずかしい時代でもある。今までの延長線上《えんちょうせんじょう》で考えてはいけない。リーダーが考えを間違《まちが》えると、せっかくの組織を脆弱《ぜいじゃく》にし、壊《こわ》しかねない。

勝つか、負《ま》けるかである。将来のために、勝つための手を、一つ一つ打ってまいりたい。深き責任感《せきにんかん》と、必死《ひっし》の祈《いの》りのあるところ、智慧《ちえ》はいくらでもわいてくるものだ。

## 女性の声が未来を変える

牧口先生と親交《しんこう》があり、国際連盟《こくさいれんめい》（現在の国際連合《れんごう》に先立《さきだ》つ国際平和機構《きこう》）の事務《じむ》次長《じちょう》として活躍《かつやく》した新渡戸稲造《にとべいなぞう》博士。「太平洋《たいへいよう》の懸《か》け橋《はし》」と謳《うた》われた博士は、著書《ちょしょ》のなかで、「一人《ひとり》の女性の声」について書《か》き留《と》めている。

それは一九二四年、国際連盟《こくさいれんめい》の総会での出来事《できごと》である。総会では、戦争《せんそう》を防《ふせ》ぐための「平和議定書《ぎていしょ》」をめぐって、各国の代表が討議《とうぎ》を重《かさ》ねていた。

大国、小国の代表たちが、代《か》わる代《が》わる演壇《えんだん》にあがって、演説《えんぜつ》を行《おこな》った。しかし、新渡戸博士によれば、どの演説も単調《たんちょう》で、大同小異《だいどうしょうい》だったという。早く終わりにしよう、という空気《くうき》すら漂《ただよ》っていた。

そろそろ議論《ぎろん》も出《で》つくしたか、というその時、一人の女性が発言《はつげん》を求《もと》めて立ち上がった。のちにイギリス初の女性の大臣《だいじん》(労働《ろうどう》大臣)となった、マーガレット・ボンドフィールドである。

新渡戸博士が「よせばよいのに」と思うほど、会場は重い空気だった。総会の議長《ぎちょう》も、彼女の発言《はつげん》を拒《こば》むわけにはいかないが、なるべく長くならないように促《うなが》した。

彼女は、「私の議論は三分くらいですみます」*と応《おう》じて、毅然《きぜん》と、次のように語った。

「女の身としてこの壇に上《のぼ》った理由《りゆう》は、平和問題は単《たん》に男性に係《かかわ》るものにあらずして、女性に最《もっと》も相応《ふさわ》しい問題と思うからであります。かつ、平和を破《やぶ》るものは女性にあらずして、男性であることも今日までの経験《けいけん》に徴《ちょう》して明《あきら》かであります。もし女性が政治に干与《かんよ》（＝関与《かんよ》）することが出来《でき》たなら、幾多《いくた》の戦争《せんそう》が開かれずに済《す》んだことでありましょう」＊

そして彼女は、ひとたび戦争になれば、女性が受ける苦《くる》しみが、男性の苦しみと比《くら》べて小さいなどとは決《けっ》して言えないことを訴《うった》え、さらに「私は茲《ここ》に断言《だんげん》いたします。戦争の第一の犠牲《ぎせい》となるのは小児《しょうに》（＝子ども）である」＊と、烈々《れつれつ》と叫《さけ》んだのである。

情熱みなぎる彼女の声に、場内《じょうない》は粛然《しゅくぜん》となった。名《な》だたる政治家や学者たちが心を打たれ、その一言一句《いちごんいっく》に耳を傾《かたむ》けた。なかには目に涙《なみだ》を浮《う》かべる者もいた。

新渡戸《にとべ》博士は、彼女が「全会《ぜんかい》の尊敬《そんけい》を一身《いっしん》に受けつつしずしずと降壇《こうだん》する面影《おもかげ》が今なおわれ等《ら》の眼《め》に残《のこ》っている」＊と、感動をこめて述懐《じゅっかい》している。

女性の真剣な声、女性の正義の叫びが、人の心を動かし、社会と時代を大きく導《みちび》く。未来を変えていく。

わが学会も、婦人部、女子部の皆さま方が、つねに「励《はげ》ましの声」「希望の声」「勇気の声」「破折《はしやく》の声」を、はつらつと、厳然《げんぜん》と発《はっ》している。だからこそ、学会は強いのである。御書には、「声」の重要性《じゅうようせい》が随所《ずいしょ》に綴《つづ》られている。

「声仏事《ぶつじ》を為《な》す」（七〇八㌻）「声も惜《お》しまず」（七二六㌻）

「南無妙法蓮華経と我《われ》も唱《とな》へ他《た》をも勧《すすめ》んのみこそ今生人界《こんじょうにんかい》の思出《おもいで》なるべき」（四六七㌻）

「力《ちから》あらば一文一句《いちもんいっく》なりともか《談》たらせ給《たま》うべし」（一三六一㌻）

等々、声こそが広布の最高の武器《ぶき》である。

大きな声を！　温《あたた》かな声を！　晴ればれと声をあげれば、心も体も健康になる。

正義と勇気の声を響《ひび》かせながら、朗《ほが》らかに仏縁《ぶつえん》を結《むす》び、平和と幸福の連帯《れんたい》を広げてまいりたい。

## 「人類のために創造《そうぞう》の人生を」

一月三十日、インド・創価池田女子大学の第三回卒業式《そつぎょうしき》が、チェンナイ郊外《こうがい》にあるキャンパスで、盛大《せいだい》に開催された。名誉創立者である私と、名誉学長である妻も、丁重《ていちょう》なご招《しょう》待《たい》をいただいたが、どうしても出席《しゅっせき》できないので、祝福《しゅくふく》のメッセージを贈《おく》らせていただいた。

アメリカの名門《めいもん》タフツ大学で宗教学部長を務《つと》められ、私が忘《わす》れ得《え》ぬ対話を結《むす》んだハワード・ハンター博士も、マザー・テレサ大学のラクシュミ元副総長らとご一緒《いっしょ》に、来賓《らいひん》として出席された。ハンター博士は式典《しきてん》で、「寛容性《かんようせい》」をめぐり、すばらしい講演《こうえん》をしてくださった。そのなかで、〝皆さんがこれから「創価池田女子大学」について聞かれたら〟として、こう述《の》べられた。

「『私は、この大学の理念《りねん》に確信《かくしん》を持っています。その理念は、人類のために価値《かち》を創造《そうぞう》する人生を送《おく》っていくことです』と答《こた》えていただきたいのです」

巣立《すだ》ちゆく聡明《そうめい》な乙女《おとめ》たちに、希望と誇《ほこ》りを贈る、温《あたた》かなスピーチ――私は感銘《かんめい》を受けた。その真心《まごころ》に、心から感謝したい。

ロシアの文豪《ぶんごう》ゴーリキーは訴《うった》えた。「人の知識《ちしき》が多ければ多いほど、それだけその人間は強く、よりよい武器《ぶき》を持つことになります。これは明々白々《めいめいはくはく》議論《ぎろん》の余地《よち》ないことです」＊

卒業生《そつぎょうせい》が一人《ひとり》も残《のこ》らず幸福を勝ち取り、力強《ちからづよ》き人生の勝利者となることを、私と妻は真剣に祈《いの》っている。

きょう二月一日は、四十五年前（一九六一年）、私がインドのデリーへ、第一歩をしるした日である。仏教発祥《はっしょう》の地であるインドにも、今や二万五千人の創価の同志が活躍《かつやく》している。首都《しゅと》ニューデリーの近郊《きんこう》には、一九九三年に「創価菩提樹園《ぼだいじゅえん》」が誕生した。

法華経に、「宝樹多華果《ほうじゅたけか》」と説《と》かれている。約二十万坪《つぼ》の広大《こうだい》な敷地《しきち》には、すばらしい園林《おんりん》が広がっている。この菩提樹園には、これまでも、各地の婦人部の木や、本部創友会《そうゆうかい》の木など、数多く植樹《しょくじゅ》してきた。

植樹のもつ意義《いぎ》は、まことに深い。私が親《した》しく語り合ったインドのラジブ・ガンジー首《しゅ》相《しょう》は、「植樹とは生命を与《あた》えることである。愛の表現《ひょうげん》であり、他の人々や地球上の生命を思う心のあらわれである」と語っておられた。

釈尊《しゃくそん》は、菩提樹の下で、障魔《しょうま》を打《う》ち破《やぶ》り、菩提（悟《さと》り）を開いたといわれる。

今後、さらに菩提樹を植樹していく予定《よてい》である。日本、そして世界で広布に戦った功労《こうろう》者《しゃ》の方々の木も、植樹させていただこうと思っている。婦人部の代表として、白木《しらき》静子《しずこ》さん、多田時子《ただときこ》さん等の方々の植樹《しょくじゅ》が予定《よてい》されていることを、ご報告しておきたい。

## 偉大《いだい》だから嫉妬《しっと》される

ロシアの文豪《ぶんごう》ゴーリキーは叫《さけ》んだ。

「この世《よ》の偉大なひとびとのなかで、泥《どろ》を塗《ぬ》ろうとされなかったひとが、一人《ひとり》でも、見つかるであろうか」＊

彼が言う「泥」とは、人を陥《おとし》いれる中傷《ちゅうしょう》であり、嘘《うそ》のことであった。

「ひとにはたれにでも、傑出《けっしゅつ》した人間を自分の理解の水準《すいじゅん》まで低《ひく》めようとするだけではとどまらないで、そのひとを自分の足元《あしもと》へ、あのねばねばした毒《どく》のある泥のなかへ（中略）倒《たお》してみようとする欲求《よっきゅう》がある」＊

人間の嫉妬は怖《こわ》い。「偉大な人」「傑出した人」は皆、中傷され、貶《おとし》められるのが、世の常《つね》である。

私は、これまで、あらゆる三障四魔《さんしょうしま》、三類《さんるい》の強敵《ごうてき》と戦ってきた。矢面《やおもて》に立って、学会を守り、同志を守り、師匠《ししょう》を守りぬいてきた。これが、真実の歴史である。

御聖訓《ごせいくん》には「日蓮は法華経の行者《ぎょうじゃ》なる故《ゆえ》に三種《さんしゅ》の強敵《ごうてき》あつて種種《しゅじゅ》の大難《だいなん》にあへり」(御書一二二六ジペー)と仰《おお》せである。

三類《さんるい》の強敵と戦わない。大難から逃《に》げる――そうした人間は、法華経の行者ではない。

日蓮大聖人の御入滅後《ごにゅうめつご》、後継《こうけい》の柱《はしら》たるべき五老僧《ごろうそう》が、日興上人《にっこうしょうにん》に敵対《てきたい》し、ことごとく反《はん》逆《ぎゃく》したことは、ご存《ぞん》じの通りである。他の門下《もんか》にも、五老僧につき従《したが》って、道を踏《ふ》み外《はず》す者が数多くいた。そのなかで、遠《とお》く離《はな》れた佐渡《さど》には、真の師弟《してい》の道を見失《みうしな》わない弟子《でし》たちがいた。大聖人の直系《ちょっけい》であられる日興上人につききって、信心の正道《せいどう》を進みぬいていった。光《ひか》り輝《かがや》く歴史である。

なぜ、これらの佐渡の門下は、正しき師弟に生きることができたのか。そこには、佐渡広布の偉大《いだい》な母である千日尼《せんにちあま》の強盛《ごうじょう》な信心があった。

夫《おっと》である阿仏房《あぶつぼう》を亡《な》くした後も、千日尼の信心は、いささかも退《ひ》くことなく、いよいよ強く燃《も》え上《あ》がっていった。そして、息子《むすこ》を立派《りっぱ》な後継者に育《そだ》て、身延《みのぶ》におられる大聖人や日興上人《にっこうしょうにん》のもとに、一度ならず、送《おく》り出《だ》していった。

さらに、千日尼《せんにちあま》のひ孫も、幼《おさな》き日より、日興上人のもとで薫陶《くんとう》を受けている。このひ孫は後《のち》に、北国《ほっこく》の広宣流布に戦いぬいていくのである。

## 未来部・青年部を全力で育成《いくせい》

偉大《いだい》なる「母の信心」は、どこまでも日蓮大聖人、日興上人という「広宣流布の師弟《してい》」に直結《ちょっけつ》していた。ゆえに、何があろうと揺《ゆ》らぐことがなかった。一家一族《いちぞく》、さらに地域全体を、厳然《げんぜん》と護《まも》り、照《て》らしていったのである。

賢《かしこ》く強き「母の信心」こそ、幸福の太陽である。「女性の信心」が厳然《げんぜん》としていれば、いかなる魔《ま》も寄《よ》せつけない。

「子にすぎたる財《たから》なし」（御書一三二二ジペー）とは、大聖人が千日尼に贈《おく》られた御聖訓《ごせいくん》である。

わが婦人部は、後継《こうけい》の未来部・青年部の育成に、さらに全力を注《そそ》いでいっていただきたい。

日興上人は、佐渡《さど》の門下《もんか》に宛《あ》てて、こう仰《おお》せになっている。

「この大聖人の法門《ほうもん》は、師弟《してい》の道を正《ただ》して、成仏《じょうぶつ》していくのである。師弟の道を、少しでも誤《あやま》ってしまえば、同じく法華経を持《たも》っていても、無間地獄《むけんじごく》に堕《お》ちてしまうのである」*

仏法は正しい。だからこそ、仏法は厳《きび》しい。

この「師弟の魂《たましい》」が、深く強く刻《きざ》まれた新潟《にいがた》の天地に、創価の父・牧口先生は生誕《せいたん》なされた。佐渡流罪《さどるざい》の文永《ぶんえい》八年（一二七一年）からちょうど六百年後の、明治《めいじ》四年（一八七一年）のことである。

ともあれ、この有縁《うえん》の新潟はじめ信越《しんえつ》でも、また、戸田先生の故郷《こきょう》である北陸でも、そして、北海道や東北でも、わが同志は、豪雪《ごうせつ》に負《ま》けず、意気軒高《いきけんこう》に戦っておられる。

お元気であられるように、事故《じこ》がないように、私も妻も、真剣に題目を送《おく》っている。

日蓮大聖人は、千日尼《せんにちあま》に、小さな火が多くの草や木などを焼《や》き尽《つ》くすことを述《の》べられ、続けて、こう仰《おお》せである。

「妙《みょう》の一字の智火《ちか》は、このようなものである。諸《もろもろ》の罪《つみ》が消《き》えるだけでなく、多くの罪が、かえって功徳《くどく》となる。毒薬《どくやく》が変《へん》じて甘露《かんろ》となるとは、このことである」（御書一三一六ページ、通解）

人生には、さまざまなことがある。しかし、必《かなら》ず、すべてをよい方向《ほうこう》へと転換《てんかん》できるのが、「変毒為薬《へんどくいやく》」の妙法《みょうほう》である。

皆さま方は、広宣流布の希望の太陽である。縁《えん》する同志が、眷属《けんぞく》が、一人《ひとり》も不幸《ふこう》になるわけがない。この大確信《だいかくしん》を燃《も》え上《あ》がらせて、激励《げきれい》の名指揮《めいしき》をお願《ねが》いします!

## 母に学んだ不屈《ふくつ》の勇気

月刊誌「灯台《とうだい》」でこれまで、アメリカ「ソロー協会《きょうかい》」のボスコ前会長、マイアソン前事務《じむ》総長《そうちょう》と私とのてい談《だん》「生命ルネサンスと詩心《しごころ》の光《ひかり》――哲人《てつじん》ソローとエマソンを語る」が掲載《けいさい》されてきた。おかげさまで本年(二〇〇六年)一月号をもって、好評《こうひょう》のうちに終えることができた。現在、本年の出版《しゅっぱん》をめざして、準備《じゅんび》が進められている(二〇〇六年八月、毎日新聞社から発刊)。このてい談では、ソローやエマソンと交流《こうりゅう》を結《むす》んだ、名作『若草物語』の作者《さくしゃ》ルイザ・メイ・オルコットのことも話題《わだい》となった。先駆的《せんくてき》な教育者であった彼女の父が、エマソンらと家族ぐるみの親交《しんこう》を結んでいたのである。

『若草物語』といえば、かつて戸田先生が、女子部の代表の集《つど》い「華陽会《かようかい》」で教材《きょうざい》に取りあげられたこともある、世界的な名作である。

貧《まず》しい家庭を支《ささ》え、苦労しながら、断《だん》じて負《ま》けずに、自分らしく作家《さっか》として開花《かいか》したオルコット。その生涯《しょうがい》に、戸田先生は注目《ちゅうもく》しておられた。こうした人生の労苦《ろうく》ありて、多くの人々を魅了《みりょう》する感動の名作が生まれたとも、分析《ぶんせき》しておられた。

このオルコットの不屈《ふくつ》の人生の源《みなもと》には、母の存在があった。

母アビゲイルは、理想《りそう》に生きる父を支え、子どもたちを愛情こめて育《はぐく》み、貧しい一家を毅然《きぜん》と護《まも》りぬいた。オルコットは、この母の姿《すがた》から、何がなくとも「勇気」一つで苦難《くなん》と戦う、不屈の生き方を学んだ。

また、オルコットは、母の愛情を最大の支えとし、母への感謝の思いを力《ちから》としていった。

彼女は幼《おさな》いころ、日記にこう綴《つづ》っている。

「お母様《かあさま》はわたしのことを分かってくれて助《たす》けてくれる」*

「本当に働《はたら》くつもりです。自分を磨《みが》きたいと心から思う。そしてお母様に心配《しんぱい》をかけたり悲《かな》しませるのではなく、助けて安心させてあげたい」*

世界中を感動で包《つつ》んだ名作は、母娘《ははこ》一体《いったい》の勝利の結晶《けっしょう》でもあったのである。オルコットは数々《かずかず》の作品《さくひん》に、すばらしい母の姿《すがた》を描《えが》き残《のこ》している。

一家の生活が危機《きき》に瀕《ひん》した時期をモデルにした小説＊では、母にあたる登場《とうじょう》人物を「ホープ（希望）」と名《な》づけている。

この小説には、たいして働《はたら》きもせず、家族も顧《かえり》みないくせに、現実離《ばな》れした空想《くうそう》を追《お》い求《もと》め、むなしい議論《ぎろん》ばかり繰《く》り返《かえ》して皆を困《こま》らせる、男たちの姿が描かれている。そのなかを、母ホープは地道《じみち》に働き続け、一家も同居人《どうきょにん》も支《ささ》えぬいた。

理想《りそう》が破綻《はたん》すると、男たちは一気《いっき》に、意気消沈《いきしょうちん》してしまった。

しかし、母は微動《びどう》だにしなかった。「新しい司令官《しれいかん》」となって、夫《おっと》を力強《ちからづよ》く励《はげ》ましながら、堅実《けんじつ》に、また聡明《そうめい》に、楽しく前進の指揮《しき》を執《と》る。そして、「ホープ」を合言葉《あいことば》にしながら、たくましく、未来へ向かっていく——そういうドラマである。

いざというとき、母は強い。現実的でありながら、決《けっ》して希望を見失《みうしな》わず、人々を愛情で包み込《こ》んでいく。それが、母の偉大《いだい》さである。

オルコットの作品《さくひん》には、彼女が母から教《おそ》わった、さまざまな人生の知恵《ちえ》がちりばめられている。『若草物語』では、母が娘に、こう教《おし》えている。

「うぬぼれというものはどんなにりっぱな才能《さいのう》もだいなしにしてしまうものです」＊

たしかに、その通りであろう。慢心《まんしん》し、才《さい》におぼれて、求道《きゅうどう》の心を忘《わす》れれば、たちまち転落《てんらく》が始まるものである。仏法は、増上慢《ぞうじょうまん》を厳《きび》しく戒《いまし》めている。戸田先生も、慢心の人間には徹《てつ》して峻厳《しゅんげん》であられた。

母が娘に優《やさ》しく語りかける場面《ばめん》は、『若草物語』の続編《ぞくへん》でも描《えが》かれている。

「あなたは一家の太陽なのだから、あなたが陰気《いんき》になった日にはいいお天気というものはないことになります」＊

わが婦人部の皆さま方は、今、女子部と一体《いったい》となって、さわやかな若草のごとき、うるわしい「創価の母娘《ははこ》」「広布の姉妹《しまい》」のスクラムを、広げてくださっている。

「学会の太陽」である皆さま方が、いつも健康で、明るくはつらつと、ご一家を、また地域を、社会を、そして全同志を照《て》らしゆくことを、私は心から祈《いの》っている。

ロシアのゴーリキーは述《の》べている。

「勝利する人は、勝利の実《み》を刈《か》り取《と》る人ではなく、最前線《さいぜんせん》で闘《たたか》い続ける人なり!」*

最前線で戦う。その人こそ尊《とうと》い。

このことを私は、戸田先生から何度もたたきこまれた。

肩書《かたがき》を得《え》た。成果《せいか》を挙《あ》げた——それは、真《しん》の勝利とはいえない。

また、勝負《しょうぶ》は「途中《とちゅう》」では決まらない。一生涯《いっしょうがい》、広宣流布の責任《せきにん》を担《にな》い、最後まで戦い続ける。その人こそが、本当の勝利者なのである。

## 世界一の幸福のスクラムを

五十五年前(一九五一年)の六月十日、婦人部結成の日、集《あつ》まった代表の五十二人を、戸田先生は温《あたた》かく祝福《しゅくふく》された。そのときのお話を、私は小説『人間革命』に綴《つづ》った。

「いよいよ学会も新しい出発をした以上、目的《もくてき》に向かって、前進のための組織を一層強《いっそうきょう》固《こ》にせねばならない。そのためには、きょうここにお集まりの皆さんの力《ちから》を、ぜひとも必《ひっ》要《よう》とするのであります。

おたがいに、広宣流布の実現《じつげん》のために、力《ちから》いっぱい働《はたら》こうというからには、皆さんは妙《みょう》法流布《ほうるふ》の歴史に輝《かがや》く女性の一人《ひとり》として、一人ももれることなく、後世《こうせい》に名《な》をとどめていただきたい。

そのなかにこそ、夫《おっと》や、子どもの一切の福運も、繁栄《はんえい》もあると確信《かくしん》してもらいたい」

皆さまの前進を、三世《さんぜ》十方《じっぽう》の仏《ほとけ》も、「善哉《よきかな》、善哉」とほめ讃《たた》えておられることは、御聖《ごせい》訓《くん》に照《て》らして間違《まちが》いない。生々世々《しょうじょうじょう》、自在《じざい》に人生を楽しめる。大福徳《だいふくとく》に包《つつ》まれる。どれだけ境涯《きょうがい》が広がるか、はかりしれない。本当に、すごいことなのである。

晴れわたる五月の三日へ、そして、結成五十五周年の六月十日へ、仲良《なかよ》く、楽しく、悠々《ゆうゆう》と、世界一の幸福のスクラムを広げていっていただきたい。

まだまだ寒《さむ》い日が続く。どうか、風邪《かぜ》をひかれませんように。私も妻も、婦人部の皆さまのご健康とご多幸《たこう》を毎日、祈《いの》っている。

どうか、お元気で！　ありがとう！

（東京・信濃文化センター）

婦人部代表幹部協議会

# 女性の力《ちから》が世界を動かす

二〇〇六年二月十日

## 今日という日は再《ふたた》び来《こ》ない

婦人部の皆さん、いつも、ありがとう！　毎日、本当に、ご苦労さま！

ある日、戸田先生と私は、世界の文学などをめぐって、語らいのひとときをもった。

その時、私は、イタリアの大詩人ダンテの『神曲《しんきょく》』の一節《いっせつ》を申し上げた。

それは、「今日という日は再び来ないのだということを思え」*との言葉《ことば》であった。

戸田先生は、会心《かいしん》の笑《え》みを浮《う》かべられ、「そうだな。大作、その通りだな」と言われた。

あの慈愛《じあい》に満《み》ちたお顔を、忘《わす》れることはできない。

明日（二月十一日）は、師匠《ししょう》・戸田先生の生誕《せいたん》の日である。この日を、尊《とうと》き婦人部の代表の皆さま方、そしてまた、世界広宣流布の指導者の代表と祝賀《しゅくが》することができ、これほどうれしいことはない。

きょうは先人《せんじん》の方々、哲学者《てつがくしゃ》や思想家《しそうか》の言葉《ことば》を引きながらお話ししたい。

まずはじめに、私と妻が深い交友《こうゆう》を結《むす》ばせていただいた、二十世紀の中国を代表する女性作家《さっか》・謝冰心女史《しゃひょうしんじょし》。

作品《さくひん》の中で、こう綴《つづ》っている。

「世界にもし女性がいなかったら、この社会は一体《いったい》どうなってしまうでしょうか！」＊

「世界にもし女性がいなければ、この社会における少なくとも五〇パーセントの『真《しん》』と、六〇パーセントの『善《ぜん》』と、七〇パーセントの『美《び》』が失《うしな》われてしまうでしょう」＊

含蓄《がんちく》ある言葉である。学会も、もし女性がいなかったら、どうなってしまうことか。

今よりも、もっともっと、女性を大切にしていかなければならない。

また、女性の皆さんは、尊き使命を深く自覚《じかく》していただきたい。遠慮《えんりょ》はいらない。勇気の声、正義の声を、高らかにあげていくのだ。

次《つ》いで、アメリカの社会運動家エレノア・ルーズベルト大統領《だいとうりょう》夫人の箴言《しんげん》である。

「私は戦うことが好きです。何歳になろうと、暖《あたた》かな暖炉《だんろ》のそばで、ぼんやり周《まわ》りを眺《なが》めて過《す》ごすことはできません」*

いい言葉《ことば》である。学会精神にも通《つう》ずる一言《ひとこと》だと思う。

「戦う」とは、「生きる」ことである。

「戦う」ことが、「勝利」であり「幸福」である。

二十世紀ブラジルの著名《ちょめい》な女性詩人コラ・コラリーナは謳《うた》った。

「戦いという活気《かっき》に満《み》ちた言葉は／弱《よわ》い者を鼓舞《こぶ》し／強い者を決断《けつだん》させる」*

「戦おう!」という一念《いちねん》。そこからすべてが始まる。

同じく、二十世紀のブラジルで広く愛された女性詩人セシリア・メイレレスの詩の一節《いっせつ》。

「前進をやめてはいけない／前進は継続《けいぞく》していくものだ／続けることが前進だ／それは永遠《えいえん》である／それこそがあなた自身なのだ」*

止《と》まってはいけない。停滞《ていたい》は死。前進は生《せい》である。「前へ、前へ!」と進むなかに、生きている証《あかし》がある。

エレノア・ルーズベルト夫人は、こうも言っている。

「何《なん》の責任《せきにん》も取ろうとしない人たちが、責任を引き受ける者を最《もっと》も激《はげ》しく批判《ひはん》するものです」*

これまた至言《しげん》である。何もしない人間にかぎって、重い責任を担《にな》って苦労している人を批判《ひはん》するものだ。そうした無責任な批判など歯牙《しが》にもかけず、勇敢《ゆうかん》に進みぬくことだ。貫《つらぬ》いてこそ勝利はある。

## 女性を尊敬《そんけい》する人が真《しん》の教養人《きょうようじん》

インドの〝偉大《いだい》なる魂《たましい》〟ガンジーは言った。

「もし、女性は弱《よわ》いと信じる人がいたら、私は、この世界中に弱い女性は一人《ひとり》もいないと言おう。

すべての女性は強い。自身の宗教に確固《かっこ》たる信仰《しんこう》を持っている人は皆、強い。決《けっ》して弱《よわ》くないのである」＊

人間の強さは、心で決《き》まる。信念の強さで決まる。本当に強い人とは、「心の強い人」である。

ゆえに、永遠《えいえん》にして宇宙大《うちゅうだい》の妙法《みょうほう》を強盛《ごうじょう》に信じぬく、婦人部・女子部の皆さんは、最《もっと》も強い人である。

どんな宿命《しゅくめい》にも、どんな困難《こんなん》にも、負《ま》けるわけがない。必《かなら》ず勝てる。必ず乗《の》り越《こ》えていける。

皆が仰《あお》ぎ見《み》るような、晴ればれとした勝利の大境涯《だいきょうがい》を、必ずや開いていけるのである。

「女性が男性よりもすぐれていると知ること、それ自体《じたい》に本当の教育がある」＊

これもガンジーの言葉《ことば》である。目が覚《さ》めるような名言《めいげん》である。

そういう世界に近づけようと、私は長年《ながねん》、努力してきた。

いい学校を出たからといって、必ずしも教養《きょうよう》のある人とは言えない。女性を差別《さべつ》したり、女性に傲慢《ごうまん》な態度《たいど》をとるような人間は、学歴《がくれき》があっても、いかに地位が高くても、無教養の人と言われるであろう。

心から女性を尊敬《そんけい》できる人が、本当の教養人《きょうようじん》なのだ。

「女性はまじめです。インチキをし、破壊《はかい》するのは、男性です」との厳《きび》しい声もある。

男性が優位《ゆうい》で、女性を大事にしないところは、必《かなら》ず衰亡《すいぼう》していく。

自分が犠牲《ぎせい》になってでも、女性を大切にし、守っていくのが「紳士《しんし》」の根本《こんぽん》である。そういう気風《きふう》が、しっかりと根づいた国や社会は、隆々《りゅうりゅう》と勝ち、栄《さか》えていく。

まさしく「女性の時代」なのである。


戸田先生は、よく言われた。

「本当にまじめな人でなければ、信心をやり通せない。学会員は、まじめな人たちである。学会員を大切にしなければいけない」

また、模範的《もはんてき》な信行《しんぎょう》に励《はげ》んできた方々を、「仏《ほとけ》の使《つか》い」として、最大に尊敬し、大事にしていくのだと訴《うった》えておられた。

この教《おし》えの通りに、仏に等《ひと》しい学会員の方々を、少しでもねぎらい、一人《ひとり》でも多く讃《たた》えてさしあげたい。これが、私の心情《しんじょう》である。

リーダーは、学会の同志を親以上に大切にしていくことである。もし、会員を下に見るような幹部がいれば、とんでもないことだ。幹部は会員を上から抑《おさ》えるのではない。いわば、下から支《ささ》え、持ち上げていくのである。

さらに、戸田先生は力説《りきせつ》しておられた。

「まず婦人の共感《きょうかん》を得《え》ることだ。そうでなければ、いかなる哲理《てつり》も、いかなる信仰《しんこう》も、現実に根ざした力《ちから》とはなりえない。民主主義の理想《りそう》も、目ざめた婦人の高い意識《いしき》によってこそ、はじめて盤石《ばんじやく》に成《な》り得るのだ」

先生は、婦人部を最大に大切にしておられた。

広宣流布といっても、現実の生活を離《はな》れてはありえない。自身の宿命《しゆくめい》を転換《てんかん》し、わが家庭に、わが地域に幸福の花園《はなぞの》を築《きず》いていく。さらには社会を、よりよい方向《ほうこう》へと変えていく。これが私たちの広宣流布の運動なのである。

今、婦人部の皆さま方は、創価のスクラムを、いちだんと勢《いきお》いを増《ま》して広げておられる。多くの友へ、共感と信頼《しんらい》の光《ひかり》を広げておられる。戸田先生は、どれほどお喜《よろこ》びであろうか。

日蓮大聖人は、「弟子《でし》が法華経を弘《ひろ》める功徳《くどく》は、必《かなら》ず師匠《ししょう》の身に帰《き》す」（御書九〇〇ジペー、趣意）と仰《おお》せである。

広宣流布の拡大《かくだい》こそ、「師恩《しおん》」に報《むく》いる最極《さいごく》の道である。

私はこの精神で、戸田先生のため、広宣流布のために戦いぬいてきた。

伝統《でんとう》の「二月闘争《とうそう》」の淵源《えんげん》となった、蒲田《かまた》支部の折伏《しゃくぶく》の大闘争。これも〝戸田先生の願業《がんぎょう》である七十五万世帯《せたい》の折伏を、断《だん》じて実現《じつげん》させる〟との強き弟子の一念《いちねん》から始まったのである。

イギリスの文豪《ぶんごう》シェークスピアは、戯曲《ぎきょく》で綴《つづ》っている。

「吹《ふ》けよ　吹け吹け　冬の風／おまえの心はあたたかい／恩を忘《わす》れる人よりも」*

忘恩《ぼうおん》の輩《やから》の心は、冬の風よりも冷《つめ》たい――こう言うのである。

報恩《ほうおん》こそ、人間としての正しい生き方である。その心は、春の陽光《ようこう》よりもあたたかい。美しい輝《かがや》きを放《はな》っていく。

## 地域に社会に希望の春の花

女性平和委員会による「平和の文化フォーラム」が各地で開催され、さわやかな反響《はんきょう》を広げている。

信仰《しんこう》を根本《こんぽん》に、人生の冬の試練《しれん》を乗《の》り越《こ》え、「家庭」に「地域」に「社会」に、希望と歓喜《かんき》の春の花を咲《さ》かせてこられた体験が、大きな感動を呼《よ》び起《お》こしている。

参加された来賓《らいひん》の方々からは、「長い間《あいだ》、学会の方を見てきましたが、学会員には、すてきな方が本当に多いことに感動しました」「創価学会の婦人の皆さんのように、強く生きていきたい」等、感銘《かんめい》の声が多数、寄《よ》せられている。

先日《せんじつ》、千葉・木更津《きさらづ》でのフォーラムで、講評《こうひょう》を行《おこな》ってくださった、清和《せいわ》大学の加藤阿幸《あこう》教授も、次のような感想《かんそう》を語っておられた。

「本日のフォーラムに参加させていただき、自分の幸《しあわ》せを求《もと》めるだけでなく、地域社会に広がる生き方に感動しました。

世間《せけん》には、顔が暗く、表情が沈《しず》んでいる女性も少なくありません。しかし学会の婦人の皆さんは、とてもいい表情をされていて、顔が輝《かがや》いています。皆さん、美しいと思いました」

「私は、学生たちにいつも、信ずることの大切さを訴《うった》えています。儒教《じゅきょう》の教《おし》えにも通《つう》じると思いますが、すばらしい創価思想《しそう》に、深く感動いたしました」

温《あたた》かい言葉《ことば》に、心から感謝申し上げたい。

## 女性は「平和の文化」の建設者《けんせつしゃ》

私が対談集を発刊《はっかん》した「平和研究《けんきゅう》の母」エリース・ボールディング博士も、わが婦人部の地域貢献《こうけん》の平和運動を高く評価《ひょうか》し、期待《きたい》を寄《よ》せてくださっている。

そして、「女性の力《ちから》は世界を動かす原動力《げんどうりょく》としての役割《やくわり》を担《にな》っているのです。もっと多くの女性が、自分たちこそ『平和の文化』の建設者であると目覚《めざ》めていくことは間《ま》違《ちが》いありません！」と語っておられた。

またボールディング博士は、私との対談のなかで、人類の歴史を、今一度、「女性の視《し》点《てん》」から見つめ直《なお》すことの重要性《じゅうようせい》を訴《うった》えておられた。

「今、私たちに必要《ひつよう》なのは『女性の物語』です。

男たちが戦争《せんそう》に出かけると、女性はおおむね、子どもたちと一緒《いっしょ》に取《と》り残《のこ》されました。実際《じっさい》、ヨーロッパの歴史を見ても、病院《びょういん》は、女性が子どもや負傷者《ふしょうしゃ》の介護《かいご》を組織化するためにできたものでした。さまざまな公共《こうきょう》団体や学校を創《つく》り出《だ》したのも女性です。

子どもを教育する時間があったのは、女性だったからです」

平和で、人間性豊《ゆた》かな社会の創造《そうぞう》に、女性がどれほど大きな貢献《こうけん》を果《は》たしてきたか、計《はか》り知《し》れない。

また、私たちの対談では、アメリカの「イロコイ連盟《れんめい》」での女性の英知《えいち》も話題《わだい》となった。

イロコイ連盟とは、アメリカ合衆国《がつしゅうこく》が成立《せいりつ》する以前から、アメリカ北東部に成立していた先住民《せんじゅうみん》の民主制社会であり、平和の連盟である。

先住民の国々からなるイロコイ連盟は、「平和の大法典《だいほうてん》」のもと、きわめて先進的《せんしんてき》で、民主的な社会を発達《はったつ》させていたことで知られる。じつは、この「平和の大法典《だいほうてん》」は、アメリカ合衆国憲法《がっしゅうこくけんぽう》や連邦制度《れんぽうせいど》の形成《けいせい》に影響《えいきょう》を与《あた》えていた。その影響は、「国連憲章《こくれんけんしょう》」をはじめ現代の人権思想《しそう》にも及《およ》んでいるといわれる。

イロコイの人々の英知《えいち》の言葉《ことば》に、「何ごとであれ、七代先《さき》までのことを考えて決めねばならない」とある。

イロコイの民主制は、その繁栄《はんえい》と平和を永遠《えいえん》たらしめるために作り上げられた、伝統《でんとう》の智慧《ちえ》の結晶《けっしょう》であった。

なかでも、注目《ちゅうもく》すべき特徴《とくちょう》の一つが「女性」の役割《やくわり》の重要性《じゅうようせい》である。たとえば、各国の首長《しゅちょう》を選《えら》ぶのは、女性リーダーたちの役割であった。そして選ばれた男性の首長が、一つでも、職権《しょっけん》を濫用《らんよう》したりすれば、女性リーダーたちが弾劾《だんがい》し、罷免《ひめん》することができた。そして、ひとたび罷免された男性は、二度と公職《こうしょく》に就《つ》くことができなかった。

さらにまた、女性が反対《はんたい》する戦争《せんそう》は行《おこな》うことができなかったとされている。連盟《れんめい》の重要な政治的判断《はんだん》においても、女性の意見が、大きな比重《ひじゅう》を占《し》めていたのである。

アメリカのエレノア・ルーズベルト大統領《だいとうりよう》夫人は、「世界人権宣言《せんげん》」の起草《きそう》に大きな役割《やくわり》を果《は》たした。彼女は語っている。

「女性が、あらゆる問題を本当に理解すれば、どの男性よりも、その問題について、より効果的《こうかてき》に隣人《りんじん》に語ることができるでしょう」＊

「おそらく、多くの女性にとって、人のために行動することは、決《けつ》して重荷《おもに》ではないのです。なぜならば、それこそが、人生を生き甲斐《いがい》のあるものにするからです。それは、おそらく、女性が持つ最《もつと》も深い満足感《まんぞくかん》だと思います」＊

「男性よりも、女性のほうが、変わりゆく世界の状況《じようきよう》や考え方に対《たい》し、柔軟《じゆうなん》に適応《てきおう》できるようです」＊

私も、まったく同感《どうかん》である。いかなる団体であれ、社会であれ、その永続性《えいぞくせい》をもたらしていく根源《こんげん》の力《ちから》は、女性であり、母たちである。女性の意見、母の声を最大に尊重《そんちよう》していくところが、勝ち栄《さか》えていくことができる。

学会にあっても、女性が少しも遠慮《えんりよ》することなく、男性と同格《どうかく》で意見が言えるように、さまざまな次元《じげん》で、さらに改革《かいかく》を進めていきたい。

一番真剣に広布に戦ってくださっているのは婦人部、女子部の皆さんである。それを当たり前と思ったり、見下《みくだ》したりする男性幹部がいれば、黙《だま》っていてはいけない。聡明《そうめい》な女性の皆さまは、こうした人間がいたならば、厳《きび》しく指摘《してき》していってもらいたい。

十九世紀フランスの女性作家《さっか》ジョルジュ・サンドは綴《つづ》った。

「悪《あく》を指摘することはそれと戦うことである」*

悪を見て見ぬふりをしてはいけない。それでは、自分が悪と同じになってしまう。これは牧口先生の教《おし》えでもあった。

## 「平和」と「幸福」の種《たね》をまけ

ブラジルの女性詩人コラ・コラリーナは謳《うた》った。

「楽観《らっかん》主義をもって種をまけ／理想《りそう》をもって種をまけ／平和と正義の／生命力《せいめいりょく》あふれる種を」*

広宣流布のために、学会の万代《ばんだい》の興隆《こうりゅう》のために、一つまた一つ、種をまいていただきたい。皆さま方が生き生きと語る「正義」と「勇気」と「慈愛《じあい》」の声こそ、「平和」と「幸福」と「希望」の無上《むじょう》の種《たね》である。

賢《かしこ》く、鋭《するど》く、そして厳《きび》しく、悪《あく》を正《ただ》し、正義の道を厳格《げんかく》に残《のこ》し、広げていっていただきたい。よろしく頼《たの》みます！

大聖人は、強盛《ごうじょう》な信心を貫《つらぬ》いた妙法尼御前《みょうほうあまごぜん》にあてた御書で、「成仏《じょうぶつ》の道」を、こう示《しめ》しておられる。

「とにもかくにも法華経を強《し》いて説《と》き聞かせるべきである。それを聞いて信ずる人は仏《ほとけ》となる。謗《そし》る人は毒鼓《どっく》の縁《えん》となって仏になるのである。どちらにしても、仏の種は法華経より外《ほか》にはないのである」（御書五五二ジベー、通解）

「人がこれを用《もち》いなくても、機根《きこん》に合わないといっても、強《し》いて妙法蓮華経の五字の題目を聞かせるべきである。これでなくては、仏になる道はないからである」（同）

大聖人の仏法は「下種《げしゅ》仏法」である。「下種」には「聞法《もんぽう》下種（人の心に成仏の種子《しゅし》を下《くだ》すこと。信不信《しんぷしん》は問《と》わない）」と「発心《ほっしん》下種（下種を受けて、相手《あいて》が信心の心を発《おこ》すこと）」がある。ともに功徳《くどく》は無量無辺《むりょうむへん》である。

たとえ相手《あいて》が反対《はんたい》したとしても、生命深く「妙法《みょうほう》の種《たね》」「幸福の種」を植《う》えたことは間《ま》違《ちが》いない。その種は、「時」が来て、「機根《きこん》」が熟《じゅく》すれば、必《かなら》ずや芽生《めば》えていくのである。

## 学会活動こそ若さの源泉《げんせん》

家庭と社会の第一線《だいいっせん》で戦う皆さまに、十九世紀末《まつ》から二十世紀に活躍《かつやく》したアメリカの女性実業家《じつぎょうか》ヘレナ・ルビンスタインの言葉《ことば》を贈《おく》りたい。

「私は勤勉《きんべん》の尊《とうと》さを信じる。勤勉は、心と精神から、しわを取《と》り去《さ》って、女性の若さを保《たも》つ役《やく》に立つ」*

一心《いっしん》に何かに打《う》ち込《こ》んでいる人は美しい。

ましてや、法のため、友のため、最高に価値《かち》ある人生を送《おく》っている皆さま方である。自《し》然《ぜん》のうちに生命が生き生きと輝《かがや》き光《ひか》っていく。学会活動こそ、若さの源泉なのである。

フランスの文豪《ぶんごう》ロマン・ロランは言う。

「精神は若ければこそ、その魅力《みりょく》に溢《あふ》れている」*

「身体《しんたい》の若さ」はいつかは衰《おとろ》える。しかし、「精神の若さ」は永遠《えいえん》である。

ドイツの詩人シラーは、ジャンヌ・ダルクの物語《ものがたり》を戯曲《ぎきょく》に綴《つづ》った。救国《きゅうこく》の乙女《おとめ》は叫《さけ》ぶ。

「あのお陽《ひ》さまが、あすまた明るく空にかがやくのが確《たし》かなように、真実をあらわす日はきっと来ます」*

いい言葉《ことば》である。本当に「心を動かす言葉」とは、「戦う心」から生まれてくるものだ。

ともあれ、人生は強気《つよき》でいくことである。

失敗《しっぱい》したり、壁《かべ》にぶつかったり、病気《びょうき》をしたりすると、つい人間は弱気《よわき》になってしまう。

しかし、あえて強気で進むのである。

「次は必《かなら》ず勝ってみせる！」「必ず健康になって、生きぬいてみせる！」

こう自分で強く決意できたときには、すでに勝っている。

頭《こうべ》を上げて！　胸を張《は》って！　どこまでも前へ！

心の勝者《しょうしゃ》こそ、最上《さいじょう》の勝者である。それが信心の極意《ごくい》である。

今、日本全国のあの地、この地で、わが婦人部を中心に、意気軒高《いきけんこう》な広宣流布の大行進《だいこうしん》が、明るく、にぎやかに進んでいる。

全人類の希望と幸福の道を開く皆さまを、日蓮大聖人が、また一切の仏菩薩《ぶつぼさつ》が最大に讃《たた》え、厳然《げんぜん》と護《まも》られることは、絶対《ぜったい》に間違《まち》いない。

御聖訓《ごせいくん》には「一句《いっく》をも人にかたらん人は如来《にょらい》の使《つかい》と見えたり」（御書一四四八ジペー）と仰《おお》せである。

妙法《みょうほう》の偉大《いだい》さ、信心のすばらしさを、一言《ひとこと》でも語っていく人は、仏《ほとけ》の使《つか》いである。これほど尊《とうと》い使命はない。生々世々《しょうじょうせぜ》、福徳《ふくとく》に満《み》ちた生命として、赫々《かっかく》と輝《かがや》いていくのである。

大聖人は「御義口伝《おんぎくでん》」で、法華経・常不軽菩薩品《じょうふきょうぼさつほん》の「心無所畏《しんむしょい》（心に畏《おそ》るる所無《ところな》かりき）」の文《もん》を、こう講義《こうぎ》されている。

「心無所畏とは、今、日蓮およびその弟子《でし》たちが、南無妙法蓮華経（の偉大さ）を叫《さけ》ぶ折伏《しゃくぶく》である」（御書七六五ジペー、通解）

すなわち、折伏の魂《たましい》は、何ものも恐《おそ》れない「勇気」である。

そして、その「勇気」の一念《いちねん》に、一切が、そなわっていくのである。

「勇気」即《そく》「慈悲《じひ》」である。

「勇気」即《そく》「智慧《ちえ》」である。
「勇気」即「幸福」である。
「勇気」即「歓喜《かんき》」である。
「勇気」即「正義」である。
「勇気」即「勝利」である。
「勇気」こそ、信心の柱《はしら》なのである。

## 米中《べいちゅう》に橋をかけたパール・バックの母

七十年前、一人《ひとり》の母の生涯《しょうがい》を描《えが》いた伝記《でんき》小説が出版《しゅっぱん》された。アメリカ人の女性として初のノーベル文学賞に輝《かがや》いたパール・バックの『母の肖像《しょうぞう》』である。

パール・バックは、重い知的障害《ちてきしょうがい》のある子どもを懸命《けんめい》に育《そだ》てながら、『大地』などの名作を発表していった。差別《さべつ》や偏見《へんけん》、暴力《ぼうりょく》に対《たい》する正義の怒《いか》りを燃《も》やし、平和運動に邁進《まいしん》したことも、よく知られている。アメリカと中国の懸《か》け橋となった女性である。中国の名《めい》門《もん》・南京《ナンキン》大学で英語を教《おし》えていた時期もあった。

アメリカSGIのメンバーには、パール・バックの縁戚《えんせき》の女性がおられる。

このパール・バックが最《もつと》も深い敬愛《けいあい》を捧《ささ》げた存在が、自身の母親であった。

パール・バックの母は結婚を機《き》に、宣教師《せんきようし》である夫《おつと》とともに、アメリカから、遠《とお》い異国《いこく》の中国へ渡《わた》った。

想像《そうぞう》を絶《ぜつ》する苦労の連続であった。七人の子どものうち三人までも、疫病《えきびよう》などで失《うしな》った。また、列強諸国《れつきようしよこく》の侵略下《しんりやくか》にあった当時の中国において、外国人は憎悪《ぞうお》の的《まと》となり、命《いのち》も狙《ねら》われた。

しかし、母は気高《けだか》い女性だった。たび重《かさ》なる試練《しれん》にも負《ま》けず、「中国の大衆《たいしゆう》の中に再《ふたた》び一歩一歩と働《はたら》きかけて行き、母親や乳児《にゆうじ》のために健康相談所《そうだんじよ》を開き、読書指導のクラスを作り、種々《しゆじゆ》さまざまの頼《たの》みごとに来る人たちとの面会《めんかい》を開始《かいし》して相談に応《おう》じた」*。

宿命《しゆくめい》に泣《な》く女性の話には、目に涙《なみだ》を浮《う》かべながら耳を傾《かたむ》けた。そして、そうした女性たちの母となり、姉妹《しまい》となり、友となって、わが身を惜《お》しまず奔走《ほんそう》した。

母に親《した》しみを覚《おぼ》えた中国の婦人たちが、母のもとへ集《あつ》まって来た。それこそが、母にとって「幸福の月日」であった。

彼女には、一つの信念があった。

「それは誰《だれ》であろうと自分の周囲《しゅうい》に来る者で助《たす》けを要《よう》している者のためには全力を挙《あ》げて尽《つく》さなければならない――自分の子供たちであろうと、隣人《りんじん》、使用人、通りがかりの人――誰彼《だれかれ》の差別《さべつ》はなく、助けようという信念」*である。

パール・バックは母について、「私たちの知っている限《かぎ》りの人々のうちで、最《もっと》も人間味《にんげんみ》が豊《ゆた》かで、速《すみ》やかに動く憐《あわ》れみの情《じょう》、ほとばしるような明朗《めいろう》さ」*などが母の心からあふれ出ていた様子《ようす》を回想《かいそう》している。母の開かれた人間性が、周囲の敵意《てきい》や偏見《へんけん》を溶《と》かし、信頼《しんらい》と尊敬《そんけい》へ変えていったのである。

母は、どんな苦境《くきょう》にあっても一家の太陽として輝《かがや》いた。

「我々《われわれ》の周囲には暗く、やかましい生活が押《お》し寄《よ》せていたが、彼女の澄《す》んだ声はいつも勝利の響《ひびき》を持ちつづけた」*

「なにが起《お》ころうと、立ち向かうよりほかに道はないのです。そう決心《けっしん》した瞬間《しゅんかん》、心はすっかり平静《へいせい》になった、と母は話してくれました」＊等と、パール・バックは綴《つづ》っている。

そして、微笑《ほほえ》みを惜《お》しまない母には、「愉《ゆ》快《かい》な風」のようなユーモアがあった。

母は多忙《たぼう》な毎日にあっても、「すぐれた小説」を読むことを好《この》んだ。

「人間社会の動きに何よりも興味《きょうみ》を感じていた母が小説を好《す》きなのは当然《とうぜん》のことなのであった」＊

そして、低俗《ていぞく》な雑誌《ざつし》などを「クズ」にたとえた。「心の中にクズを詰《つ》めこみたくはありませんからね。口の中にゴミを入れられないのと同じことですよ」＊と。

母の努力によって、「お蔭《かげ》で子供たちは早くから最高の作品《さくひん》以外には親《した》しみを感じないようになった」＊というのである。

晩年《ばんねん》の母は、病床《びょうしょう》にあって、毅《き》然《ぜん》と言《い》い残《のこ》している。

「私の精神はまっすぐに進んで行くことを憶《おぼ》えていておくれ。私は恐《おそ》れてはいないよ」＊

「喜《よろこ》んで、凱旋《がいせん》するように死ぬよ。――とにかく、どこまでも進んで行くよ――」＊と。

四十年もの間《あいだ》、中国の大地で人間愛の道を歩《あゆ》み通《とお》した、正義の母の「勝利宣言《せんげん》」であった。

幾多《いくた》の苦難《くなん》を母とともに乗《の》り越《こ》えてきたパール・バックは、「母はどんな場合《ばあい》にも恐《おそ》れたことがない」*と繰《く》り返《かえ》し述《の》べている。

『母の肖像《しょうぞう》』の結《むす》びには、「彼女をめぐって生活していた私たちにとっては、何《なん》と素晴《すば》らしい生活であったろう！」*と、母への深い感謝が捧《ささ》げられている。

わが「創価の母」たちは今、彼女たちが夢見た平和と幸福と人道《じんどう》のスクラムを、世界中で、幾重《いくえ》にも大きく広げてくださっている。その尊貴《そんき》な実像《じつぞう》は、すばらしい「創価の母の肖像」として、永遠《えいえん》に仰《あお》がれ、讃《たた》えられ、留《とど》められていくにちがいない。

パール・バックは呼《よ》びかけている。

「しなければならないことはすでに目の前にあります。チャンスがあなたを待ち受けているのです。いまこそ、女性が自分自身を考え、扉《とびら》を開く時です」*

目覚《めざ》めた女性の連帯《れんたい》ほど強いものはない。

私たちのかけがえのない友人であった〝アメリカの人権の母〟ローザ・パークスさんも語っておられた。

「共に働《はたら》くことを学ばねばなりません。正義のためにひとりで闘《たたか》ったのでは、実効《じっこう》を上げることはできません」*

「団結《だんけつ》は力《ちから》」である。「異体同心《いたいどうしん》なれば万事《ばんじ》を成《じょう》し」（御書一四六三ジペー）の御聖訓《ごせいくん》を胸に、ともに手を携《たずさ》えて進んでまいりたい。

## 世界の舞台《ぶたい》で同志が勝利！

きょうは、アメリカ、ブラジル、アルゼンチンの代表も参加されている。

「朋《とも》あり、遠方《えんぽう》より来《きた》る。また、楽しからずや」（『論語《ろんご》』）――。

遠《とお》く海を越《こ》え、本当によく来《こ》られた。皆、いい顔をされている。元気に活躍《かつやく》されている。私はうれしい。

アメリカといえば、このたびアメリカSGI総合芸術部長のウェイン・ショーターさんが「グラミー賞」に輝《かがや》いた。通算《つうさん》九度目の栄冠《えいかん》である。おめでとう！

また、同じく総合芸術部長のハービー・ハンコックさんの作品《さくひん》も、三部門《ぶもん》でグラミー賞の候補《こうほ》作《さく》に挙《あ》げられた。心から祝福《しゅくふく》申し上げたい。

一方《いっぽう》、ブラジルでは明年《みょうねん》、サンパウロ市に新文化会館が誕生する。地上六階・地下三階建《だ》ての立派《りっぱ》な会館である。ブラジルは勝った。新会館は、見事《みごと》な勝利の象徴《しょうちょう》である。

アルゼンチンでは、光栄《こうえい》にも、州立《しゅうりつ》高校が、私の名《な》を冠《かん》して新出発するとうかがった（コリエンテス州立「サンタルシア池田大作先生高等学校」）。

この高校の校長は、十年以上前から、私の著作《ちょさく》を読んでこられたそうである。深いご理解に心から感謝したい。

このほかにも世界各地で多くの同志が活躍《かつやく》し、信頼《しんらい》が広がっている。

私も妻も、毎日、世界中の友に届《とど》けと、題目を送《おく》っている。お帰りになったら、同志の皆さまに、どうかよろしくお伝えください。

私は毎日、世界中の同志から、さまざまな報告を受けている。同志から寄《よ》せられる声には、私はいち早く、確実《かくじつ》に反応《はんのう》してきた。あるときは激励《げきれい》の伝言《でんごん》を送り、あるときは御礼《おんれい》を述《の》べる。緊急《きんきゅう》で指示《しじ》を出さなければならないときもある。

友の声に、すぐに呼応《こおう》する。何かの手を打つ。こうした一つの誠実《せいじつ》な反応《はんのう》があれば、友の心に、ぱっと喜《よろこ》びが広がる。勇気が広がる。何より、懸命《けんめい》に戦う友への〝礼儀《れいぎ》〟であるといえよう。

とくに日本人は、あいまいで、ものごとを決めないといわれる。世界中どこでも、一流《いちりゅう》の人は、決断《けつだん》が早いものだ。

自分から皆の声を聞き、どんどん報告してもらう。そういう心配《こころくば》りも、リーダーは忘《わす》れてはならない。

## 永遠《えいえん》の発展のために幹部革命《かくめい》を

私は、広宣流布の土台《どだい》を築《きず》くために、私財《しざい》を捧《ささ》げ、一切をなげうって、学会のため、同志のために尽《つ》くしてきた。いよいよ、これからが総仕上《そうしあ》げだと思っている。

学会が、もう一歩、強くなり、永遠に発展するために、大事なのは「幹部革命」である。上の立場《たちば》になって、人から何も言われなくなると、人間は往々《おうおう》にして悪《わる》くなる。格好《かっこう》よく見せようとする。この点、幹部は、よくよく自戒《じかい》しなければならない。

どこまでも、学会のため、同志のための幹部である。もしも、ずるい幹部や、威張《いば》る幹部が出たら、皆がどんどん言わなければならない。正《ただ》さなければならない。

また、幹部自身も、皆に、どんどん言わせなければならない。抑《おさ》えつけるのでは、よき人材がいなくなってしまう。

牧口先生はつねづね「下から上を動かせ」と教《おし》えられた。

「上から下へ」ばかりではいけない。「下から上へ」積極的《せっきょくてき》に意見を言っていく。そういう雰囲気《ふんいき》があってこそ、新しい前進が生まれる。

「沈黙《ちんもく》するということは、慎重《しんちょう》なのではなく、臆病《おくびょう》なのである」*

これは十九世紀、人権のために闘《たたか》ったスペインの女性、コンセプシオン・アレナルの言葉《ことば》である。

遠慮《えんりょ》などいらない。言うべきことを、言わないのは、臆病である。思いきって言わなければ、変わらない。

皆が変革《へんかく》のための声を上げていく。堕落《だらく》した幹部は厳《きび》しく正す。ここに、これからの長い未来に向けて、学会を盤石《ばんじやく》にしていく重大《じゆうだい》な一点がある。

人種差別撤廃《じんしゆさべつてつぱい》のために戦った、二十世紀のアメリカの女性、ヴァージニア・ダーは述《の》べている。

「邪悪《じやあく》への寛容《かんよう》は、さらなる悪を生み出してきたように思えるのです」＊

「たとえ何が起《お》ころうとも、悪人《あくにん》とは闘《たたか》わなければならないと思うのです」＊

学会員は人がいい。それにつけいる狡猾《こうかつ》な悪人も出てくる。断《だん》じて、騙《だま》されてはならない。許《ゆる》してはならない。愚《おろ》かであってはならない。邪悪に対《たい》しては、容赦《ようしや》なく攻《せ》めるのだ。そうでなければ、こちらが損《そん》をする。徹《てつ》して攻めて攻めぬいていくのである。

極悪《ごくあく》と戦うのが、最高の正義であり、最高の善《ぜん》なのである。

悪に対しては、直《ただ》ちに反撃《はんげき》する。これが大事である。ぐずぐずしていれば、悪は広がる。小さな兆候《ちようこう》も、見逃《みのが》してはならない。清浄《せいじよう》な学会を守るために、リーダーは厳然《げんぜん》と戦わねばならない。

これまでも学会のお陰《かげ》で偉《えら》くなりながら、私利私欲《しりしよく》にかられ、卑劣《ひれつ》にも同志を裏切《うらぎ》った人間がいた。

「忘恩《ぼうおん》は重大《じゅうだい》な悪徳《あくとく》であって、われわれの堪《た》えがたいもの」*とは、古代《こだい》ローマの大哲学《だいてつがく》者《しゃ》セネカの言葉《ことば》である。私は、忘恩の人間と戦いながら、戸田先生をお守りし、師《し》の構想《こうそう》の実現《じつげん》のために走りぬいてきた。

太陽は一つである。同じように、私にとっての師匠《ししょう》は、ただ戸田先生しかいない、と決めて戦ってきた。広布を阻《はば》む、あらゆる悪を打《う》ち砕《くだ》いてきた。だから学会は、ここまで発展したのである。

## 行学《ぎょうがく》に励《はげ》み、新しい人材を育成《いくせい》

有名な「諸法実相抄《しょほうじっそうしょう》」には仰《おお》せである。

「行学の二《に》道《どう》をはげみ候《そうろう》べし、行学たへなば仏法はあるべからず、我《われ》もいたし人をも教《きょう》化《け》候《そうら》へ、行学は信心よりをこるべく候《そうろう》」(御書一三六一ジペー)

この御聖訓《ごせいくん》のままに、信《しん》・行・学の大道《だいどう》を、喜《よろこ》び勇《いさ》んで前進したい。そのなかで、新しい人材を育《そだ》てていきたい。

折伏《しゃくぶく》は、難事中《なんじちゅう》の難事である。たとえ、思うような結果《けっか》がすぐには出なくとも、くよくよする必要《ひつよう》は、まったくない。

戸田先生は、厳然《げんぜん》と断言《だんげん》なされていた。

「苦《くる》しんでいる民衆《みんしゅう》を、永遠《えいえん》に根本《こんぽん》から救済《きゅうさい》するということは、平凡《へいぼん》な動機《どうき》などでは考えられない大事業だ。これ以上の大事業がどこにあるか」

最極《さいごく》の仏《ほとけ》の聖業《せいぎょう》を成《な》し遂《と》げていく誇《ほこ》りに燃《も》えて、伸《の》び伸びと、また朗《ほが》らかに、そして自信に満《み》ち満ちて、「幸福」と「希望」と「平和」の対話を、幾重《いくえ》にも広げてまいりたい。

日蓮大聖人は、千日尼《せんにちあま》に仰《おお》せである。

「いよいよ信心を励《はげ》んでいきなさい。仏法の道理《どうり》を人に語ろうとする者を、男女僧尼《そうに》が必《かなら》ず憎《にく》むであろう。憎むなら憎むがよい。法華経・釈迦仏《しゃかぶつ》・天台《てんだい》・妙楽《みょうらく》・伝教《でんぎょう》・章安《しょうあん》等の金言《きんげん》に身を任《まか》すべきである。如説修行《にょせつしゅぎょう》の人とは、こういう人をいうのである」（御書一三〇八ジペー、通解）

何があろうとも、ひるんではならない。退《しりぞ》いてはならない。大聖人の毅然《きぜん》たる御心《おこころ》を拝《はい》すれば、無限《むげん》の勇気がわいてくる。ただ御聖訓《ごせいくん》の通り、御金言《ごきんげん》の通りに進んでいく。この「如説修行《にょせつしゅぎょう》」の実践《じっせん》にこそ、揺《ゆ》るぎない勝利の軌道《きどう》がある。

## 冬は必《かなら》ず春となる

まだ、寒《さむ》さは厳《きび》しい。豪雪地帯《ごうせつちたい》で戦う同志に、重《かさ》ねて題目を送《おく》りたい。

「冬来《きた》りなば、春遠《とお》からじ」である。

「開目抄《かいもくしょう》」には「一華《いちげ》を見て春を推《すい》せよ」（御書二二二ページ）と仰《おお》せである。

〝人生の冬〟もまた、胸中《きょうちゅう》に太陽の仏法を抱《いだ》いて進めば、必ずあたたかな春を迎《むか》えることができる。

大聖人の有名な一節《いっせつ》を、ともに拝《はい》したい。

「法華経を信ずる人は冬のごとし冬は必ず春となる、いまだ昔《むかし》よりきかず・みず冬の秋とかへれる事《こと》を、いまだきかず法華経を信ずる人の凡夫《ぼんぷ》となる事を」（御書一二五三ページ）

人生は戦いである。勝たなければならない。また、必ず勝っていけるのがこの仏法であり、大聖人の御約束《おやくそく》である。

皆さま一人《ひとり》ひとりが勝利の華《はな》を咲《さ》き薫《かお》らせゆくところに、大いなる希望の春は訪《おとず》れる。

戸田先生は言われた。

「魔《ま》は、その人の試練《しれん》のためなので、ちょうど柔道《じゅうどう》の先生に投《な》げられ、投げられして、強くなっていくようなものである。来たか、負《ま》けるものかと頑張れば、必《かなら》ず難局《なんきょく》も切り開かれる」。また「一番、苦労した人が、最後は、一番、幸福になるのが、正しき仏法の在《あ》り方《かた》である」と。

どうか皆さんは、「冬は必ず春となる」の一節《いっせつ》を証明《しょうめい》しゆく人生の劇《げき》を、快活《かいかつ》に、愉快《ゆかい》に、演《えん》じていってください。

戸田先生は宣言《せんげん》なされた。

「結局、一対《たい》一の折伏《しゃくぶく》が、広宣流布達成《たっせい》の鉄則《てっそく》だ。また、民主主義のルールに適《かな》った立《りっ》派《ぱ》な方程式《ほうていしき》ともいえる。地道《じみち》にみえるが、これが最《もっと》も堅実《けんじつ》だ。この一波《いっぱ》が二波《には》になり、やがて千波《せんぱ》、万波《ばんぱ》になり、広布は初めて達成されるのだ」

その通りの道を、私たちは歩《あゆ》んでいる。

結《むす》びに、戸田先生と語りあったアメリカ・ルネサンスの哲人《てつじん》エマソンの言葉《ことば》を、婦人部の皆さま方に捧《ささ》げたい。

「その日その日が、一年の中で最高の一日である」＊

どうか、各地で奮闘《ふんとう》されている同志に、くれぐれもよろしくお伝えください。

皆さま方のご多幸《たこう》とご健康とご長寿《ちょうじゅ》を、妻とともに、心よりお祈《いの》り申し上げ、私の記念のあいさつといたします。


（東京・新宿区内）

女子部・婦人部合同協議会

# 師弟《してい》の人生に栄光

二〇〇六年二月十四日

## 「創価のジャンヌ・ダルク」多田時子《ただときこ》さん

きょうは、女子部の皆さんの大先輩《だいせんぱい》であり、信仰者《しんこうしゃ》としての模範《もはん》を示《しめ》した、一人《ひとり》の同志のお話をさせていただきたい。

多田時子さんである（旧姓《きゅうせい》＝湊《みなと》）。

――それは、戸田先生が逝去《せいきょ》された一カ月後のことである。多田さんは、一九五八年（昭和三十三年）の五月三日、女子部長に就任《しゅうにん》した。

当時、心ない世間《せけん》は、「創価学会は空中分解《くうちゅうぶんかい》するだろう」「壊滅《かいめつ》するだろう」などと悪口《わるくち》を繰《く》り返《かえ》していた。全国の同志たちも意気消沈《いきしょうちん》し、不安《ふあん》を抱《いだ》いていた。

その、最《もっと》も大変な、最も大事な時に、多田《ただ》さんは、私とともに厳然《げんぜん》と立ち上がった。暗《くら》闇《やみ》を豁然《かつぜん》と破《やぶ》って、朝日《あさひ》が昇《のぼ》りゆくように、女子部の行進《こうしん》を開始《かいし》したのである。

いつも背筋《せすじ》を伸《の》ばして正義を叫《さけ》び、師弟《してい》の道を語り、後継《こうけい》の育成《いくせい》を訴《うった》える、その英姿《えいし》は、まさに「創価のジャンヌ・ダルク」であった。

多田さんが生まれたのは、大正《たいしょう》から昭和へと、時代が変化する転換期《てんかんき》である（一九二五年〈大正十四年〉）。九人きょうだいの末《すえ》っ子《こ》であった。

銀行《ぎんこう》の支店長《してんちょう》をしていた父は、多田さんが幼《おさな》い時に他界《たかい》。以来《いらい》、一家は貧乏《びんぼう》のどん底《ぞこ》に落《お》ちる。家屋敷《いえやしき》も失《うしな》った。

そのうえ、彼女は病弱《びょうじゃく》であった。結核《けっかく》をはじめ、胃《い》や腎臓《じんぞう》や肝臓《かんぞう》に、いくつも病気《びょうき》をかかえていた。高等女学校《じょがっこう》に入《はい》ったが、三年で中退《ちゅうたい》。

さらに、残酷《ざんこく》な戦争《せんそう》が、青春をめちゃくちゃにした。

食糧難《しょくりょうなん》。経済苦《けいざいく》。病苦《びょうく》。そして、地獄《じごく》のような空襲《くうしゅう》――。

「きょうも生きている。よくぞ生きのびることができた」「生きていること自体《じたい》が不思議《ふしぎ》に思えるほど」の日々だったと、のちに多田《ただ》さんは綴《つづ》っている。

なんとか生き残《のこ》って、敗戦《はいせん》を迎《むか》えた。しかし今度は、柱《はしら》と頼《たの》み、心の支《ささ》えとしてきた最《さい》愛《あい》の母を、病気《びょうき》で亡《な》くした。

母を頼《たよ》りに生きていた多田さんは、希望を失《うしな》った。

――どうして、こんなに苦《くる》しまなければいけないのか。人間は、苦しむために生まれてきたのか。次々と襲《おそ》いかかる宿命《しゅくめい》に、なすすべもなく翻弄《ほんろう》され、若き多感《たかん》な乙女《おとめ》は、いつしか人生に深く絶望《ぜつぼう》していった。「道端《みちばた》に捨《す》てられた、ボロ雑巾《ぞうきん》のような人生」とまで卑《ひ》下《げ》していた。

そうしたなか、職場《しょくば》の先輩《せんぱい》に誘《さそ》われて、東京・大田区の蒲田《かまた》で、座《ざ》談会《だんかい》に参加したのである。「だれでも必《かなら》ず幸福になれる」という確信《かくしん》ある話と、皆が同じ目的《もくてき》をめざして生き生きと行動している姿《すがた》に、強く心を動かされたという。

一九五一年（昭和二十六年）の八月に入会。戸田先生が第二《だいに》代《だい》会長に就任《しゅうにん》された年である。多田さんは二十六歳。宿命を転換《てんかん》するための、出発の夏であった。

彼女が間借《まが》りしていた小さな部屋《へや》に、御本尊を御安置《ごあんち》するため、女子部の班長《はんちょう》だった私の妻も駆《か》けつけた。年齢《ねんれい》は多田《ただ》さんのほうが上であったが、妻は多田さんを包《つつ》みこむように励《はげ》まし、親切に、また丁寧《ていねい》に、信心の基本《きほん》を教《おし》えていった。

この同志愛を、多田さんは生涯《しょうがい》の誇《ほこ》りとし、人生の宝《たから》としていかれたようだ。

## 「日ごとに発心《ほっしん》せよ」を胸に刻《きざ》んで

仏法と出あい、学会とめぐりあって、多田さんの人生は、文字通り「暗《あん》」から「明《めい》」へ、百八十度、変わった。それまで床《とこ》に臥《ふ》しがちだった体も、目に見えて健康になっていった。光《ひかり》を見いだせなかった人生に、生きる希望の灯《ひ》がともった。勇気が湧《わ》いてきた。

信心に確信《かくしん》を持った彼女は、真剣に学会活動に励んだ。

戸田先生が手作《てづく》りで育《そだ》てた女子部の人材グループ「華陽会《かようかい》」の一員にもなった。

戸田先生は、両親に先立《さきだ》たれ、生活苦《せいかつく》のなか健気《けなげ》に戦う彼女を、陰《いん》に陽《よう》に温《あたた》かく見守《みまも》っていかれた。そして先生は私に、多田さんを女子部の立派《りっぱ》なリーダーに育てるよう、託《たく》されたのである。

ある時、私は多田《ただ》さんに言った。

「毎日毎日が発心《ほっしん》なんだ。日ごとに発心していくんだよ」

有名な御聖訓《ごせいくん》に、「月月・日日につより《強》給《たま》へ・すこしもたゆむ《撓》心あらば魔《ま》たよりをうべし」（御書一一九〇ページ）とある。

「日ごとに発心せよ」――この言葉《ことば》を、彼女は終生《しゅうせい》、胸に刻《きざ》んで進んだ。

彼女は、堂々《どうどう》たる「女子部革命《かくめい》」を成《な》し遂《と》げていった。

女子部長を務《つと》めた五年間で、全国の女子部の陣容《じんよう》を「五万五千」から「四十万」へ、じつに七倍《ばい》以上に拡大《かくだい》したのである。

その躍進《やくしん》を可能《かのう》にした要因《よういん》は何か。彼女は凛然《りんぜん》と語っていた。

「弟子《でし》の道に徹《てつ》すること――組織の発展の因も、一生成仏《いっしょうじょうぶつ》の因も、すべて、この一点に尽《つ》きます」と。

「師弟不二《していふに》の信心」こそ広布発展の因である。

また、彼女は「率先《そっせん》の行動」が光《ひか》っていた。

〝だれかにやってもらおう、という依存心《いそんしん》があれば、人間は育《そだ》たない。自分自身が懸命《けんめい》に戦いぬいていくとき、人材は湧《わ》き出《で》てくる〟というのが、彼女の信条《しんじょう》であった。

その勇気と執念《しゅうねん》が、広宣流布の未来を開く「戦う女子部」を構築《こうちく》していったのである。

また彼女は、寸暇《すんか》を惜《お》しんで家庭訪問《ほうもん》と個人指導に励《はげ》んだ。

人一倍《ひといちばい》、苦労してきたからこそ、彼女の話は、皆の心に入《はい》った。

「だれかと自分を比較《ひかく》したり、人をうらやんではいけない」

「慢心《まんしん》を起《お》こしたり、心を複雑《ふくざつ》にしないこと」

「自分自身を律《りつ》する、強い生命力《せいめいりょく》を！」

一人《ひとり》ひとりの悩《なや》みの核心《かくしん》をとらえ、聡明《そうめい》な対話を広げていった。

## 生き生きと生涯《しょうがい》青春！

多田《ただ》さんは一九六八年（昭和四十三年）に婦人部長となった。

新出発に際《さい》して、私は「婦人部は〝生涯《しょうがい》青春〟でいこう」と呼《よ》びかけた。

その通りに彼女は、生き生きと若々しく、つねに次の人材に光《ひかり》を当てながら、新《あら》たな時代を創《つく》っていった。今も歌い継《つ》がれている愛唱歌《あいしょうか》「今日も元気で」が生まれたのも、彼女が婦人部長の時である。

婦人部長を終えた後は、推薦《すいせん》を受けて政界《せいかい》に打って出た。「女性の時代」の先駆者《せんくしゃ》として、衆議院議員《しゅうぎいんぎいん》を一期、立派《りっぱ》に務《つと》めている。そして、議員を引退《いんたい》するや、再《ふたた》び、喜《よろこ》び勇《いさ》んで、学会の最前線《さいぜんせん》に躍《おど》り出て、さっそうと戦いぬいた。

わが身をなげうって支援《しえん》してくださった方々に、誠心誠意《せいしんせいい》、ご恩返《おんがえ》しをしていくのだ――この報恩《ほうおん》感謝の心が、彼女の胸の内《うち》にはつねに燃《も》えていた。

総合婦人部長として、多くの方々の激励《げきれい》・指導に尽《つ》くした功労《こうろう》も光《ひか》っている。

〈一九九七年の全国女子部幹部会では「学会が発展すればするほど、魔《ま》は強くなります。この魔と戦って、勝たなければ、今日までの信心は何《なん》のためかと思う時、断《だん》じて先生とともに、生涯、広宣流布の大道《だいどう》を生きぬこうと、今、決意を新たにしています」「自《みずか》ら戦うとともに、一人《ひとり》ひとりの友を激励していただきたい」「創価学会を女子部の力《ちから》で支《ささ》え、発展させていただきたいと思います」とあ

いさつしている〉

さらに後年《こうねん》は、第二総東京を担当し、今日の大発展の基盤《きばん》を築《きず》き上《あ》げた。それは、大空を真《ま》っ赤《か》に染《そ》めぬく夕陽《ゆうひ》のような、荘厳《そうごん》な総仕《そうし》上《あ》げの戦いとなった。

病魔《びょうま》との戦いは生涯《しょうがい》続いたが、「病気《びょうき》のおかげで、真剣に戦える」と、明るくはね返していった。皆の前では、つらそうな様子《ようす》は一切、見せなかった。そういう人だった。

若き日の病弱《びょうじゃく》な彼女を知る人は、〝よくぞ七十五歳まで生きぬいた〟と感嘆《かんたん》している。まさに「更賜寿命《きょうじじゅみょう》」の仏法の法理《ほうり》のままに生きぬいた。

どうすれば、広宣流布を進められるか。どうすれば、学会を永遠《えいえん》に守り、発展させていけるか。真剣な彼女の思いは、強盛《ごうじょう》な彼女の祈《いの》りは、ただ、その一点にあった。

人生の目的《もくてき》、判断《はんだん》の基準《きじゅん》を、つねに「広宣流布」「創価学会」そして「師弟《してい》」に定《さだ》めていた。ゆえに、何があっても揺《ゆ》るがなかった。

彼女には、心の老《お》いがなかった。年齢《ねんれい》を重《かさ》ねるごとに、ますます若々しく、凜々《りり》しく輝《かがや》いていった。

あるとき彼女が、自分は「九」の数字が好きだと言っていたことが忘《わす》れられない。

「『十』に一つ足《た》りない」ところが好きなのだという。だから「十」をめざして努力する。そこに成長があり、希望があり、勝利があると思う、と。

にこやかに語っていた、あの凜《りん》とした声が、今も耳朶《じだ》に響《ひび》く。

「前進」の気概《きがい》に満《み》ちた一生を送《おく》った彼女に、いかにもふさわしい言葉《ことば》である。

## 美しき感謝と永遠《えいえん》の闘争《とうそう》への決意

病気《びょうき》との戦いを続ける多田《ただ》さんと、夫《おっと》である多田省吾《しょうご》さんに、私は歌を贈《おく》った。

晴ればれと
夫妻の偉業《いぎょう》は
三世《さんぜ》まで
栄光　燦《さん》と
世界に光《ひか》らむ

多田時子《ただときこ》さんが膵臓《すいぞう》ガンで亡《な》くなられたのは、それから四カ月後の二〇〇〇年十二月二日であった。

そのとき私は、マレーシアにいた。国立《こくりつ》プトラ大学の名誉博士号の授与式《じゅよしき》やマハティール首相《しゅしょう》との会見《かいけん》などの日程《にってい》を終えた私のもとに、彼女の訃報《ふほう》が伝えられた。

そして、彼女の最後の手紙が、ファクスで、海を越《こ》えて届《とど》いた。

「創価学会創立七十周年の佳節《かせつ》を、心より御祝賀《ごしゅくが》申し上げます。

池田先生、御奥様の御健康と御長寿《ごちょうじゅ》を、衷心《ちゅうしん》よりお祝《いわ》い申し上げます。

私こと、おかげさまで、入信以来《いらい》、五十年。池田先生、御奥様の無限《むげん》の御慈悲《ごじひ》に包《つつ》まれまして、弟子《でし》の道の一分《いちぶん》を、歩《あゆ》みぬかせていただきました。

稀有《けう》の大師匠《だいししょう》にめぐり会えました福運により、黄金《おうごん》の人生を、そして望外《ぼうがい》の至福《しふく》の人生を、歩ませていただきました。

この御高恩《ごこうおん》に対《たい》し、永遠《えいえん》に生死《しょうじ》生死を繰《く》り返《かえ》しながら、必《かなら》ずや、広布のお役《やく》に立ち、御《ご》深恩《じんおん》にお応《こた》え申し上げる決意でございます。

文は意《い》を尽《つ》くさず、誠《まこと》に申し訳《わけ》ございませんが、一言《ひとこと》、御礼《おんれい》を申し述《の》べさせていただきました。心より、心より、感謝申し上げ、厚《あつ》く、厚く、重《かさ》ねて御礼《おんれい》申し上げます。

池田先生、御奥様の愈々《いよいよ》の御健康と、御長寿《ごちょうじゅ》を衷心《ちゅうしん》よりお祈《いの》り申し上げ、また創価学会の永久《えいきゅう》の御発展を、強くお祈り申し上げます。

多田時子《ただときこ》」

これは、多田さんが亡《な》くなる二週間ほど前に残《のこ》された遺言《ゆいごん》である。

病院《びょういん》のベッドの上で居住《いず》まいを正《ただ》して口述《こうじゅつ》し、夫《おっと》の省吾《しょうご》さんが書《か》き留《と》めた。それを、さらに数日かけて推敲《すいこう》を重《かさ》ねたという。そして、末尾《まつび》に自筆《じひつ》で署名《しょめい》して完成《かんせい》したのが、二〇〇〇年の十一月十八日。創価学会創立七十周年の記念日であった。

訃報《ふほう》に接《せっ》し、妻がすぐさま、マレーシアから弔電《ちょうでん》を打たせていただいた。

美しき感謝の心と、永遠《えいえん》の闘争《とうそう》への決意にあふれた彼女の最期《さいご》の言葉《ことば》を、私はマレーシアの宿舎《しゅくしゃ》の御宝前《ごほうぜん》にお供《そな》えし、妻と二人《ふたり》で、ねんごろに追善《ついぜん》の題目を送《おく》った。

まっすぐな人生だった。戦いぬいた人生だった。澄《す》みきった、清々《すがすが》しい人生だった。

葬儀《そうぎ》に参列《さんれつ》した婦人部の方は、「まるで、ちょっと休んでいるような、本当に美しいお顔でした」と感動していた。

私たち夫婦《ふうふ》の不二《ふに》の同志である多田《ただ》さんが逝《ゆ》いて、今年は七回忌《かいき》である。参議院議員《さんぎいんぎいん》を務《つと》めた夫《おっと》の省吾《しょうご》さんは、今も学会活動に勇《いさ》んで励《はげ》み、意気軒高《いきけんこう》に戦っておられる。多田時子《ときこ》さんが、わが子のように、そしてまた、わが妹《いもうと》のように慈《いつく》しんで育《そだ》てた後輩《こうはい》たちは、現在の婦人部を立派《りっぱ》に担《にな》っておられる。

そしてそのあとには、すばらしき二十一世紀の女子部がさっそうと続き、創立八十周年への大行進《だいこうしん》を開始《かいし》している。

## 嵐《あらし》をつきぬけてこそ「喜《よろこ》び」が！

ウクライナの女性の大詩人ウクラインカの詩を、女子部の皆さん方に贈《おく》りたい。

「荒《あ》れ狂《くる》う嵐の中で生きたことのない人は、喜びも知らない／無為《むい》に生きることの苦《くる》しみも知らない／いかに、うらやましいことか／戦いに、わが身を捧《ささ》げている人たちが！」＊

真《しん》の「幸福」は「充実《じゅうじつ》」から生まれる。試練《しれん》の嵐にも胸を張《は》って、戦いゆく人生にこそ、真の喜びがある。

ウクラインカは、毅然《きぜん》と言いきっている。

「苦悩《くのう》が心に激《はげ》しい打撃《だげき》を与《あた》え、力尽《ちからつ》きんとするその時、／魂《たましい》が苦《くる》しみを打ち破《やぶ》り、夢から目を覚《さ》ます／魂は、あらゆる障害《しょうがい》を打ち砕《くだ》く」＊

どんなに苦しいことがあっても、絶対《ぜったい》に負《ま》けない力が、わが生命の奥には秘《ひ》められている。その魂の真髄《しんずい》の力を最高最大に引き出していくのが、信仰《しんこう》である。妙法《みょうほう》である。

ウクライナの大哲学者《だいてつがくしゃ》スコヴォロダも論《ろん》じている。

「人間の奥底《おくそこ》には、人間が成長するための内《うち》なる法則《ほうそく》が存在する。だから、まず何よりも、自分自身を見つけ出さなければならない」

「人間は、自分自身との闘《たたか》いを始めるべきだ。なぜなら、人間の中には、至高《しこう》の幸福を引き出す力が秘められているからだ。

人間の精神の道は、人間の中に秘められた不可思議《ふかしぎ》な力を勝利させることである」

世界の偉大《いだい》なる知性の正義の叫《さけ》びは、皆、創価の「人間革命《にんげんかくめい》」の思想《しそう》と深く共鳴《きょうめい》している。学会は正しい。学会活動は、絶対《ぜったい》に正しいのである。

（抜粋）

（東京・信濃文化センター）

婦人部代表者会議

# 創価の女性は「微笑《ほほえ》みの英雄《えいゆう》」

二〇〇六年二月二十七日

## 春風のような微笑みの力《ちから》

きょうは、世界に希望の花を咲《さ》かせゆく婦人部の集《つど》い、おめでとう！　ご苦労さま！

「微笑は大《だい》なる勢力《せいりょく》なり、春の風の如《ごと》し、心の堅氷《けんぴょう》を解《と》くの力あり」*

これは、日本の信念の哲学者《てつがくしゃ》・内村鑑三《うちむらかんぞう》の言葉《ことば》である。

春風のような微笑みの力――まさに、わが婦人部の皆さま方を讃《たた》えているように、私には聞こえる。

皆さま方の清々《すがすが》しい微笑みは、反感《はんかん》や偏見《へんけん》で堅《かた》く凍《こお》りついた人々の心を溶《と》かし、広宣流布の大河《たいが》の水かさを増《ま》してきた。

「創価学会の勝利」は、婦人部の「微笑《ほほえ》みの勝利」である。

内村《うちむら》はキリスト教徒《きょうと》であったが、日蓮大聖人の生き方を、深く尊敬《そんけい》してやまなかった。

こうも述《の》べている。

「草木はすべて其生命の源なる太陽に向て其枝を伸し其花を開く者である」＊

「草木は人に見られんとて其《その》花を開くのでない、太陽の光《ひかり》に引かれて、恰《あた》かも其恩《おん》に報《むく》いんがために、太陽に向《むけ》て之《これ》を開くのである」＊

太陽の恩に報いて野《の》に咲《さ》く花のように、注目《ちゅうもく》や喝采《かっさい》はなくとも、恩を感じ、恩に報いていく人生。まさに、健気《けなげ》な婦人部の皆さまの姿《すがた》である。

婦人部こそが、創価学会の土台《どだい》であり、原動力《げんどうりょく》である。私は、創価の母たちに、心を込《こ》めて最敬礼《さいけいれい》したい。

海外においても、創価の女性メンバーの活躍《かつやく》が、光《ひか》り輝《かがや》いている。

昨日（二月二十六日＝現地時間）、トリノ冬季《とうき》オリンピックが閉幕《へいまく》した。開会式も閉会式も、ルネサンスの天地イタリアにふさわしい、芸術的な演出《えんしゅつ》が絶讃《ぜっさん》された。

総監督《そうかんとく》のもとでこの舞台演出《ぶたいえんしゅつ》の責任者《せきにんしゃ》を務《つと》めたのは、イタリアSGIの方面女子部長である。ほかにも、多くのメンバーがボランティアなどで貢献《こうけん》された。トリノ・オリンピックの大成功《だいせいこう》を、心から祝福《しゅくふく》申し上げたい。

〈SGI会長はトリノ市の名誉市民。また二〇〇六年一月、イタリア共和国《きょうわこく》の「功労勲章《こうろうくんしょう》 グランデ・ウッフィチャーレ章」を受章《じゅしょう》している〉

## 妙法《みょうほう》を持《たも》つ女性は最《もっと》も尊貴《そんき》

日蓮大聖人の門下《もんか》として、雄々《おお》しく堂々《どうどう》と、幾多《いくた》の難《なん》を勝ち越《こ》えて、「師弟《してい》勝利」の人生の劇《げき》を残《のこ》した四条金吾《しじょうきんご》。その金吾とともに、大聖人から「日本第一の女人《にょにん》なり」（御書一一三五ジベー）と讃《たた》えられたのが、夫人の日眼女《にちげんにょ》である。

この日眼女にあてられた御手紙《おてがみ》のなかで、大聖人は、法華経の一節《いっせつ》を引かれて、「この二十二字の文《もん》は、法華経のなかでも第一の肝心《かんじん》であり、あらゆる人々にとっての眼目《がんもく》なのです」（御書一一三四ジベー、通解）と仰《おお》せになられた。

その重要《じゅうよう》な文とは、いったい何か。

それは、薬王品《やくおうほん》の「能《よ》く是《こ》の経典《きょうてん》を受持《じゅじ》すること有《あ》らん者も亦復《ま》た是《かく》の如《ごと》く、一切衆《いっさいしゅ》生《じょう》の中に於《お》いて、亦《ま》た為《こ》れ第一なり（有能受持《うのうじゅじ》是経典者《ぜきょうてんしゃ》、亦復《やくぶ》如是《にょぜ》、於一切衆生中亦為第一《おいっさいしゅじょうちゅうやくいだいいち》）」（法華経五九六ページ）という一節《いっせつ》である。是の経典——つまり、法華経を受持する人は、一切衆生の中で第一であるとの宣言《せんげん》である。

この薬王品の文《もん》を受けられ、大聖人は、こう断言《だんげん》なされている。

「この世《よ》の中で、男女僧尼《そうに》を問《と》わず、法華経を持《たも》つ人は、あらゆる人々の主《しゅ》であると、仏《ほとけ》はご覧《らん》になっているでしょう。梵天《ぼんてん》・帝釈《たいしゃく》は、その人を敬《うやま》うでしょう。そう思うと、うれしさは表現《ひょうげん》のしようがありません」（御書一一三四ページ、通解）と。

妙法《みょうほう》を受持し、広宣流布に進みゆく人こそが、最《もっと》も尊貴《そんき》で、最も重要《じゅうよう》な使命を帯《お》びた存在なのである。

その上で、大聖人は、もう一重《いちじゅう》、深い考察《こうさつ》を重《かさ》ねられている。

「この経文《きょうもん》を昼も夜も考え、朝に夕に読んでみると、通常《つうじょう》思われている『法華経の行者《ぎょうじゃ》』のことではないのです。

経文《きょうもん》に『是経典者《ぜきょうてんしゃ》（是《こ》の経典を受持《じゅじ》すること有《あ》らん者）』とありますが、この『者』の文字は、『人』と読むので、この世《よ》の中の僧《そう》や尼《あま》、男女の信仰者《しんこうしゃ》のなかで法華経を信じている人々のことかと思えるのですが、そうではありません」（御書一一三四ジペー、通解）

それでは、「一切衆生《いっさいしゅじょう》の中で第一なり」と、法華経で断定《だんてい》されている存在とは、いったい、だれを指《さ》しているのか。大聖人は、こう記《しる》されている。

「経文の続きに、この『者』の文字について、仏《ほとけ》が重《かさ》ねて説《と》かれているのは、『若有女人《にゃくうにょにん》（若《も》し女人有って）』と述《の》べられていることです。すなわち、法華経を持《たも》つ女性について述べられているのです」（同）

つまり、「一切衆生の中で第一なり」と説かれた人とは、法華経を持つ女性であると、大聖人は明快《めいかい》に示《しめ》しておられるのである。

そもそも、法華経以外の諸経《しょきょう》では、女性はどこまでも差別《さべつ》され、蔑視《べっし》されていた。大聖人は、この御手紙《おてがみ》のなかでも、そうした事例《じれい》を、一つ一つ指摘《してき》されている。

ある経は、女人は「地獄《じごく》の使《つか》い」であると説いている。ある経は「大蛇《だいじゃ》」、ある経は「曲《ま》がった木のようなもの」、ある経は「仏種《ぶっしゅ》を断《だん》じた者」である、と――。

また仏教以外の外典《げてん》においても、「女性に生まれなかったことを一つの楽しみとする」など、女性への軽侮《けいぶ》は絶《た》えなかった。

真実に「女人成仏《にょにんじょうぶつ》」が明《あ》かされているのは、法華経だけである。

大聖人は、この法華経の真義《しんぎ》に立って、「妙法《みょうほう》を持《たも》った女性」が、いかにすぐれた、尊《とうと》い存在であるかを、強く訴《うった》えられたのである。

大聖人は結論として、「此《こ》の経を持つ女人は一切の女人に・すぎたるのみならず一切の男子に・こえたりとみえて候《そうろう》」（御書一一三四ジペー）と、赫々《かっかく》と大宣言《だいせんげん》されているのである。

要《よう》するに、妙法を受持《じゅじ》した女性は、権勢《けんせい》をふるい、地位や名声《めいせい》を誇《ほこ》る、いかなる男性たちよりも、すぐれている。法華経にのっとり、御書にのっとって、「女性が中心」であり、「女性が主役《しゅやく》」であり、「女性が根本《こんぽん》」なのである。

現実に、広宣流布のため、仏意仏勅《ぶついぶっちょく》の学会のため、最《もっと》も真剣に、最も勇敢《ゆうかん》に、最も誠実《せいじつ》に、最も忍耐《にんたい》強く戦っておられるのは、気高《けだか》き婦人部、女子部の皆さま方である。

「一切衆生《いっさいしゅじょう》の中で第一なり」――すなわち、「全人類で第一」「全世界で第一」の存在である創価の女性に、私は、あらためて最大の尊敬《そんけい》と感謝を捧《ささ》げたい。

さらに大聖人は、この御手紙《おてがみ》のなかで、日眼女《にちげんにょ》に、こう仰《おお》せである。

「すべての人が憎《にく》むならば憎めばよい。釈迦仏《しゃかぶつ》・多宝仏《たほうぶつ》・宇宙《うちゅう》のあらゆる仏《ほとけ》をはじめ、梵天《ぼんてん》・帝釈《たいしゃく》・日天《にってん》・月天《がってん》らだけにさえ、大切に思っていただけるならば、何がつらいことがあるでしょうか。法華経にさえ、ほめていただけるならば、何もつらいことはないのです」(御書一一三五ジペー、通解)

師匠《ししょう》であられる大聖人は、三障四魔《さんしょうしま》、三類《さんるい》の強敵《ごうてき》と戦っている日眼女と四条金吾《しじょうきんご》の夫妻を、弟子《でし》として最大に信頼《しんらい》し、大事にしておられた。

四条金吾が広布の表舞台《おもてぶたい》で縦横無尽《じゅうおうむじん》に活躍《かつやく》できたのも、夫人である日眼女の強い支《ささ》えがあってのことである。そのことを、だれよりもご存《ぞん》じであった大聖人は、弾圧《だんあつ》のなか、健気《けなげ》な信心を貫《つらぬ》いた夫人に心からの励《はげ》ましを送《おく》っていかれたのである。

わが理想《りそう》に生命を捧《ささ》げた、有名な中国の女性革命家《かくめいか》・秋瑾《しゅうきん》(一八七五～一九〇七年)。彼女が、詩にこう綴《つづ》っている。

「この世《よ》の中には、本当の英雄《えいゆう》と言える男性は何人いるのでしょうか。やはり女性の中から、多くの傑出《けつしゅつ》した人物が出ているとよく耳にします」*

学会も、女性のおかげで、ここまで発展してきた。婦人部、女子部の皆さん方の先輩《せんぱい》には、広宣流布の「英雄《えいゆう》」ともいうべき功労《こうろう》の方々が数多くいらっしゃる。妙法《みょうほう》に生きぬき、師弟《してい》に生きぬき、どんなときも笑《え》顔《がお》を輝《かがや》かせながら、同志への励《はげ》ましに徹《てっ》しぬく。まさに〝微笑《ほほえ》みの英雄〟と呼《よ》ぶにふさわしい方々である。

この崇高《すうこう》なる志《こころざし》を受《う》け継《つ》いで、生き生きと、楽しく、朗《ほが》らかに、広宣流布の大絵《だいえ》巻《まき》を、さらに鮮《あざ》やかに描《えが》いていっていただきたい。

## 嫉妬《しっと》は幸福を根こそぎにする

イギリスのシェークスピアは喝破《かっぱ》した。

「嫉妬をする人はわけがあるから疑《うたが》うんじゃないんです、疑い深いから疑うんです」*

ドイツの哲人《てつじん》カントは言う。

「これ（＝嫉妬）は極度《きょくど》に厭《いと》わしい」*「（＝嫉妬の人は）この全世界から幸福を根こそぎにしようと欲《ほっ》する」*

〝ウクライナのソクラテス〟と謳《うた》われる哲学者《てつがくしゃ》スコヴォロダは、さらに痛烈《つうれつ》である。

「下劣《げれつ》な人間とは、次のような性質《せいしつ》をいう。野心《やしん》、保身《ほしん》、短気《たんき》、そして、そのなかでも最悪《さいあく》なのが、うそつきと嫉妬《しっと》である」*

「嫉妬」の人は、優《すぐ》れた相手《あいて》を見て、その人の境涯《きょうがい》に自分を高めようとするのではなく、相手を高《たか》みから引《ひ》きずり降《お》ろそうとする。この不毛《ふもう》な「勝他《しょうた》の念《ねん》」が嫉妬の本質《ほんしつ》である。

しかし、逆《ぎゃく》に言えば、嫉妬するということは、内心《ないしん》では「相手は自分より優れている」と気づいているのである。

ゆえに、卑《いや》しい嫉妬の輩《やから》に、どのように悪口《あっこう》されようと、〝風の前の塵《ちり》〟と思えばよい。

「良い時も悪《わる》い時も、忘《わす》れてはならない。邪悪《じゃあく》な人からの非難《ひなん》は、最高の讃辞《さんじ》であることを」*

これは、十九世紀スペインの女性作家《さっか》で、人権活動家であったコンセプシオン・アレナルの言葉《ことば》である。

私が対談した歴史家のトインビー博士は、「いつの世《よ》でも、人間の最悪《さいあく》の敵《てき》は人間である」*と達観《たっかん》しておられた。

〝だれが何《なん》と言おうが、日蓮大聖人がほめてくだされればよい〟――こう決めて、堂々《どうどう》と、悠々《ゆうゆう》と進んでいくことだ。それこそが、最高無上《むじょう》の栄誉《えいよ》であり、永遠不滅《えいえんふめつ》の福徳《ふくとく》となっていくからである。

嫉妬《しっと》の誹謗《ひぼう》に動揺《どうよう》し、世間《せけん》の評判《ひょうばん》に右往左往《うおうさおう》する惰弱《だじゃく》な心では、広宣流布の戦いを進めることはできない。戦いは、見栄《みえ》や気どりがあっては勝てない。

婦人部の皆さま方の、一切の毀誉褒貶《きよほうへん》を超《こ》えた、何《なに》があっても微動《びどう》だにしない信心。その力《ちから》で、学会は勝ってきた。男性幹部は、心の底《そこ》から、それを分からねばならない。

## 勇気の母たちが青年を牽引《けんいん》

今、世界の各地から、「ガンジー・キング・イケダ――平和建設《けんせつ》の遺産《いさん》」展《てん》に、反響《はんきょう》の声が寄《よ》せられている。

この展示を発案《はつあん》され、推進《すいしん》してくださっているのは、キング博士の母校《ぼこう》・米モアハウス大学キング国際《こくさい》チャペルのカーター所長である。あらためて感謝申し上げたい。

〈世界の二十五カ国・地域で開催され、三十五万人以上が見学《けんがく》した。アメリカ・ネバダ州《しゅう》リノ市では、同展の開催を記念して、二月八日を「ダイサク・イケダ地域建設《けんせつ》の日」と宣言《せんげん》。ロバート・カシェル市長から、アメリカSGIの代表に宣言書が贈《おく》られた。そこには、こう綴《つづ》られている。
「マハトマ・ガンジー、マーチン・ルーサー・キング博士、そして池田大作博士の人生が示《しめ》すもの。それは、平和とは静《しず》かなる沈黙《ちんもく》の産物《さんぶつ》ではなく、むしろ〝すべての人々、地域のために〟との社会貢献《こうけん》の精神に貫《つらぬ》かれた、活力《かつりょく》と生気《せいき》みなぎる生命活動によって築《きず》かれる――ということです」〉

人権の闘士《とうし》キング博士は、叫《さけ》んだ。

「勇気と臆病《おくびょう》は対照《たいしょう》をなす。勇気は、いろいろな障害《しょうがい》や恐《おそ》るべき状況《じょうきょう》にもかかわらず前進するという内面的決断《ないめんてきけつだん》であり、臆病は環境《かんきょう》に対《たい》する屈従的《くつじゅうてき》な降伏《こうふく》である」*

キング博士が指揮《しき》した公民権《こうみんけん》運動。それは人間の尊厳《そんげん》を勝ち取る非暴力《ひぼうりょく》の戦いであった。一九五五年、私たちの忘《わす》れ得《え》ぬ友人であるローザ・パークスさんの勇気の行動が、「バス・ボイコット運動」の口火《くちび》を切った。だが公民権運動は一進一退《いっしんいったい》。反発《はんぱつ》は根深《ねぶか》かった。

一九六〇年、今度は「シット・イン運動」（飲食店《いんしょくてん》にある白人専用《せんよう》の席《せき》に座《すわ》り込《こ》み、立《た》ち退《の》きを拒否《きょひ》する非暴力の直接抗議《ちょくせつこうぎ》行動）が始まった。

ノースカロライナ州のグリーンズボロの学生が立ち上がり、またたくまにアメリカ南部《なんぶ》全体に広がった。青年の「勇気」が、「正義の情熱」が、厚《あつ》い偏見《へんけん》の壁《かべ》を打《う》ち破《やぶ》っていった。

この青年たちの自発的《じはってき》な力《ちから》を大切にしながら、若き彼らを牽引《けんいん》したのが、一人《ひとり》の円熟《えんじゅく》の女性指導者であったことは、知る人ぞ知る歴史といってよい。

そのリーダーは、エラ・ベイカーさん。当時、六十歳に近かった。彼女は、第二次世界大戦の前から人権闘争《とうそう》に身を捧《ささ》げてきた、不屈《ふくつ》の女性であった。地道《じみち》に南部《なんぶ》各地をまわり、粘《ねば》り強《づよ》く、地域社会の指導者を育成《いくせい》してきた。

彼女に寄《よ》せられる若い世代《せだい》からの信頼《しんらい》は、抜群《ばつぐん》であった。

新しい世紀を創《つく》るものは、青年の「熱《ねつ》」と「力」である。そして、その熱と力を呼《よ》び起《お》こしていく「太陽」こそ、勇気の母たちの、たゆみない行動なのである。

じつは、「人権の母」ローザ・パークスさんも、このベイカーさんのもとに集《つど》い、教《おし》えを受けた一人であった。人権闘争に脈打《みゃくう》つ「青年を愛する心」を、そのまま受《う》け継《つ》いでいかれた。パークスさんは語っておられた。

「私は、青年と子供を見ると、気力《きりょく》と活力《かつりょく》が湧《わ》きます」*

「子供は私たちの未来です。私たちが公民権《こうみんけん》運動で変えてきたことを活《い》かしつづけようとするならば、彼らこそがその担《にな》い手《て》になっていかなければなりません」*

同じように、創価の運動を発展させゆくためには、青年部、未来部を伸《の》ばす以外にない。婦人部の皆さまには、青年部、未来部の激励《げきれい》、なかんずく女子部の応援《おうえん》と薫陶《くんとう》を、今後もよろしくお願《ねが》いします。

また、この席《せき》をお借《か》りして、青年部教学試験《しけん》一級にあたり、研鑽《けんさん》の応援や採点《さいてん》の役員など、陰《かげ》で支《ささ》えてくださった婦人部、壮年部の方々に、心から御礼《おんれい》を申し上げたい。

## 「協力《きょうりょく》」と「尊敬《そんけい》」が力《ちから》を倍加《ばいか》

先日《せんじつ》(二月一日)、私が創立した平和研究機関《けんきゅうきかん》「ボストン二十一世紀センター」〈現在は池田国際《こくさい》対話センター〉が「女性講演会《こうえんかい》」を開催した。全米随一《ぜんべいずいいち》の女子大学であるウェルズリー大学の「ウェルズリー女性センター」との共催《きょうさい》で、これで五回目となる。

〈同大学に本部を置《お》く、全米三百五十大学のネットワーク「教育変革《へんかく》プロジェクト」からは、SGI会長に、第一号の「教育変革貢献賞《こうけんしょう》」が贈《おく》られている〉

今回のテーマは、アメリカの社会運動家エレノア・ルーズベルトの事績《じせき》であった。

彼女は「世界人権宣言《せんげん》」の起草者《きそうしゃ》でもある。文化も思想《しそう》も異《こと》なる、世界各国の代表が集《つど》い合った委員会のなかで、彼女が中心となって、「世界人権宣言」の草案《そうあん》の取りまとめに成功《せいこう》した。

人権宣言の審議《しんぎ》に参加されたブラジルの人権の闘士《とうし》アタイデ博士も、私との対談で、彼女の「不眠不休《ふみんふきゅう》の努力」を最大に讃《たた》えておられた。

エレノア・ルーズベルトは、リーダーが〝人と力《ちから》を合わせる〟ことの重要性《じゅうようせい》を、繰《く》り返《かえ》し強調《きょうちょう》している。歴史上の偉大《いだい》な人物でさえ、多くの人々の協力《きょうりょく》がなければ仕事を完成《かんせい》できなかったのだ――と。

彼女は言った。

「世《よ》の中には一人《ひとり》でできることが比較的《ひかくてき》少ない」*

「だからこそ、個性《こせい》を伸《の》ばすことと並《なら》んで、他人《たにん》と協力することも同じくらい大切なこととなるわけで、また、そのためには、他人について学ぶことがぜひ必要《ひつよう》になってくるし、他人とのつき合いの中から最善《さいぜん》を引出《ひきだ》すことも学ばなければならなくなってくる。

文明社会《ぶんめいしゃかい》のあらゆる人間関係の基《もとい》となっているのは、相互《そうご》の尊敬《そんけい》である」＊

まさしく、創価学会婦人部の実践《じっせん》である。皆、「桜梅桃李《おうばいとうり》」で、個性《こせい》が光《ひか》っている。

そうした一人《ひとり》ひとりのことをよく知ろう。一番いいものを引き出そう——それがリーダーの役目《やくめ》といえよう。大事なのは、「相互の尊敬」があるかどうかである。

わが婦人部においては、皆が偉大《いだい》な使命の同志であり、一切、平等《びょうどう》である。互《たが》いに「仏《ほとけ》を敬《うやま》うが如《ごと》く」尊敬しあい、「異体同心《いたいどうしん》」で力《ちから》を合わせてきた。だから、世界一のうるわしいスクラムが築《きず》かれたのである。

エレノア・ルーズベルトは語っている。

「個人として認《みと》められたい気持《きもち》はだれにでもあって、これを無視《むし》してはならない。自分がだれとも判《わか》ってもらえないとき、人は根《ね》なし草《ぐさ》のような気分《きぶん》となる」＊

わが婦人部には、広宣流布の第一線《だいいっせん》で、そして社会の第一線で、人知《ひとし》れず戦い、努力を続けている尊《とうと》き同志の方々が大勢《おおぜい》おられる。その一人ひとりに心から感謝し、ねぎらいの声をかけ、励《はげ》ましていっていただきたい。

私は、若き日から、その一点に徹《てっ》しぬいてきた。きょうは懐《なつ》かしい文京支部《ぶんきょう》出身《しゅっしん》の友も参加しておられるが、私は、労苦《ろうく》を分《わ》かち合《あ》って、ともに戦ってくれた方々を絶対《ぜったい》に忘《わす》れない。

ともあれ、「あの人は、自分をわかってくれている」。この信頼《しんらい》があるところ、何倍《なんばい》もの力《ちから》がわいてくる。それが、世界史に残《のこ》る女性リーダーの結論でもある。

どうか、創価の女性の草の根の対話で、現代社会の渇《かわ》ききった心の砂漠《さばく》をうるおし、「希望のオアシス」を広げていっていただきたい。

## 戦争《せんそう》ほど悲惨《ひさん》なものはない

ひな人形を見ると、思い出すことがある。戦争中、私の家は四人の兄が兵隊《へいたい》に取られ、働《はたら》き手《て》を皆、失《うしな》ってしまった。子どもたちがいなくなり、父はがっくりしていた。

そして、大好きだった長兄《ちょうけい》はビルマで戦死《せんし》。母は、どれほど悲《かな》しんだか。それも、戦死の公報《こうほう》が来るまで二年間くらい、その事実《じじつ》がわからなかった。戦争は、本当に憎《にく》らしい。

最初に住んでいた家は人手《ひとで》に渡《わた》り、そこには軍需工場《ぐんじゆこうじょう》が立った。同じ蒲田《かまた》の糀谷《こうじや》二丁目（現在の大田区内）に移《うつ》り、立派《りっぱ》な家を建《た》てた。しかし、その家も昭和二十年（一九四五年）の春には、空襲《くうしゅう》による類焼《るいしょう》を防《ふせ》ぐために強制疎開《きょうせいそかい》させられ、取《と》り壊《こわ》されてしまった。本当に残念《ざんねん》だった。

疎開先は馬込《まごめ》だった。母の妹《いもうと》の家があったところで、東京といっても周《まわ》りは畑《はたけ》が多く、当時は田舎《いなか》だった。そこに建《た》て増《ま》しをして、住むことになったのである。

しかし、ようやく家具などを運《はこ》び終え、明日からは皆で暮《く》らせるという夜に、空襲があった。私たちは、裏山《うらやま》にある防空壕《ぼうくうごう》に逃《に》げた。本当に恐《おそ》ろしい状況《じょうきょう》だった。あんな空襲の中では、勇《いさ》ましさとか、勇気とか、そんなことは言えない。それが現実だった。

やがて焼夷弾《しょういだん》が命中《めいちゅう》して、家は燃《も》えてしまった。吹《ふ》き上《あ》げる火の中で、私は弟と一緒《いっしょ》に、必死《ひっし》になって荷物《にもつ》を持ち出そうとした。しかし、ようやく運び出せたのは、保険《ほけん》の書類《しょるい》や通帳《つうちょう》などが入《はい》った大事なカバンと、大きな長持《ながもち》一つだけだった。あとは皆、燃えてしまった。

翌朝《よくあさ》、長持を開《あ》けてみると、中から出てきたのは、ひな人形であった。家族にとって、残《のこ》ったのは、このおひなさまだけだった。それでも母は、「このおひなさまが飾《かざ》れるような家に、きっと住めるようになるよ」と明るく語り、皆を励《はげ》ましてくれた。

戦争《せんそう》がなければ、どれほど良かったか。

戦争のせいで、幸福だった家庭が、どれほど不幸《ふこう》になったか。

これからという秀才《しゅうさい》が、未来の大指導者が、どれほど死んだり殺《ころ》されたりしたか。

本当に戦争はよくない。戦争ほど悲惨《ひさん》なものはない。

多くの人は、もう戦争の残酷《ざんこく》さを知らないかもしれない。空襲警報《くうしゅうけいほう》の音を聞いたこともないだろう。しかし、未来のためにも、戦争の悲惨さを絶対《ぜったい》に忘《わす》れてはならない。平和の尊《とうと》さを訴《うった》え続けなければならない。

## 女性は「平和の文化」の構築《こうちく》に貢献《こうけん》

現在、女性平和委員会主催《しゅさい》の「平和の文化フォーラム」が各地で開催され、大きな共感《きょうかん》を広げている。各界《かっかい》から反響《はんきょう》が寄《よ》せられるなか、国連《こくれん》のチョウドリ事務《じむ》次長《じちょう》も、このフォーラムの成功《せいこう》を心から喜《よろこ》んでくださっている。チョウドリ事務次長《じむじちょう》は、「平和の文化」の理念《りねん》を、国連《こくれん》で推進《すいしん》してきた方である。

事務次長は、〝平和の文化〟の意義《いぎ》にふれ、かつて次のように語っておられた。

「人生というものは、自分の手を必要《ひつよう》としている人たちに手を差《さ》し伸《の》べたときに、初《はじ》めて価値《かち》を生むのではないでしょうか。手を差し伸べて一緒《いっしょ》になって対話をする。そこから平和は、始まるのです」*

「女性は〝平和の文化〟を構築《こうちく》するために、さらには紛争《ふんそう》の平和的解決《かいけつ》を促進《そくしん》するためにも、大きな貢献《こうけん》ができるし、実際《じっさい》にできていると思います。何より社会のなかで対話というものを広げていくうえで大きな役割《やくわり》を果《は》たしています」*

さらに、チョウドリ事務次長は、女性に期待《きたい》する理由《りゆう》を、こう語っておられた。

「女性が平和のプロセスにかかわると、より広い視野《しや》で社会を考えることができるということを何度も経験《けいけん》してきました。それは女性が本来的《ほんらいてき》に平和を求《もと》めている存在だからだろうと思います。自分の子どもや孫たちが、平和な社会で育《そだ》ってくれるように、一心《いっしん》に希望するからなのでしょう」*

そして、事務次長《じむじちょう》が「平和への運動に対して、非常《ひじょう》に情熱をもっておられる、すばらしい女性たち」と賞讃《しょうさん》を惜《お》しまないのが、創価の婦人部なのである。

「平和の文化」を広げゆく、わが婦人部の対話運動は、国連《こくれん》の理念《りねん》とも一致《いっち》して、時代の最先端《さいせんたん》を切り開いていることを、誇《ほこ》りとしていただきたい。

## 女性教育の先駆者《せんくしゃ》・津田梅子《つだうめこ》

きょうは、首都圏《しゅとけん》の婦人部の代表が参加しておられる。そこで、東京・神奈川・関東にもゆかりのある、女性の師弟《してい》の物語《ものがたり》を紹介《しょうかい》しておきたい。

それは近代《きんだい》日本の女性教育・英語教育の先覚者《せんかくしゃ》であり、津田塾《つだじゅく》大学の創立者であった津田梅子先生と、星野《ほしの》あい初代《しょだい》学長をはじめとする愛弟子《まなでし》の方々である。

津田先生は一八七一年（明治《めいじ》四年）、「岩倉使節団《いわくらしせつだん》」とともに、日本初の女子留学生《りゅうがくせい》の一人《ひとり》として渡米《とべい》した。二度のアメリカ留学を経《へ》て、日本の女性の地位向上《こうじょう》のために尽力《じんりょく》することを決意し、帰国《きこく》する。

彼女は強く主張《しゅちょう》した。——人類の半分《はんぶん》は女性である。その女性の地位が向上《こうじょう》し、すぐれた教育を受けられなければ、国際《こくさい》社会で日本が真《しん》に重要《じゅうよう》な地位を得《え》ることはできない。また、日本の真の発展もない。女性は、社会に貢献《こうけん》する力《ちから》となるべきだ、と。

明治維新《めいじいしん》から間《ま》もない、十九世紀末《まつ》のことである。そして一九〇〇年（明治三十三年）、私立《しりつ》の女性教育の先駆《せんく》である「女子英学塾《えいがくじゅく》」を創設《そうせつ》した。三十代半《なか》ばの若さであった。

ちょうど同じ時期に、創価教育の父・牧口常三郎先生が、女性教育に取《と》り組《く》んでおられたことも、よく知られている。

「女子英学塾」は、生徒《せいと》数《すう》わずか十人から出発した。小さな日本家屋《かおく》を借《か》りて校舎《こうしゃ》とした。

津田《つだ》先生は、創立から五年後に回想《かいそう》している。

「規模《きぼ》そのものは価値《かち》の基準《きじゅん》には全《まった》くなりません。私たちは小さな始まりに誇《ほこ》りを持っていますし、今もなお小さな学校であることに同じように誇りを感じています」＊

開校式《かいこうしき》の式辞《しきじ》では、次のように語った。

「人々の心や気質《きしつ》はその顔の違《ちが》うように違っています。従《したが》ってその教授や訓練《くんれん》は、一人《ひとり》一人《ひとり》の特質《とくしつ》にしっ、く、り、あてはまるように仕向《しむ》けなくてはなりません。多人数では無理《むり》が出来ます。だから私は真《しん》の教育をするには結局《けっきょく》小人数に限《かぎ》ると思います」*

人間を育《そだ》てるには、「一人の人間」に対《たい》する、真剣で誠実《せいじつ》な人格《じんかく》の啓発《けいはつ》以外にない。

広宣流布という壮大《そうだい》なる人間教育運動にあっても、一人ひとりを大切に励《はげ》まし、人材を育成《いくせい》できるのは、支部であり、地区であり、ブロックである。

そして「一人」を育てることが、「百人」にも「千人」にも通《つう》ずるのである。

## 弟子《でし》が師《し》の悲願《ひがん》を実現《じつげん》

津田《つだ》先生は、交流《こうりゅう》のあったヘレン・ケラーの生涯《しょうがい》を通《とお》して、「熱心《ねっしん》があれば、鉄《てつ》の扉《とびら》も射通《いとお》し、誠実があれば石も叫《さけ》ぶ」*と語り残《のこ》している。

彼女の努力は実《み》を結《むす》び、塾《じゅく》は大きく飛躍《ひやく》していった。

しかし、創立二十周年（一九二〇年）を前に、津田先生は病床《びょうしょう》に伏《ふ》すようになる。

彼女にとって、女性への高等教育の充実《じゅうじつ》は、依然《いぜん》として遅《おく》れていた。まだまだ、やらねばならないことが残《のこ》っていた。その彼女が、「塾《じゅく》のことはよろしく頼《たの》む」と信頼《しんらい》し、託《たく》したのが、弟子《でし》の星野《ほしの》あい先生であった。

星野先生は、津田《つだ》先生亡《な》き後、「塾を大学にしたい」との恩師《おんし》の望《のぞ》みを受《う》け継《つ》ぎ、第二代《だいにだい》塾長に就任《しゅうにん》する（一九二九年）。

時代は、偏狭《へんきょう》な国家《こっか》主義、軍国《ぐんこく》主義の狂気《きょうき》に突入《とつにゅう》していった。英語が「敵性語《てきせいご》」とされた時代である。全国の高等女学校の英語科は、全廃《ぜんぱい》に近い状態《じょうたい》となっていった。

荒《あ》れ狂《くる》う怒濤《どとう》の中で、後継《こうけい》の弟子・星野塾長は、「悪夢《あくむ》の連続」＊のような苦闘《くとう》を続ける。師の学校を守りぬく。そして、敗戦後《はいせんご》の一九四八年（昭和二十三年）、ついに恩師の夢であった「津田塾大学」が設立《せつりつ》されたのである。

初代学長となった星野先生の強靱《きょうじん》な信念と行動を支《ささ》えていたのは、師・津田先生への報恩《ほうおん》の一念《いちねん》であった。

星野先生は、終生《しゅうせい》、師匠《ししょう》の恩を忘《わす》れなかった。のちに彼女は、こう述《の》べている。

「津田先生からわたしが受けましたご恩義《おんぎ》の数々《かずかず》はいまさらここにしるすまでもないことですが、何よりも大きなことは、先生がわたしを信頼し、ご自分がおつくりになった大

事な学校の後事《こうじ》をお託《たく》し下《くだ》さったことであると思います」＊

師匠《ししょう》の信頼《しんらい》こそ、自分が受けた最大の恩《おん》だったというのである。恩を知り、信義《しんぎ》を知る人の心は美しい。

師匠の信頼に断《だん》じて応《こた》えるのが、真《しん》の弟子《でし》の道である。弟子の使命と栄光は、師匠の構《こう》想《そう》を実現《じつげん》しゆくなかにある。

星野《ほしの》先生の遺言《ゆいごん》には、こう記《しる》されていた。

「津田梅子《つだうめこ》先生に見出《みいだ》されて海外に学び、母校《ぼこう》に勤務《きんむ》することになり、四〇年に亘《わた》る一生《しょう》を母校と一緒《いっしょ》にふつつかながら過《す》ごすことが出来《でき》たことはほんとうにありがたいことで深い深い感謝があるのみである」＊

師の理想《りそう》に生涯《しょうがい》を捧《ささ》げて、「深い深い感謝があるのみ」――。師弟《してい》に生きぬく人生は、人間としての極致《きょくち》の、荘厳《そうごん》な光《ひかり》を放《はな》つ。

自分の利害《りがい》や地位ばかりにとらわれた人間の眼《め》には、決《けっ》して分かろうはずがない。

なお、婦人部・女子部でも、名門《めいもん》・津田塾《つだじゅく》大学の出身者《しゅっしんしゃ》が大いに活躍《かつやく》していることは、うれしいかぎりである。

## 父トルストイの理想《りそう》と信念に生きた娘

創価学会が創立された一九三〇年（昭和五年）を中心に、ロシアの文豪《ぶんごう》トルストイの「魂《たましい》の後継者《こうけいしゃ》」と呼《よ》ばれた一人《ひとり》の信念の女性が、東京、関西、関東をはじめ、日本の各地を訪《おとず》れた。その女性とは、トルストイの愛娘《まなむすめ》アレクサンドラである。

トルストイの死後、革命《かくめい》によって、ロシアには無神論《むしんろん》を掲《かか》げる共産党政権《きょうさんとうせいけん》が誕生した。トルストイの教《おし》えを守り、敬虔《けいけん》な信仰《しんこう》と非暴力主義《ひぼうりょくしゅぎ》を貫《つらぬ》くアレクサンドラは、さまざまな圧迫《あっぱく》を受けた。新聞にはデマの中傷記事《ちゅうしょうきじ》を書かれた。投獄《とうごく》もされた。

しかし、獄中《ごくちゅう》にあっても、アレクサンドラは囚人《しゅうじん》のための「学校」を開き、囚人への教育・啓蒙《けいもう》活動を展開《てんかい》した。彼女は、どんな迫害《はくがい》にも、決《けっ》して屈《くっ》しなかった。父の理想と信念を抱《だ》きしめて生きぬいた。

後《のち》に彼女は、日本への滞在《たいざい》を経《へ》て、アメリカへ渡《わた》った。アメリカで、ある刑務所《けいむしょ》を訪問《ほうもん》した際《さい》には、ロシアの青年が、投獄された五年間を利用して大学の卒業資格《そつぎょうしかく》を取ったことにふれ、若い囚人《しゅうじん》を励《はげ》ましている。

「人生でつまずくことだってあります。転《ころ》ぶことだってあるでしょう」「でも、きっと立ち上がって、今度はつまずかないように、しっかりと歩《ある》いていくことができるはずよ。今の時を活用《かつよう》するのです」

どんな状況《じょうきょう》でも絶望《ぜつぼう》しない。いな、困難《こんなん》のなかでこそ、新《あら》たな価値《かち》を創造《そうぞう》していくのだ――これが彼女の生き方であった。

## 朗《ほが》らかなあいさつが心を開く

ロシアでアレクサンドラが収容《しゅうよう》された牢獄《ろうごく》で、一人《ひとり》の女性が働《はたら》いていた。

その女性は、無愛想《ぶあいそう》で、目も合わせず、冷《つめ》たい態度《たいど》であった。食事やお茶、掃除用《そうじよう》のバケツも、毎日、乱暴《らんぼう》に置《お》いては、乱暴に片《かた》づけていった。その人は、看守《かんしゅ》や刑務所長《けいむしょちょう》よりも、怖《こわ》い存在であった。

ある朝、アレクサンドラは、思いきって、「こんにちは！」と声をかけた。

その女性は、驚《おどろ》いた表情でいちべつしたが、何も返事《へんじ》はなかった。以後《いご》、来る日も来る日も、アレクサンドラは、粘《ねば》り強《づよ》くあいさつを続けた。囚人《しゅうじん》たちは「無駄《むだ》な努力だ」と言っていた。

しかし、ある朝、「こんにちは。きょうはどんな天気ですか」と、親《した》しみを込《こ》めて話しかけると、思いもかけず「こんにちは」との返事が返ってきた。その後も、アレクサンドラは、誠実《せいじつ》に、相手《あいて》の心を開いていったのである。

次元《じげん》は異《こと》なるが、私が初《はじ》めてソ連《れん》(ロシア)を訪問《ほうもん》した時のことである。クレムリン宮《きゅう》殿《でん》のすぐそばにある宿舎《しゅくしゃ》には、各階《かくかい》ごとに鍵《かぎ》を預《あず》かる当番がついていた。

私たちのフロアの担当は、中年《ちゅうねん》の婦人で、最初はまったく無愛想《ぶあいそう》であった。しかし、私の妻は、彼女とすれ違《ちが》うたびに、微笑《ほほえ》みかけ、あいさつの声をかけていった。

その婦人は最初は戸惑《とまど》った様子《ようす》であった。だが、私たちが笑顔《えがお》のあいさつを繰《く》り返《かえ》すうちに、やがて笑顔を返してくれるようになった。そして、心を開いて言葉《ことば》を交《か》わすようになったのである。

彼女は、夫《おっと》を第二次世界大戦で亡《な》くした体験も話してくれた。

妻は、少女時代に牧口先生と出会《であ》いを結《むす》んだ、いわば〝未来部一期生〟であり、戸田先生の直々《じきじき》の薫陶《くんとう》を受けた〝女子部一期生〟である。創価の女性の代表として、妻は微笑《ほほえ》みの平和外交《がいこう》を繰《く》り広《ひろ》げてきたのである。

ソ連《れん》での私たち夫婦《ふうふ》の懐《なつ》かしい友人の一人《ひとり》に、ナターリヤ・サーツさんがいる。ソ連国《こく》立《りつ》モスクワ児童音楽劇場《じどうおんがくげきじょう》の総裁《そうさい》を務《つと》めた方である。

サーツさんは、スターリンの粛正《しゅくせい》によって、夫を銃殺《じゅうさつ》された。自身も冤罪《えんざい》によって、シベリアなどに五年間、流刑《るけい》された。しかし、サーツさんは、収容所《しゅうようじょ》のなかにあっても、くじけなかった。そこで即席《そくせき》の劇団《げきだん》をつくって、芸術の創造《そうぞう》を続けたのである。

仏法では「心は工《たくみ》なる画師《えし》の如《ごと》し」と説《と》く。

「心」一つで、名画《めいが》のごとき人生を、いくらでも創《つく》り上《あ》げていける。豊《ゆた》かな人生を描《えが》いていくことができるのである。

たとえば、年《とし》を取っても、心まで老《ふ》け込《こ》んでしまってはいけない。胸を張《は》り、「生涯《しょうがい》青春」の心意気《こころいき》で生きぬいていくことだ。そう決めていけば、本当に年齢《ねんれい》を忘《わす》れるくらいの、生き生きとした毎日を送《おく》っていくことができるのである。

## 師弟《してい》の魂《たましい》を正しく継承《けいしょう》

さて、アレクサンドラは、「宗教は阿片《あへん》」とされた当時のロシアにあって、多くの子どもたちに、父・トルストイの平和と人道《じんどう》の宗教的信念を語っていった。

圧迫《あっぱく》を恐《おそ》れて黙《だま》っていては、一番大事な、父の信念を伝えることはできない——これが彼女の決心《けっしん》であった。

アレクサンドラは、トルストイの生前《せいぜん》、ずっと父のそばにいて、多くの弟子《でし》たちの姿《すがた》を見つめてきた。師匠《ししょう》トルストイの死後《しご》、ある弟子は、師の教《おし》えに背《そむ》くようになった。その人は虚栄心《きょえいしん》が強く、冷淡《れいたん》で、傲慢《ごうまん》な人物であった。

また、同じように師の教えに背いたある弟子に対《たい》して、彼女は「父の遺訓《いくん》を踏《ふ》みにじっているではないか!」と厳《きび》しく弾呵《だんか》していったのである。

これまで、戸田先生の弟子《でし》のなかからも、反逆者《はんぎやくしゃ》や退転者《たいてんしゃ》が出た。皆、もっともらしい理由《りゆう》をつけながら、自己《じこ》の保身《ほしん》のため、私利私欲《しりしよく》のために同志を裏切《うらぎ》っていった。

もしも将来、こうした卑劣《ひれつ》な人間が出たならば、手厳《てきび》しく糾弾《きゅうだん》することだ。断固《だんこ》として戦い、打《う》ち砕《くだ》くのだ。そうであってこそ、創価の「師弟《してい》の魂《たましい》」は正しく継承《けいしょう》される。

組織は上から腐《くさ》る。大切なのは幹部自身が変わることだ。また、上が変わらなければ学会の前進はない。

いつも、ツンとしている。笑顔《えがお》がない。格好《かっこう》はつけるが、敵《てき》とは戦わない。新しい人材も育《そだ》てられない——こんな幹部では、かえって広宣流布を妨《さまた》げる存在となってしまう。信心と闘争心《とうそうしん》を忘《わす》れてはならない。

自分がリーダーの時代に、「これだけの人材を育てた」と胸を張《は》れる歴史を残《のこ》すことだ。雲霞《うんか》のごとく、人材が集《あつ》まる。そして各界《かっかい》に躍《おど》り出る。そうしていくのがリーダーの責務《せきむ》である。

ますます婦人部が大切である。どうか婦人部の皆さまが団結《だんけつ》し、堂々《どうどう》と正義の声を上げ、正しき師弟の軌道《きどう》を永遠《えいえん》に護《まも》りぬいていただきたい。

一緒《いっしょ》に戦おう！　未来の学会のために！　広宣流布のために！

今こそ、将来への確固《かっこ》たる土台《どだい》を築《きず》き上《あ》げる時なのである。


トルストイは述《の》べている。

「互《たが》いに虚偽《きょぎ》で結《むす》びついた人々は、一つに固《かた》まった集団《しゅうだん》となる。この集団の結合《けつごう》こそが、世界の悪《あく》である。人類の良識《りょうしき》ある活動はすべて、この虚偽の結合を断《た》ち切《き》ることにある」*

「真実というものは、真実の行《おこな》いによってのみ、人々に伝えることができる。真実の行いのみが、一人一人《ひとりひとり》の意識《いしき》に光《ひかり》を注《そそ》ぎ、虚偽の結合を断ち切り、虚偽の結合で結びついた集団から人々を、次から次へと解放《かいほう》することができる」*

人々を、虚偽の鎖《くさり》から解《と》き放《はな》たねばならない。徹《てっ》して真実を叫《さけ》びぬくことだ。嘘《うそ》を打《う》ち破《やぶ》っていくことだ。

仏法では、口によって生《しょう》じる悪として、「妄語《もうご》（偽《いつわ》りの言葉《ことば》）」、「綺語《きご》（真実に背《そむ》いて巧《たく》みに飾《かざ》り立《た》てた言葉）」、「悪口《あっく》」、「両舌《りょうぜつ》（二枚舌《にまいじた》）」を挙《あ》げている。

日蓮大聖人は、「日妙聖人御書《にちみょうしょうにんごしょ》」のなかで、法華経に対《たい》するならば一切経《いっさいきょう》は妄語であり、綺語《きご》であり、悪口《あっく》であり、両舌《りょうぜつ》のようなものであると仰《おお》せである。
そして、鎌倉《かまくら》からはるばる佐渡《さど》まで大聖人を訪《たず》ねてきた日妙聖人《にちみょうしょうにん》を讃《たた》え、こう仰せである。「実語《じつご》（真実の言葉《ことば》）の法華経は正直《しょうじき》の者が信じ会得《えとく》できるのである。今、あなたは実語の女性でいらっしゃるのであろう」（御書一二一七ジペー、通解）
最高の真実の法である妙法《みょうほう》を持《たも》ち、尊《とうと》き求道《きゅうどう》の心に生きぬく婦人部の皆さまを、大聖人が最大に讃嘆《さんたん》されることは間違《まちが》いない。どうか「真実の宝剣《ほうけん》」を堂々《どうどう》と掲《かか》げ、一切の嘘《うそ》を打《う》ち破《やぶ》りながら、痛快《つうかい》に前進していっていただきたい。

## 今いるところが「幸福の都《みやこ》」に

さらに、御聖訓《ごせいくん》を拝《はい》したい。

「私たちが住《す》んで、法華経を修行《しゅぎょう》する所《ところ》は、どんな所であれ、常寂光《じょうじゃっこう》の都（仏《ほとけ》が住む国《こく》土《ど》）となるであろう。私たちの弟子《でし》檀那《だんな》となる人は、一歩も歩《あゆ》むことなくして、天竺《てんじく》（インド）の霊鷲山《りょうじゅせん》（仏が住《じゅう》して法華経を説《と》いたところ）を見、本有《ほんぬ》の（永遠《えいえん》に存在する）寂光土へ

昼夜《ちゅうや》に往復《おうふく》されるのである」（御書一三四三ジペー、通解）

今、戦っている、その場所で、「平和の文化」の都《みやこ》を築《きず》き上《あ》げていくことだ。また、必《かなら》ず築いていけるのである。

この思想《しそう》、この行動に、世界宗教の最《もっと》も進んだ、最も理想的《りそうてき》な姿《すがた》があると、多くの知性が刮目《かつもく》している。

大聖人は、熱原《あつはら》の法難《ほうなん》で外護《げご》の戦いをした南条時光《なんじょうときみつ》に対《たい》して、こうおっしゃっている。「しばらく苦《くる》しみが続いたとしても、最後には必ず楽しい境涯《きょうがい》になる。たとえば、国王のたった一人《ひとり》の王子のようなものである。どうして国王の位《くらい》につかないことがあるだろうかと、確信《かくしん》していきなさい」（御書一五六五ジペー、通解）

大聖人は、つねに「一人の生命」「一人の幸福」を根本《こんぽん》にされ、徹底《てってい》して勇気と希望を送《おく》られた。ゆえに学会も、まったく同じ軌道《きどう》を歩《あゆ》む。信心を貫《つらぬ》いた人が、最後には必ず勝つ。それを証明《しょうめい》していくのが「人間革命《にんげんかくめい》」の大道《だいどう》である。

大聖人は、南条時光の母に対して、彼女が息子《むすこ》（時光の弟）を亡《な》くした直後《ちょくご》に、こう綴《つづ》られている。
「悲母《ひも》がわが子を恋《こい》しく思われるならば、南無妙法蓮華経と唱《とな》えられて、亡《な》き夫君《ふくん》と御《ご》子息《しそく》と同じ所《ところ》に生まれようと願《ねが》っていかれなさい。

一つの種《たね》は一つの種であり、別《べつ》の種は別の種です。同じ妙法蓮華経の種を心に孕《はら》まれるならば、同じ妙法蓮華経の国へお生まれになるでしょう。父と母と子の三人が顔を合わせられる時、そのお悦《よろこ》びはいかばかりで、どれほど嬉《うれ》しく思われることでしょう」(御書一五七〇ジペー、通解)

これは、仏法の本質《ほんしつ》であり、非常《ひじょう》に大事な一節《いっせつ》である。

皆、三世《さんぜ》の生命観といっても、なかなか信じることはできない。ゆえに、何度も拝《はい》してきた御聖訓《ごせいくん》であるが、あえて紹介《しょうかい》しておきたいのである。

この御文《ごもん》にもあるように、彼女は、夫《おっと》にも先立《さきだ》たれていた。

南無妙法蓮華経と唱えぬいていけば、必《かなら》ず、愛する夫とわが子と一緒《いっしょ》に、生まれることができるのですよ！――大聖人は、渾身《こんしん》の励《はげ》ましを送《おく》られた。

かけがえのない存在を亡くす。それは言葉《ことば》にできない悲《かな》しみである。残念《ざんねん》であり、無念《むねん》である。しかし、この御書の一節《いっせつ》を疑《うたが》ってはならない。

何があろうとも、必《かなら》ず善《よ》い方向《ほうこう》へ、皆を幸福にする方向へ、意味のある方向へと進んでいける。その根本《こんぽん》の力《ちから》が、大聖人の題目には厳然《げんぜん》と具《そな》わっている。

その力を、現実に引き出していくのが、私たちの信心なのである。

## 苦悩《くのう》は、人間にとって偉大《いだい》な師《し》

最後に、十九世紀スペインの人権活動家であるコンセプシオン・アレナルの言葉《ことば》を贈《おく》りたい。

「苦悩は人間にとって偉大な師である。時には涙《なみだ》を流《なが》し、またある時には涙を拭《ぬぐ》うことにも尊《とうと》い教訓《きょうくん》がある」*

「悪《あく》はいつまで続くのであろうか。我々《われわれ》がやるべきことをやり、信念に基《もと》づいた行動があれば、悪を断《た》ち切《き》ることが出来《でき》るのである。

力を合わせれば、一時的《いちじてき》な悪を永続的《えいぞくてき》な善《ぜん》に変えられることもある」

季節《きせつ》の変わり目であり、健康には十分《じゅうぶん》、気をつけていただきたい。

きょう（二月二十七日）は、「アメリカ婦人部の日」であり、「ブラジル婦人部の日」である。妻とともに、全国、全世界の婦人部の皆さまの健康と幸福、栄光と勝利を、心の底《そこ》から祈《いの》りに祈りつつ、記念のスピーチとしたい。

皆さんが勝利者となり、きょうから明日へ、未来へと進んでいけるように、懸命《けんめい》に、お題目を送《おく》ります。長時間、ありがとう！

（東京・信濃文化センター）

## 第九回全国グループ長大会へのメッセージ

# 楽しく朗《ほが》らかに友情の拡大《かくだい》を

二〇〇六年五月九日

婦人部結成五十五周年のこの時、全世界の創価の女性の先頭《せんとう》に立つ、誉《ほま》れ高きグループ長の皆さま方！　まことに、まことにおめでとうございます。

来る日も、また来る日も、最《もっと》も尊《とうと》い広宣流布の第一線《だいいっせん》で、真剣に、粘《ねば》り強《づよ》く戦い続けておられる皆さま方を、日蓮大聖人がすべて御照覧《ごしょうらん》です。私も妻も心から最敬礼《さいけいれい》して、健気《けなげ》な皆さま方に題目を送《おく》っております。

初代《しょだい》会長の牧口先生は、婦人部を励《はげ》まして言われました。

「信仰《しんこう》とは、狭《せま》い世界に入《はい》ることではない。苦悩《くのう》の鎖《くさり》を断《た》ち切《き》って、広々《ひろびろ》とした希望と幸福の世界へ打って出ることなんだよ」と。

妙法《みょうほう》に生きぬく人生は、どんなことがあっても、行き詰《づ》まらない。最高に伸《の》び伸びと、また最高に晴れ晴れと、わが生命に「歓喜《かんき》の中の大歓喜」の境涯《きょうがい》を、絶対《ぜったい》に開くことができるのであります。

日蓮大聖人は、池上《いけがみ》兄弟の夫人たちへ、いざという時にこそ、「勇気ある信心」を貫《つらぬ》き通して、「末代悪世《まつだいあくせ》の女人《にょにん》の成仏《じょうぶつ》の手本《てほん》」になっていきなさいと仰《おお》せになられました。

一人《ひとり》のグループ長が勇敢《ゆうかん》に立ち上がれば、一家眷属《けんぞく》も皆、勝利できる。そして、わがグループの同志も、縁《えん》する友人たちも、必《かなら》ず希望の方向《ほうこう》へ、幸福の方向へ、リードしていくことができるのであります。

私が対談した、アメリカの「平和研究《けんきゅう》の母」エリース・ボールディング博士は語られました。

「女性は、家庭であれ、地域社会であれ、人の話を聞いたり、対話をしたり、差異《さい》を乗《の》り越《こ》える術《すべ》を心得《こころえ》ています。その女性こそが『平和を創造《そうぞう》する人』になれるのです」と。

そして博士は、その平和創造の理想《りそう》のモデルを、学会婦人部に見いだしておられるのであります。

どうか、「女性の世紀」の最先端《さいせんたん》を進みゆく誇《ほこ》りに燃《も》えて、自信満々《じしんまんまん》と正義を語り、楽しく朗《ほが》らかに友情と仏縁《ぶつえん》を広げていってください。

創価学会の一番、大切な大切な宝《たから》であられる皆さま方の御健康と御多幸《ごたこう》、御一家の御繁栄《ごはんえい》を、私も妻も祈《いの》って祈って祈りぬいてまいります。

世界第一の偉大《いだい》にして尊極《そんごく》なる婦人部、万歳《ばんざい》!

各地の婦人部総会の大成功《だいせいこう》を祈りつつ。

(東京・創価国際友好会館)

婦人部代表協議会

# わが生命に不滅《ふめつ》の黄金譜《おうごんふ》を綴《つづ》れ

二〇〇七年二月二十七日

## 創価家族の宝《たから》の皆さまに感謝

きょうは、お忙《いそが》しいなか、また遠《とお》くから、本当にご苦労さま！　いよいよ希望の春の到《とう》来《らい》である。三月三日のひな祭《まつ》りに寄《よ》せて、皆さまに記念の句《く》を贈《おく》りたい。

春が来た
貴女《あなた》の笑顔《えがお》が
雛《ひな》人形

この佳《よ》き日
貴女《あなた》の笑顔《えがお》も
雛《ひな》人形

ご存《ぞん》じの通り、「ひな祭《まつ》り」には、家族の宝《たから》である女の子の、健《すこ》やかな成長と幸福への願《ねが》いが託《たく》されている。「創価家族」の宝である、婦人部・女子部の皆さま方の尊《とうと》きご活躍《かつやく》に、私はあらためて心から感謝申し上げたい。

大阪生まれの近代《きんだい》日本の俳人《はいじん》・松瀬青々《まつせせいせい》は謳《うた》った。

「雛すえて　天下《てんか》の女子や　春を知る」＊

この三月三日は、「大阪婦人部の日」でもある。大阪をはじめ、わが関西婦人部に万歳《ばんざい》を贈《おく》りたい。

きょうの協議会《きょうぎかい》には、東京、関東、東海道の代表も参加してくださっている。皆さんの元気な様子《ようす》を拝見《はいけん》して、私は本当にうれしい。各地の同志が真剣に、そして必《ひっ》死《し》になって戦っておられる様子《ようす》は、すべてうかがっている。本当に尊《とうと》いことである。

広宣流布は一面からいえば、厳《きび》しい闘争《とうそう》の連続だ。時には「大変だな」と思うことがあるかもしれない。しかし、広布の活動は全部、仏道修行《ぶつどうしゅぎょう》である。仏道修行から逃《に》げていては、仏《ほとけ》になることはできない。すべて勝ち越《こ》える以外にないのである。

むしろ、大変な戦いがあるからこそ、仏になることができる。何《なん》の闘争もない。苦労もない——それでは仏になることはできない。

日蓮大聖人の仏法は、三世《さんぜ》にわたる生命の法則《ほうそく》を明《あき》らかにしている。大聖人の仰《おお》せに間《ま》違《ちが》いはない。御書は絶対《ぜったい》に正しい。

どんなに大変だといっても、永遠《えいえん》の生命から見れば一瞬《いっしゅん》である。

友のため、広布のために尽《つ》くした行動は、結局はすべて、自分のためになる。大きな功《く》徳《どく》となって、わが身を飾《かざ》る。

自身が宿命転換《しゅくめいてんかん》し、人間革命《にんげんかくめい》し、そして幸福になる——そのために戦いぬいていただきたい。この一瞬を大切にし、この一瞬を勝ちぬいていただきたい。

そして、わが生命に、広宣流布の永遠不滅《ふめつ》の黄金譜《おうごんふ》を綴《つづ》っていただきたいのである。

## 妙法《みょうほう》に生きゆく福徳《ふくとく》は無量《むりょう》

それは、ある哲学者《てつがくしゃ》の声である――。

「母は笑顔《えがお》を忘《わす》れるな!
母の笑顔は、帝王《ていおう》の力《ちから》よりも強い。
母の笑顔は、平和と幸福の力である。
母を讃《たた》えよ!
母を大切に!」

世界一の笑顔のスクラム・創価の婦人部の皆さま方に、最大の敬意《けいい》と感謝を表《ひょう》したい。

尊《とうと》き婦人部の皆さま方が、広宣流布の最前線《さいぜんせん》を、来る日も来る日も、どれほど真剣に奔《ほん》走《そう》してくださっていることか。

たとえ、だれが知らなくとも、大聖人が、すべてを御照覧《ごしょうらん》である。

大聖人は、日女御前《にちにょごぜん》への御手紙《おてがみ》のなかで、こう仰《おお》せである。

「女性の身として（法華経を信仰《しんこう》し）法華経のお命《いのち》を継《つ》いでおられることは、釈迦仏《しゃかぶつ》、多《た》宝仏《ほうぶつ》、全宇宙《ぜんうちゅう》の諸仏《しょぶつ》を生み育《はぐく》まれた父母のお命を継いでおられることになるのです。このような功徳《くどく》をもっている人は、世界中に、ほかにいるでしょうか」（御書一二五〇ジペー、通解）

広宣流布に生きゆく皆さま方の福徳《ふくとく》は無量《むりょう》である。このことを、晴ればれと確信《かくしん》していっていただきたい。

さらに大聖人は、静岡の女性門下《もんか》であった窪尼御前《くぼのあまごぜん》に仰《おお》せである。

「一切の善根《ぜんこん》の中で、父母に孝養《こうよう》を尽《つ》くすことが第一であり、まして、法華経を信仰しておられるうえでの孝養ですから、金《きん》の器《うつわ》に清《きよ》らかな水を入れたように、少しも漏《も》れることがありません。めでたいことです。めでたいことです」（御書一四八一ジペー、通解）

窪尼御前の娘を讃《たた》えての御言葉《おことば》である。

健気《けなげ》に信心を貫《つらぬ》く人の生命は、それ自体《じたい》が「黄金《おうごん》の宝器《ほうき》」として輝《かがや》いていく。父母への孝養の福徳の水は、そこに満々《まんまん》とたたえられていくのである。

大聖人は、迫害《はくがい》に耐《た》え、神奈川の地で戦っていた日眼女《にちげんにょ》に対《たい》して、こう述《の》べておられる。

「(私が日本中から激《はげ》しく迫害《はくがい》されて)女性など、仏法を理解していない方々が、日蓮につき従《したが》ったことを、どれほどか後悔《こうかい》しておられるであろうと心苦《こころぐる》しく思っていたのに、案《あん》に相違《そうい》して、日蓮よりも強盛《ごうじょう》な信心があると聞きました。

これは、まったく、ただごとではありません。教主釈尊《きょうしゅしゃくそん》が、あなた方のお心に入りかわられたのかと思えば、感涙《かんるい》を抑《おさ》えることができません」(御書一二二六ジペー、通解)

大聖人は、厳《きび》しい状況《じょうきょう》のなかで強盛な信心を貫《つらぬ》く女性の弟子《でし》を、最大に讃《たた》えておられた。どんな時にも、皆さま方には、大聖人がついておられる。また釈尊も、さらに全宇宙《ぜんうちゅう》の仏《ぶつ》・菩薩《ぼさつ》も、皆さま方を見守《みまも》っている。無量無数《むりょうむすう》の諸天善神《しょてんぜんじん》が、皆さま方に付《つ》き従っている。この大確信《だいかくしん》をもって、勇気凜々《りんりん》の前進をお願《ねが》いしたい。

ロシアの文豪《ぶんごう》ドストエフスキーは記《しる》した。

「花――それは希望にほかなりません」*

その通りである。信仰《しんこう》とは、いついかなる時にも、わが胸に「希望の花」を咲《さ》かせきっていく究極《きゅうきょく》の力《ちから》である。

ドイツの大詩人ヘルダーリンは、春を高らかに謳《うた》った詩のなかで綴《つづ》った。

「日々は花のように　かがやいて出現《しゅつげん》する」*

同じ一生《いっしょう》ならば、一日また一日、自分らしく花を咲《さ》かせて生きることだ。

「笑顔《えがお》の花」「励《はげ》ましの花」「語らいの花」「友情の花」「行動の花」「充実《じゅうじつ》の花」「喜《よろこ》びの花」――。

ありのままの自分自身の生命を、伸《の》び伸びと、思《おも》う存分《ぞんぶん》に光《ひか》り輝《かがや》かせていけばよい。

日蓮大聖人は「自体顕照《じたいけんしょう》」の法理《ほうり》を教《おし》えてくださった。「御義口伝《おんぎくでん》」には、「桜梅桃李《おうばいとうり》の己己《ここ》の当体《とうたい》を改《あらた》めずして」（御書七八四ジベー）と明快《めいかい》に仰《おお》せである。

人をうらやましがる必要《ひつよう》など、まったくない。自分自身が、かけがえのない、尊貴《そんき》な、美しい生命の花を持っている。自分にしか咲かせることのできない、最高に大切な使命の花を、晴れがましく咲かせきっていくことが、そのまま「人間革命《にんげんかくめい》」の実証《じっしょう》となるのである。

神奈川出身で、第二総東京の天地でも歴史を刻《きざ》んだ青年詩人・北村透谷《きたむらとうこく》は、〝自信《じしん》は心の花なり〟*と綴っている。野《の》に咲く花々が、雨にも風にも負《ま》けず、凜《りん》と咲き誇《ほこ》っていくように、何があっても、自信満々《まんまん》と朗《ほが》らかに、笑《わら》い飛《と》ばしていけばよいのである。

## 信心で乗《の》り越《こ》えられない悩《なや》みはない

戸田先生は、仏法の難解《なんかい》な法理《ほうり》の意義《いぎ》を、一つ一つ実践《じっせん》に即《そく》して、わかりやすく教《おし》えてくださった。

たとえば、法華経寿量品《じゅりょうほん》に説《と》かれる「更賜寿命《きょうしじゅみょう》（更《さら》に寿命を賜《たま》え）」については、「われらに、あらゆる生活を乗りきる強き生命力《せいめいりょく》、すべての悩みを打開《だかい》する功力《くりき》を与《あた》えてください」という意義があると語っておられた。

そして、広宣流布に真剣に励《はげ》んでいく、わが学会員は「御本尊の大功徳《だいくどく》を、身に受け切りながら、仏《ほとけ》の寿命も、われわれの生命も、永遠《えいえん》だということを、自然《しぜん》のうちに悟《さと》っていくことができる」と言われたのである。

さらにまた「発迹顕本《ほっしゃくけんぽん》」については、こう述《の》べておられた。

「行き詰《づ》まりを感じた時に、大信力《だいしんりき》、大行力《だいぎょうりき》を奮《ふる》い起《お》こして、それを乗り越えていくことだ。これが、私たちの『発迹顕本』となる」

ともあれ、仏法の功力《くりき》、そしてまた私たち自身が秘《ひ》めている生命力《せいめいりょく》は、今、自分が思っているよりも、はるかに大きな大きな力《ちから》である。信心で乗《の》り越《こ》えられない悩《なや》みなど、絶対《ぜったい》にない。突《つ》き破《やぶ》れない壁《かべ》など、断《だん》じてないのである。

先生は言われた。

「宿命《しゅくめい》は、それぞれ、みな違《ちが》ったものをもっている。しかし、こうなりたい、ああなりたいと思う方向《ほうこう》へ、必《かなら》ず進んでいけるのが『妙法《みょうほう》』である」「今、困《こま》っていたら、困ったなりに、信心を奮《ふる》い起《お》こせばよい。そうすれば、その瞬間《しゅんかん》から仏《ほとけ》の生命が、仏の力が、その人の身に顕現《けんげん》するのである。過去に囚《とら》われる必要《ひつよう》などない」

妙法は、無《む》限《げん》の希望の源泉《げんせん》である。

ともあれ、戸田先生は「世法《せほう》で、また国法《こくほう》で、誰《だれ》が一番、立派《りっぱ》か。そんなことは問題ではない。仏法の上で、誰が一番、立派かということが問題なのだ」と断言《だんげん》された。

この仏法の上で一番立派な存在こそ、日々、広宣流布のために献身《けんしん》しておられる尊《とうと》き創価の同志である。健気《けなげ》な庶民《しょみん》の皆さまである。なかんずく、創価の婦人部の皆さま方であると、私は強く申し上げたい。

草創期《そうそうき》、埼玉県の川口市で、婦人部のリーダーが「地区部長」に就任《しゅうにん》した。その方に、戸田先生は語りかけられた。

「今度、川口の広宣流布は、貴女《あなた》に頼《たの》むよ」

これが、組織の第一線《だいいっせん》で戦う同志への戸田先生の信頼《しんらい》であった。

今回、私が、長編詩《ちょうへんし》「広布第一線・学会の要《かなめ》　地区部長　地区婦人部長の皆様に最敬礼《さいけいれい》」を贈《おく》らせていただいたのも、この戸田先生と不二《ふに》の心である。

## インドの発展する地区から喜《よろこ》びの便《たよ》り

私と妻は、日本全国はもとより、世界中の同志から、お便りをいただく。つい先日《せんじつ》も、インドの見事《みごと》に発展する二つの地区から報告があった。

一つは、ヒマラヤの町「クルー」の同志からである。

クルーは、ヒマラヤ山脈《さんみゃく》の西側《にしがわ》に抱《いだ》かれた美しい「教育と果樹園《かじゅえん》の町」である。近くの中心都市《とし》シムラからも、車で約八時間かかる。交通手段《こうつうしゅだん》は、山道《やまみち》の道路《どうろ》しかない。そのクルーの町に、昨年、初の地区が結成され、今、にぎやかな仏法対話の輪《わ》が広がっている。

この町に、初《はじ》めてSGIの友が誕生したのは、今から十年前。現在、地区婦人部長を務《つと》める女性が、ヒマラヤ地域のパイオニアとなった。

彼女は、姉妹《しまい》で創価大学に学んだ留学生《りゅうがくせい》であり、学生時代には、私たち夫婦《ふうふ》も、いくたびとなくお会いし、ともに思い出を刻《きざ》んできた聡明《そうめい》な女性である。

創価大学に留学中、札幌《さっぽろ》創価幼稚園《ようちえん》で研修《けんしゅう》を受け、いつの日か、インドの地でも、創価教育を実践《じっせん》する幼稚園をつくりたいと決意した。

そして、インドに帰国《きこく》すると、大都会《だいとかい》のコルカタ（旧《きゅう》カルカッタ）から、ヒマラヤの山《やま》深《ぶか》いところにあるクルーの町に嫁《とつ》がれた。この使命の天地で、大果樹園《だいかじゅえん》の経営者《けいえいしゃ》であるご主人《しゅじん》とともに、朗《ほが》らかに活動に励《はげ》みながら、幼稚園の開園《かいえん》の準備《じゅんび》を進められている。

彼女の祈《いの》りに引《ひ》き寄《よ》せられるように、今では、四十五人のメンバーが、この町で活躍《かつやく》するようになった。そして昨年、念願《ねんがん》の地区の結成となったのである。

クルーは、「教育と果樹園の町」と呼《よ》ばれるように、組織にあっても、教育者が多く、元学長や学部長もおられる。そうそうたる方々である。

地区部長は、ヒマーチャル・プラデーシュ大学の傘下《さんか》にあるカレッジの教授で、経営学《けいえいがく》部長《ぶちょう》である。〈ヒマーチャル・プラデーシュ大学からは、二〇〇二年、ＳＧＩ会長に「名誉文学博士号」が贈《おく》られている〉

彼の奥さまも、サンスクリット学部の学部長で、地区の副婦人部長として活躍《かつやく》しておられる。これまで、ご夫妻で多くの同僚《どうりょう》に仏法対話を重《かさ》ね、この信仰《しんこう》に導《みちび》いてこられた。地区では、大果樹園《だいかじゅえん》の経営者や、弁護士《べんごし》のメンバーなども活躍。地域社会から、絶大《ぜつだい》なる信頼《しんらい》を勝ちとっている。

大きな会合があるときは、ヒマラヤの町から、約六百キロ離《はな》れた、首都《しゅと》ニューデリー近《きん》郊《こう》の創価菩提樹園《ぼだいじゅえん》へ、皆で意気揚々《いきようよう》と駆《か》けつけ、参加されるという。求道《きゅうどう》の心を燃《も》やし、異体同心《いたいどうしん》で進む、まさに模範《もはん》の地区である。

さらに、東インド・オリッサ州《しゅう》の都市《とし》「プーリ」からは、青年が中心となってめざましい躍進《やくしん》を続ける地区のニュースが届《とど》いた。

オリッサ州は、かつてアショカ大王が戦った「カリンガの戦場跡《せんじょうあと》」で有名である。

今、この地からも、妙法《みょうほう》を持《たも》ったインドの青年たちが陸続《りくぞく》と誕生するようになった。

七年前（二〇〇〇年）、このプーリで一人《ひとり》の青年が入会した。オリッサ州《しゅう》が巨大《きょだい》なサイクロン（台風《たいふう》）の被害《ひがい》にあい、その悲惨《ひさん》な現実のなかから、彼は、信心で立ち上がったのである。以来《いらい》、青年の熱意《ねつい》が青年を呼《よ》び、現在では、じつに、百四十人のメンバーを擁《よう》する大地区に発展した。しかも、そのうち百二十人が青年という、はつらつたる〝青年地区〟である。

プーリは、古《ふる》くからの伝統《でんとう》や慣習《かんしゅう》を重《おも》んじる地域である。そのなかにあって、青年たちは、誠実《せいじつ》と真剣で、信仰《しんこう》への理解を勝ちとり、地域に大きな信頼《しんらい》を広げている。

今、不思議《ふしぎ》にも、仏教発祥《はっしょう》のインドの大地から二十一世紀の地涌《じゆ》の菩薩《ぼさつ》たちが躍《おど》り出《で》て、生き生きと活躍《かつやく》を開始《かいし》する時を迎《むか》えた。

大聖人が遺命《ゆいめい》され、戸田先生が誓願《せいがん》なされた「仏法西還《せいかん》」の花が、今、あの地でも、この地でも、爛漫《らんまん》と咲《さ》き始めている。インドは、仏法が還《かえ》っていく大事な場所である。

ご存《ぞん》じの通り、国家《こっか》の発展もすばらしい。二十一世紀の「人材大国《たいこく》」として、いよいよ輝《かがや》きを増《ま》している。私たち夫婦《ふうふ》にとって、このうえない喜《よろこ》びである。

## 世界に開く〝平和と友情の花〟

ヨーロッパの欧州副議長《おうしゅうふくぎちょう》（東欧総主事《とうおうそうしゅじ》）からは、ルーマニアの地区結成式が、この二月十八日、首都《しゅと》ブカレストで盛大《せいだい》に行《おこな》われたとの報告が寄《よ》せられた。

〈今、メンバーは、ＳＧＩ会長の「生死一大事血脈抄講義《しょうじいちだいじけつみゃくしょうこうぎ》」を学び合っている〉

社会主義体制の時代に、私が妻とルーマニアを訪問《ほうもん》し、ブカレスト大学で講演《こうえん》を行ったのは、二十四年前（一九八三年）のことである。「平和と友情の種《たね》」は、必《かなら》ず花開く。

中東《ちゅうとう》・アラブ首長国連邦《しゅちょうこくれんぽう》のドバイには、このたび、教育・文化法人《ほうじん》「湾岸《わんがん》ＳＧＩ」が誕生した。湾岸とは、ペルシャ湾岸を意味し、広く親《した》しまれている表現《ひょうげん》である。

ドバイ政府《せいふ》が運営《うんえい》する教育センター「ドバイ・ナレッジ・ビレッジ」のアブドラ・アル・カラム前会長は、「中東における最初の活動拠点《きょてん》として、わがドバイを選《えら》んでくださり、ＳＧＩに感謝申し上げます。ＳＧＩのメッセージが、広まることを祈《いの》ります」と語ってくださっている。

世界広宣流布は、いちだんと加速度《かそくど》を高め、勢《いきお》いを増《ま》している。この全世界の同志が、日本列島《れっとう》の各地の前進・勝利を、真剣に祈《いの》ってくれていることを、深く銘記《めいき》されたい。

また、これまで世界広布の発展のために、尊《とうと》き人生を捧《ささ》げてくださった大功労《だいこうろう》の友のことも、私と妻は忘《わす》れることはない。

「南米広布《なんべい》の母」と慕《した》われた、ブラジルＳＧＩの故《こ》シルビア・サイトウ総合婦人部長も、世界の婦人部の模範《もはん》の一人《ひとり》であられた。

シルビアさんは、誉《ほま》れの京都女子部の出身《しゅっしん》。昭和三十一年（一九五六年）の「大阪の戦い」に勇《いさ》んで参加され、常勝《じょうしょう》関西の息吹《いぶき》のなかで信心を磨《みが》いていかれた。

若いころから喘息《ぜんそく》で苦《くる》しんだ。しかし、信仰《しんこう》によって宿命《しゅくめい》を転換《てんかん》。二十九歳になる時にブラジルに渡《わた》り、幼《おさな》い子どもたちを抱《だ》いて、広大《こうだい》なブラジルの天地に、同志とともに「妙《みょう》法《ほう》の種《たね》」を一つまた一つと蒔《ま》いていかれた。

現在のブラジルＳＧＩの大発展の礎《いしずえ》には、広宣流布の誓《ちか》いに、まっすぐに生きぬいた女性たちがいたのである。

見栄《みえ》も、気取《きど》りもいらない。仏道修行《ぶつどうしゅぎょう》に終わりはないのである。いつまでも、どこまでも、まっすぐに仏法のために生きぬいていくのだ。その人が、真実の人生の勝利者である。

ともあれ、若々しく、朗《ほが》らかに進みましょう！

妙法《みょうほう》に生きる人は、「年《とし》は若くなり、福運はますます重《かさ》なっていく」（御書一一三五ジペー、通解）――このように大聖人は仰《おお》せである。これが仏法を持《たも》った人の姿《すがた》なのである。

## 行動の春をはつらつと

「人間が　動き出しけり　春の風」＊――四国出身《しゆつしん》の正岡子規《まさおかしき》の句《く》である。

いよいよ、「行動の春」である。

小説『武蔵野《むさしの》』などで知られる千葉出身の作家《さつか》・国木田独歩《くにきだどつぽ》は綴《つづ》った。

「今や冬去《さ》り春来《きた》り、梅《うめ》も咲《さ》き、桜《さくら》も笑わん」＊

馥郁《ふくいく》と咲き薫《かお》る梅花《ばいか》、そして桜花《おうか》とともに、爛漫《らんまん》たる創価の勝利の春を、皆で明るく、はつらつと迎《むか》えていきたい。

古代《こだい》中国の思想家《しそうか》・韓非子《かんぴし》は記《しる》した。

「善《ぜん》の生きるは春の如《ごと》く、悪《あく》の死するは秋の如し」*

これは、善行《ぜんこう》があれば、それを春の恵《めぐ》みのように育《そだ》てる。反対《はんたい》に悪事《あくじ》があれば、それを滅《めっ》することには、秋の厳《きび》しさをもって臨《のぞ》む、との意味である。

同志や青年への励《はげ》ましは、春の光《ひかり》のごとく明るく笑顔《えがお》で！

友情の対話の拡大《かくだい》は、春の風のごとく朗《ほが》らかに！

そして傲慢《ごうまん》や邪悪《じゃあく》への攻《せ》めは、秋霜《しゅうそう》のごとく痛烈《つうれつ》に臨んでいくのである。

## 〝本物《ほんもの》の弟子《でし》〟よ、出《い》でよ！

学会は、異体同心《いたいどうしん》である。さまざまな人が集《つど》う。だからこそ、「和合僧《わごうそう》」としての力《ちから》を発揮《はっき》できるのだ。

それを、リーダーが派閥《はばつ》のようなものをつくったり、権威《けんい》ぶっては、断《だん》じてならない。

伝教大師《でんぎょうだいし》の時代には、中国へ渡《わた》る「入唐《にっとう》」が行《おこな》われていた。唐に行《い》っていない人、行った期間《きかん》が短《みじか》い人を軽《かろ》んじる風潮《ふうちょう》もあった。

日蓮大聖人の弟子《でし》のなかにも、三位房《さんみぼう》のように、当時の京《きょう》、比叡山《ひえいざん》に遊学《ゆうがく》し、いわば〝最高の学歴《がくれき》〟を持ち、慢心《まんしん》を起《お》こした弟子がいた。そうした、世俗《せぞく》の権威《けんい》や名聞名利《みょうもんみょうり》に流《なが》されるエゴを、大聖人は次のように厳《きび》しく叱責《しっせき》されている。

「総《そう》じて日蓮の弟子は京に上《のぼ》ると、初《はじ》めのうちは（初心《しょしん》を）忘《わす》れないようであるが、後になると天魔《てんま》がついて正気《しょうき》を失《うしな》ってしまう」（御書一二六八㌻、通解）

大聖人御自身は、海外《かいがい》には行かれていない。日本で仏法を究《きわ》められた。

今、いるところで戦う——つまらぬ見栄《みえ》など微塵《みじん》もない、「無作三身《むささんじん》」そのままの御生《ごしょう》涯《がい》を通して、御本仏《ごほんぶつ》としての真実の姿《すがた》をあらわされた。

その戦いをわかっておられたのは、日興上人御一人《にっこうしょうにんおひとり》であった。

次元《じげん》は違《ちが》うが、戸田先生の広宣流布の戦いもまた、当時、本当にその価値《かち》をわかっている人は、周《まわ》りにいなかった。

私は、戸田先生の苦境《くきょう》を共に乗《の》りきり、先生の誠《まこと》を受けて、学会を守ってきた。

「全世界に民衆《みんしゅう》の幸福の大殿堂《だいでんどう》をつくろう！」「世界に冠《かん》たる学会にしよう」と戦ってきた。どれだけのことが、一人の人間にできるか、その限界《げんかい》に挑戦《ちょうせん》してきた。

牧口先生には、真剣に仕《つか》えた戸田先生がいた。戸田先生には、真剣に仕えた私がいた。この師弟《してい》の心を、だれが本当にわかってくれるだろうか。師の仕事を、たとえ億万分《おくまんぶん》の一でも、担《にな》い立とうとする人がいるだろうか。創価の魂《たましい》を継《つ》ぐ、〝本物《ほんもの》の弟子《でし》〟が出てくるまで、私は断《だん》じて生きぬかねばならない——今、そのように思っている。

これまで、心ない誹謗中傷《ひぼうちゅうしょう》が学会を襲《おそ》った。戸田先生が攻撃《こうげき》された時、私は、すべての敵《てき》と戦った。しかし、師の近くにいるにもかかわらず、師の偉大《いだい》さがわからない、師の心に近づいていけない愚《おろ》かな弟子がいた。

なかには、学会の内部《ないぶ》から混乱《こんらん》をたきつける者もいた。先生を罵倒《ばとう》する者さえいた。その卑劣《ひれつ》な反逆《はんぎゃく》の姿《すがた》に、「異体同心《いたいどうしん》ではないか!」と激怒《げきど》することもあった。

外見《がいけん》は、いい格好《かっこう》をして、腹《はら》の中は、ふざけ半分《はんぶん》で、インチキやずるさを隠《かく》す。そういう情《なさ》けない人間の世界があることを、私は知っている。

そうした動きは全部、わかるものだ。透《す》き通《とお》るようにして、見えてしまうものだ。それが仏法の力《ちから》である。中途半端《ちゅうとはんぱ》な、卑《いや》しい心でつくり上げられるような創価学会ではない。

今日《こんにち》の世界的発展を、牧口先生、戸田先生が、どれほど喜《よろこ》んでおられることだろうか。

## 樋口一葉《ひぐちいちよう》「心のダイヤモンドを磨《みが》け」

明治《めいじ》の作家《さっか》・樋口一葉は、今年（二〇〇七年）、生誕《せいたん》百三十五周年を迎《むか》える。彼女は、一八七二年（明治五年）の三月生まれ（旧暦《きゅうれき》）。一八七一年生まれの牧口先生と同世代《どうせだい》である。

樋口一葉は、現在の東京・文京区《ぶんきょうく》や台東区《たいとうく》などを舞台《ぶたい》に、青春の生命を燃焼《ねんしょう》しつくし、生ききった。その「日記」に、こういう一節《いっせつ》がある。

「世《よ》の中というものは本当にわからない所《ところ》ですから、ただ見た目や噂《うわさ》だけでは信用《しんよう》できません。地位や身分《みぶん》が尊《とうと》いからといって恐《おそ》れる必要《ひつよう》は少しもなく、みすぼらしい家に住んでいるからといって軽蔑《けいべつ》してはいけないのです。名前と実質《じっしつ》とは常《つね》に一致《いっち》するとは限《かぎ》らないのです。要《よう》するに馬鹿《ばか》にしてはならないのが世の中というものです」＊

たしかにその通りである。他人《たにん》がどうあれ、世間《せけん》がどうあれ、自分自身として、「誠実《せいじつ》一路《いちろ》」を貫《つらぬ》き通した人こそ、人間としての勝利者である。気取《きど》りは禁物《きんもつ》だ。誠実にかなうものはない。

そして一葉《いちよう》は、こうも語っている。

「心の中のダイヤモンドを捨《す》てて、何故《なにゆえ》に外界《がいかい》のダイヤモンドをこれ程《ほど》までに求《もと》められるのだろう。心のダイヤモンドはこれを磨《みが》けば、心貧《まず》しい人を豊《ゆた》かにもすることが出来《でき》るし、濁《にご》ったわが身を清《きよ》らかにすることも出来るのです」*

日夜朝暮《にちやちょうぼ》に、わが心のダイヤモンドを、怠《おこた》らずに磨いておられるのが、信行学《しんぎょうがく》の実践《じっせん》に励《はげ》む皆さま方である。

仏道修行《ぶつどうしゅぎょう》で、行く場所がある。会うべき人がいる。じつは、これほどありがたいことはない。これほど「心の富《と》める人生」は、絶対《ぜったい》にないのである。

仏法は厳《きび》しい。全部、道理《どうり》である。今世《こんぜ》で戦いきれば、来世《らいせ》もまた、悠々《ゆうゆう》と、幸福勝利のドラマの主人公《しゅじんこう》として歩《あゆ》むことができる。

どこに生まれようと、「最低」の状況《じょうきょう》から、その国土《こくど》を「最高」に善《よ》くしていく。そういう〝仏法の達人《たつじん》〟の力《ちから》を持った、悠々たる自分自身を築《きず》いていけるのである。

皆さまは、どうか朗《ほが》らかに、偉大《いだい》な歴史を残《のこ》していただきたい。

## 「中世《ちゅうせい》最大の知恵《ちえ》の女性」に学ぶ

かつて私は、ライン川が流《なが》れる、ドイツの「ビンゲン市」から、市にゆかりの偉人《いじん》の記念メダルをいただいた。その偉人とは、ヒルデガルト（一〇九八〜一一七九年）。「ビンゲンの宝石《ほうせき》」と謳《うた》われ、「中世最大の知恵ある女性」と讃《たた》えられた。

このビンゲン市には、ＳＧＩのヴィラ・ザクセン総合文化センターが立っている。

〈ヒルデガルトの生誕《せいたん》九百年記念メダルが、一九九七年、ＳＧＩ会長に贈《おく》られた。これは市の重要《じゅうよう》文化財《ぶんかざい》であるヴィラ・ザクセンを総合文化センターとして保護《ほご》・活用《かつよう》していることに感謝したもの。また、センターを通《つう》じた文化貢献《こうけん》を讃え、市から「金《きん》のペン」特別顕彰《とくべつけんしょう》（二〇〇二年）、銀製《ぎんせい》の「市の紋章《もんしょう》」と特別顕彰（二〇〇五年）等がＳＧＩ会長に贈られている〉

今、私どもの平和・文化・教育の連帯《れんたい》に、ドイツをはじめ世界の多くの識者《しきしゃ》が正視《せいし》眼《がん》の評価《ひょうか》を寄《よ》せてくださっている。

その人が、何を為《な》したのか。その団体が、いかなる貢献をしているのか――この現実の行動に対《たい》して、まっすぐにとらえ、率直《そっちょく》に讃《たた》えてくださっている。

さて、ビンゲン市が誇《ほこ》る女性、ヒルデガルトは、「知《ち》の巨人《きょじん》」であった。

彼女は、科学者でもあり、芸術家でもあり、作家《さっか》でもあった。女性が社会的に差別《さべつ》されていた時代に、多くの分野《ぶんや》で業績《ぎょうせき》を残《のこ》した。とくに、彼女の「医学《いがく》」と「自然学《しぜんがく》」の先駆的研究《てきけんきゅう》は、近年《きんねん》、あらためて評価《ひょうか》されている。

〈ヴィラ・ザクセン総合文化センターでは、ヒルデガルトに関《かん》する講演会《こうえんかい》や展示会《てんじかい》も開催されている〉

きょうは、女性ドクターのリーダーも出席《しゅっせき》されている。常日《つねひ》ごろの偉大《いだい》な献身《けんしん》に、心からの敬意《けいい》と感謝を表《ひょう》したい。

ヒルデガルトは、宗教者でもあった。腐敗《ふはい》した聖職者《せいしょくしゃ》を厳《きび》しく批判《ひはん》した。

「あなたたちは闇《やみ》を呼吸《こきゅう》する夜である、すっかり裕福《ゆうふく》な状態《じょうたい》にあって、もはや光《ひかり》のなかを歩《あゆ》まない頑迷《がんめい》なる民《たみ》である」*

「あなたたちはもはやよき範《はん》を示《しめ》す生き方ができない」*

「嘔吐《おうと》をさそうがごとき金銭《きんせん》と欲望《よくぼう》のために、もはやけっして自分の民を養成《ようせい》することがない」*

古今東西《ここんとうざい》、いずこの世界でも、腐敗堕落《ふはいだらく》した坊主《ぼうず》の姿《すがた》は、どれほど愚《おろ》かで、自己《じこ》中心で、浅《あさ》ましいことか。

ヒルデガルトは、積極的《せっきょくてき》に社会の人々と関《かか》わっていった。医療《いりょう》についても、苦《くる》しむ人々に奉仕《ほうし》する心の重要性《じゅうようせい》を訴《うった》えている。彼女は、隣人《りんじん》や他者《たしゃ》に対《たい》する慈愛《じあい》を失《うしな》うことを、「あらゆる悪《あ》しきこと」のうちで「最悪《さいあく》のこと」と戒《いまし》めている。彼女は、こう綴《つづ》っている。

「だれにでも助《たす》けを差《さ》し伸《の》べようという思いで、わたしのこころは充《み》ち満《み》ちています。わたしはあらゆる苦難《くなん》に心を配《くば》ります。くずおれた人を助け起《お》こし、彼らを快癒《かいゆ》させます。わたしはどんな痛《いた》みも癒《いや》す香油《こうゆ》であり、わたしの言葉《ことば》はよい働《はたら》きをします」*

ともあれ、婦人部・女子部の皆さま方は、勇気と慈悲《じひ》をもって、つねに、〝あの人のため〟〝この人のために〟と心を砕《くだ》いておられる。悩《なや》める友に励《はげ》ましの言葉をかけ、希望を贈《おく》り、勇気を贈っておられる。そして、仏法の生命哲学《てつがく》はもとより、社会のさまざまな知《ち》識《しき》を学びながら、勇敢《ゆうかん》に地域貢献《こうけん》に奔走《ほんそう》しておられる。

皆さま方こそ、愛する、わが地域の「輝《かがや》く宝石《ほうせき》」であると、最大に讃嘆《さんたん》申し上げたい。

## 道を開いた日本最初の女性医師《いし》

ところで、近代《きんだい》日本の公認《こうにん》第一号の女性医師と言われる荻野吟子《おぎのぎんこ》（一八五一～一九一三年）、第二号の女性医師・生沢《いくざわ》クノ（一八六四～一九四五年）を輩出《はいしゅつ》したのは、埼玉である。二人《ふたり》とも、〝病《やまい》に苦《くる》しむ女性を救《すく》うのだ〟という強い決意で、近代日本の女性史を切り開いた。

その道を開く苦闘《くとう》について、荻野は述《の》べている。

――嘲《あざけ》り、罵《ののし》りは、一度に、私に向かって湧《わ》いた。進退《しんたい》は、ここにきわまり、あらゆる方策《ほうさく》も尽《つ》きてしまった。しかし、わが体は衰《おとろ》えても、精神はいよいよ激《はげ》しく高ぶる――と。

〈「嘲罵《ちょうば》は一度予《よ》に向《むか》って湧《わ》きぬ。進退是《こ》れ谷《きわ》まり百術総《ひゃくじゅつすべ》て尽きぬ。肉落《お》ち骨枯《ほねか》れて心神《しんしん》いよいよ激昂《げっこう》す」〉＊

荻野は、女性教育、婦人運動にも携《たずさ》わった。女性自身の変革《へんかく》、女性の地位向上《こうじょう》にも戦った。たとえば、当時は、女性に選挙権《せんきょけん》がなく、帝国議会《ていこくぎかい》の傍聴《ぼうちょう》さえ、女性には禁止《きんし》された。

荻野《おぎの》らは、傍聴禁止《ぼうちょうきんし》の撤回《てっかい》を求《もと》めて運動を起《お》こし、撤回を実現《じつげん》している。これは、婦人団体の政治運動が勝利した、日本で最初の成果《せいか》と言われている。

わが創価の女性たちの地道《じみち》な行動も、時がたてばたつほど、歴史的な意義《いぎ》が燦然《さんぜん》と光《ひか》り輝《かがや》いていくことは間違《まちが》いない。

第二号の女性医師《いし》・生沢《いくざわ》クノは、生まれ故郷《こきょう》・埼玉の深谷《ふかや》をはじめ、寄居《よりい》、本庄《ほんじょう》、川越《かわごえ》等で、地方医療《いりょう》の発展のために尽力《じんりょく》していった。

町の医者《いしゃ》として、地域の人々のために奔走《ほんそう》した。名聞名利《みょうもんみょうり》を求《もと》めず、無名《むめい》の献身《けんしん》の道を生きたのである。ゆえに、彼女の足跡《そくせき》に関《かん》する資料《しりょう》は、決《けっ》して多くない。

生沢クノが亡《な》くなった後、地域の住民《じゅうみん》が語った証言《しょうげん》が残《のこ》っている。

「クノ先生の生活態度《たいど》は清潔《せいけつ》と質素《しっそ》そのもので、己《おの》れを持《じ》するに厳格《げんかく》」*

「人情深《にんじょうぶか》く貧《まず》しい病人《びょうにん》には無料《むりょう》で医療を施《ほどこ》したことを、数多く耳にしております。研究心《けんきゅうしん》も旺盛《おうせい》で夜おそくまで勉強に励《はげ》んでいる姿《すがた》を、硝子戸《ガラスど》越《ご》しによく見かけました」*

「母の生命を助《たす》けてもらった喜《よろこ》びが忘《わす》れられない」*

こんな言葉《ことば》も残っている。

「あのクノお婆《ばあ》さんが日本女医界《じょいかい》の開拓者《かいたくしゃ》の一人《ひとり》ですって、そんな偉《えら》いお婆さんだったとは夢にも思いませんでした」＊

それほど彼女は、なんの気取《きど》りもなく、民衆《みんしゅう》の中で、民衆と共に生きぬいたのだ。最晩年《さいばんねん》、取材《しゅざい》を受けて、自分が「日本女医の道を開いた」一人である誇《ほこ》りを、静《しず》かに、しかし厳然《げんぜん》と語ったという。

無名《むめい》であってもよい。いな、無名だからこそ尊《とうと》い。自分らしく、道を開くことだ。庶民《しょみん》の中で、庶民の幸福のため、地域の安穏《あんのん》のために尽《つ》くす人生には、人間としての、ひときわ大きな誉《ほま》れが輝《かがや》いている。いわんや、広宣流布に生きぬいた境涯《きょうがい》は、三世《さんぜ》永遠《えいえん》に、歓喜《かんき》の中の大歓喜に包《つつ》まれていくのだ。

## 皆さまには〝自在《じざい》の力《ちから》〟が湧現《ゆげん》

法華経の神力品《じんりきほん》には、仏《ほとけ》の滅後《めつご》、なかんずく末法《まっぽう》において、正法《しょうほう》を持《たも》つ者のことが、こう記《しる》されている。

――楽しんで法を説《と》いて、終わることがない。それは、ちょうど風が空中《くうちゅう》を自由自在《じざい》に吹《ふ》きわたって、何ものも妨《さまた》げることがないようなものである――。

広宣流布に勇《いさ》んで戦う皆さま方に、この自在の力《ちから》が涌現《ゆげん》しないわけがない。絶対《ぜったい》に行き詰《づ》まることはない。

日蓮大聖人は、新潟《にいがた》の佐渡《さど》で戦う千日尼《せんにちあま》に仰《おお》せである。

「法華経の師子王《ししおう》を持《たも》つ女人《にょにん》は一切の地獄《じごく》・餓鬼《がき》・畜生《ちくしょう》等の百獣《ひゃくじゅう》に恐《おそ》るる事《こと》なし」（御書一三一六ジペー）

さらに、病《やまい》の子（経王御前《きょうおうごぜん》）を抱《かか》えた親へは、こう励《はげ》まされた。

「災《わざわ》いも転《てん》じて幸《さいわ》いとなるであろう。心して信心を奮《ふる》い起《お》こし、この御本尊に祈《き》念《ねん》していきなさい。何事《なにごと》か成就《じょうじゅ》しないことがあろうか」（御書一一二四ジペー、通解）

戸田先生も言われた。

「御本尊を信じきり、唱題《しょうだい》で勝ちぬく以外にない」

「題目は多い、少ないだけではない。信心の真心《まごころ》がこもっているなら、必《かなら》ず御本尊に通《つう》ずる」

法華経に勝《まさ》る兵法《へいほう》はない。絶対勝利《ぜったい》の信心である。

賢明《けんめい》なる女性の言葉《ことば》を紹介《しょうかい》したい。

アメリカの女性人類学者マーガレット・ミードは言った。

「良識《りょうしき》あるわずかな人間の集《あつ》まりが世界を変える可能性《かのうせい》がある。実際《じっさい》、世界を変えてきたのはそういう人たちだけなのだ」*

また苦難《くなん》を乗《の》り越《こ》えて社会福祉《ふくし》に尽《つ》くしたヘレン・ケラーは語った。

「友がいれば、世界は日々生まれ変わります。友の温《あたた》かいはげましがなければ、どれほど勇気があろうとも強く生きることはできません」*

大切なのは、友との語らいであり、励《はげ》まし合いである。

さらにヘレン・ケラーは綴《つづ》っている。

「ときには、望《のぞ》むものすべてをやりとげることなどできない、と思ってしまいます。でも、できると考えるつもりよ。だって、忍耐《にんたい》と根気《こんき》が最後には勝つ、とわかっていますから」*

きょう(二月二十七日)は、「アメリカ婦人部の日」であり、さらに「ブラジル婦人部の日」、「ニュージーランド女性の日」でもある。世界中の婦人部の皆さま方から、多くの祝《しゅく》賀《が》と喜《よろこ》びの声が寄《よ》せられていることを紹介《しょうかい》させていただく。

## 愉《ゆ》快《かい》に進もう!

結《むす》びに、わが婦人部の皆さま方に三首《しゅ》の歌を贈《おく》り、記念のスピーチとさせていただく。

喜びも
　共に光《ひか》らむ
　　創価かな

偉《い》大《だい》な母をば
　蓮祖《れんそ》は守らむ

人生の
幸福長者《ちょうじゃ》の
　母なれば
富士《ふじ》は見つめむ
　世界は誉《ほ》めなむ

広宣《こうせん》を
　喜《よろこ》び祝《いわ》う
　母たちを
諸天《しょてん》の善神《ぜんじん》
　守りに護《まも》らむ

愉《ゆ》快《かい》に進もう！　皆が楽しく勝利できるように、男性も明るく進んでいこう！
長時間、ありがとう！

（東京・新宿区内）

婦人部最高協議会

# 女性の声で時代を動かせ

二〇〇七年十一月二十四日

## 満月《まんげつ》に同志の勝利を讃《たた》えて

きょうは、お忙《いそが》しいなか、また寒《さむ》いなか、本当にご苦労さま！

窓《まど》の外《そと》には、美しき満月が輝《かがや》いている。

最初に、高貴《こうき》なる月天子《がってんし》を見つめて読んだ句《く》を、敬愛《けいあい》する婦人部の皆さま方に贈《おく》りたい。

満月や
　地涌《じゆ》の陣列《じんれつ》
　　輝けり

満月《まんげつ》や
　同志の勝利を
　　照《て》らしゆく

満月や
　我《われ》らの勝利を
　　讃《たた》えなむ

早いもので、まもなく師走《しわす》である。寒《さむ》さも、いよいよ厳《きび》しくなってきた。とくに北国《きたぐに》の同志の健気《けなげ》なる奮闘《ふんとう》に、私は心から感謝申し上げたい。私が最《もっと》も信頼《しんらい》する婦人部の皆さま、そして全同志の皆さまが健康で、風邪《かぜ》などひかれないように、私も妻も一生懸命《いっしょうけんめい》に題目を送《おく》っている。

作曲家《さっきょくか》シューベルトの歌曲集《かきょくしゅう》「冬の旅《たび》」には、「勇気」と題《だい》する歌曲がある。その歌詞《かし》を紹介《しょうかい》したい。
「顔《かんばせ》に吹《ふ》きつける雪を　決然《けつぜん》と振《ふ》り払《はら》う。
わが心　迷《まよ》える時も　明るく快活《かいかつ》に歌うのだ。
儚《はかな》き言葉《ことば》に　耳は貸《か》さない。
哀愁《あいしゅう》の声にも　心を動かさない。
ただ嘆《なげ》いているのは　愚《おろ》かである。
風雨《ふうう》に向かって　勇《いさ》んで進みゆけ。
世界に向かって　生き生きと進みゆけ」*

寒《さむ》さに負《ま》けず、頭《こうべ》を上げ、胸を張《は》って、勇敢《ゆうかん》に朗《ほが》らかに前進してまいりたい。

## 「希望の対話」「確信《かくしん》の対話」を

スイスの思想家《しそうか》ヒルティは綴《つづ》った。
「勇気をもちつづけることが、この世《よ》におけるすべてである」*

信心とは、最極《さいごく》の「勇気」である。勇気があれば困難《こんなん》を勝ち越《こ》えていける。道を開いていける。

また、ヒルティは述《の》べている。

「真《しん》に善《よ》いことや偉大《いだい》なことで、最初は小さなところから出発しないものはまれである。そればかりか、たいていは、その前に蔑《さげす》みと屈辱《くつじょく》とが加《くわ》えられる。そこで、春先《はるさき》の嵐《あらし》から春の近づくのを予感《よかん》できるように、屈辱からその後に来る成功を確実《かくじつ》に推測《すいそく》しうる場合《ばあい》が多い」*

わが婦人部の皆さま方は、つねに少人数《しょうにんずう》の対話から出発して、新しい、偉大な歴史を築《きず》き上《あ》げてこられた。御聖訓《ごせいくん》の通りの悪口罵詈《あっくめり》も、不屈《ふくつ》の精神で耐《た》えぬき、大きな信頼《しんらい》と友情の連帯《れんたい》を世界に広げてこられたのである。

さらに、ヒルティは、こう綴《つづ》った。

「克服すること、つまり、この人生においてあらゆる悪《わる》いことや醜《みにく》いことに敵対《てきたい》してあくまでも勝利者であること、これこそ人生の真のモットーである」*

われらの合言葉《あいことば》は、「勝利」そして「断固《だんこ》たる勝利」である。

日蓮大聖人は、「力《ちから》あらば一文一句《いちもんいっく》なりともかたらせ《談》給《たま》うべし」（御書一三六一ジペー）と仰《おお》せになられた。ゆえに、声を惜《お》しまず、一日また一日、「励《はげ》ましの対話」「希望の対話」「確信《かくしん》の対話」「拡大《かくだい》の対話」を、積《つ》み重《かさ》ねゆくのだ。

## 師《し》を護《まも》る「本物《ほんもの》の弟子《でし》」たれ

日蓮大聖人は、富木尼御前《ときあまごぜん》（富木常忍《じょうにん》の夫人）に宛《あ》てて、こう御手紙《おてがみ》を認《したた》めておられる。「私は今でも楽《らく》をしているわけではありませんが、昔《むかし》、とくに不自由《ふじゆう》であった時から御供《ごく》養《よう》をお受けしてきたので、貴女《あなた》の御恩《ごおん》をまことに重く思っています」（御書九九〇ジペー、通解）

三障四魔《さんしょうしま》、三類《さんるい》の強敵《ごうてき》が打ち続くなか、来る年も来る年も、勇気ある信心を貫《つらぬ》き、真心《まごころ》を尽《つ》くしてきた一人《ひとり》の女性の弟子を、大聖人は、このように讃嘆《さんたん》されている。

信心とは、最極《さいごく》の心の世界だ。そして、その根幹《こんかん》こそ「師弟《してい》」である。いざという時、師匠《ししょう》にどう仕《つか》えたか。どう師匠をお護りしたか。そこに信心の実像《じつぞう》が凝結《ぎょうけつ》する。

広宣流布の大指導者である師・戸田城聖先生にお仕えし、先生をお護りしぬいたことが、私と妻の永遠《えいえん》の誉《ほま》れである。

〝二人《ふたり》して広布へ進みゆけ！〟――これが、私たちの結婚に際《さい》しての先生の指導であった。師匠《ししょう》が言った通りに生きぬく。師匠が言ったことを実現《じつげん》する。これが弟子《でし》の道だ。師匠の教《おし》えをないがしろにするような者は、断《だん》じて弟子ではない。

ただ「師弟《してい》」という一点で、私は戦いぬいた。一から百まで、師匠のため、学会のため。そしてすべてに勝利した。

師匠を護《まも》ることが、学会を護ることになる。学会の全同志を守ることになる。そして、師匠を守ることが、広宣流布の前進である。私は、そう決めて戦いぬいた。

戸田先生は、「私は本当にいい弟子を持った」と深く感謝してくださった。心から喜《よろこ》んでくださった。

戸田先生と私の師弟の絆《きずな》は、それは神々《こうごう》しいほどであった。太陽のように、そして、きようの月天子《がってんし》のように――。

戸田先生は牧口先生に対《たい》して、報恩《ほうおん》の誠《まこと》を尽《つ》くされた。私もまた、同じ決心《けっしん》であった。

牧口先生と戸田先生。そして戸田先生と私。この三代《さんだい》を貫《つらぬ》く師弟の精神こそ、学会の根《こん》幹《かん》である。初代《しょだい》、二代、三代の会長以外に、本当の「師匠《ししょう》」はいない。後世《こうせい》のために、明《めい》確《かく》に言《い》い残《のこ》しておきたい。

権力《けんりょく》の魔性《ましょう》を打《う》ち破《やぶ》り、学会は、ここまで大発展した。世界に広布の城《しろ》をつくり上げた。仏法は実証《じっしょう》である。私という、一人《ひとり》の「本物《ほんもの》の弟子《でし》」がいたからこそ、戸田先生は勝利したのである。

今また、歴史を開く「本物の弟子」が躍《おど》り出《で》ることを、私は強く願《ねが》っている。

病気《びょうき》がちの身であった富木尼御前《ときあまごぜん》に、大聖人は、こう仰《おお》せである。
「それにつけても、命《いのち》は鶴亀《つるかめ》のように、幸福は月《つき》の満《み》ち、潮《しお》の満ちるようにと、法華経に祈《いの》っています」（御書九九〇ジペー、通解）
門下《もんか》一人ひとりの状況《じょうきょう》に深く心を砕《くだ》き、その幸福を願われる大聖人の深い御心《おこころ》が伝わってくる。わが同志が一人ももれなく、月天子《がってんし》が満ち、冴《さ》えわたっていくように、福徳《ふくとく》の光《ひかり》を増《ま》していかれることを、私は祈ってやまない。
「一家和楽《わらく》」の信心である。「幸福をつかむ」信心である。「難《なん》を乗《の》り越《こ》える」信心である。そして、「健康長寿《ちょうじゅ》」の信心であり、「絶対勝利《ぜったい》」の信心である。

この妙法《みょうほう》を持《たも》ち、広宣流布に生きぬくならば、必《かなら》ず幸福になる。最高に充実《じゅうじつ》した、所願《しょがん》満足《まんぞく》の境涯《きょうがい》を築《きず》いていけるのである。

御書には「一は万が母」(四九八ジペー)とある。すべては、一人《ひとり》との出会《であ》いから始まる。一人を大切にすることが、万人《ばんにん》への広がりに通《つう》じる。

SGIの連帯《れんたい》が世界百九十カ国・地域(二〇一〇年三月現在、世界百九十二カ国・地域)へ広がったのも、わが婦人部の皆さま方が、来る日も来る日も私と同じ心で、勇敢《ゆうかん》に誠実《せいじつ》に、また忍耐強《にんたいづよ》く、一人ひとりとの対話に徹《てっ》しぬいてくださったからである。

## 誠実と勇気こそ人間革命《にんげんかくめい》への力《ちから》

アメリカの人々から、今も深く敬愛《けいあい》されている女性に、エレノア・ルーズベルト大統領《だいとうりょう》夫人と、ローザ・パークスさんがいる。

このエレノア夫人の姪《めい》に当たるエレノア・ルーズベルト(二世)さんからは、夫人の著《ちょ》作《さく》や書簡《しょかん》、写真など、貴重《きちょう》な遺品《いひん》をお贈《おく》りいただいた。すべて、学会の宝《たから》として、大切に保管《ほかん》させていただいている。

エレノア大統領《だいとうりょう》夫人は言われた。

「人間は、誠実《せいじつ》に、また勇敢《ゆうかん》に生きていけば、人生のさまざまな経験《けいけん》が糧《かて》となり、成長していくことができます。人格《じんかく》は、このように形成《けいせい》されていくのです」*

本当に、その通りだ。誠実と勇気こそ、人間革命《にんげんかくめい》への力《ちから》である。

〈エレノア・ルーズベルト（二世）さんは、こう語っている。

「思慮深《しりょぶか》く、力強《ちからづよ》さにあふれた叔母《おば》（大統領夫人）は『世界人権宣言《せんげん》』の起草《きそう》に携《たずさ》わり、その精神を自身の信念としていました。彼女が生きていれば、池田SGI会長とお知り合いになり、人間に内在《ないざい》する力や、さまざまなことについて対話したいと思ったでしょう」〉

リーダーの皆さまは、どこまでも誠実に、謙虚《けんきょ》に、会員の方々に接《せっ》していっていただきたい。自分勝手《かって》になったり、増上慢《ぞうじょうまん》になって、同志を見下《みくだ》すようなことがあってはならない。とくに最高幹部に対《たい》して、将来のために、あえて厳《きび》しく申し上げておきたい。

リーダー自身が指導を求《もと》めていくのだ。

責任《せきにん》ある人間に対《たい》して、戸田先生は峻厳《しゅんげん》であった。それこそ、私の一万倍《ばい》も厳《きび》しかった。ともあれ、師《し》の教《おし》えを生命に刻《きざ》み、まっすぐに広宣流布の道を進んでいく。皆で力《ちから》を合わせて団結《だんけつ》し、学会を守りきる。悪《あく》とは断《だん》じて戦う。そして、全同志の幸福を祈《いの》りぬいていく。そういう一人《ひとり》ひとりであっていただきたい。

私たちが親交《しんこう》を結《むす》んだ、大切な友人であるローザ・パークスさんも、どんなに有名になろうと、その誠実《せいじつ》な人間性が少しも変わらなかった方である。

いうまでもなくパークスさんは、アメリカの「バス・ボイコット運動」の端緒《たんしょ》を開いた、「アメリカ公民権運動《こうみんけん》の母」である。人種差別撤廃《じんしゅさべつてっぱい》の象徴的《しょうちょうてき》存在であられた。

最近《さいきん》も、パークスさんの本格的《ほんかくてき》な評伝《ひょうでん》が日本で発刊《はっかん》された。

評伝には、知人《ちじん》の次のような証言《しょうげん》が記《しる》されている。

「彼女からは謙虚《けんきょ》さを教《おそ》わりました」*

「(驚嘆《きょうたん》すべきことは)彼女には、名声《めいせい》によって影響《えいきょう》を受けるということがなかったことです。彼女はまったく変わらず、簡素《かんそ》で謙虚そのものでした」*等々——。

第一級《だいいっきゅう》の人物は、皆、謙虚《けんきょ》である。誠実《せいじつ》である。

〈この評伝《ひょうでん》では、パークスさんと池田SGI会長の友情にも言及《げんきゅう》。「人権への関心《かんしん》において、池田博士は今世紀《こんせいき》の多くの人々よりも先《さき》を行《い》っていました」とのパークスさんの言葉《ことば》も紹介《しょうかい》されている。「八十歳になるまで外国はカナダとメキシコにしか行ったことがなかった」パークスさんは、一九九四年五月に来日《らいにち》し、信濃町《しなのまち》の聖教新聞本社でSGI会長と再会《さいかい》。

創価大学では創大名誉博士号受章《じゅしょう》記念の講演《こうえん》を行《おこな》い、「池田博士は、二十世紀から二十一世紀への公民権《こうみんけん》運動、人間のための権利《けんり》の獲得《かくとく》のために献身《けんしん》される精神的リーダーであります」等と語った。

評伝には「東京への旅《たび》は彼女（パークスさん）の人生において最《もっと》も忘《わす》れられないものとなった」と綴《つづ》られている〉

パークスさんは、長年《ながねん》にわたる黒人差別《さべつ》に対《たい》して、「ノー！」と勇気の声を出した。彼女の行動は、時代を揺《ゆ》り動《うご》かしていった。

彼女は「勇気を持つということは、何があっても絶望《ぜつぼう》に身を任《まか》せることを拒否《きょひ》し、前進しつづけることだ」*と語っている。この「勇気」を、パークスさんは、創価の女性にも見いだしてくださっていた。その信頼《しんらい》と期待《きたい》は、まことに大きかった。

パークスさんは、創価女子短期《たんき》大学生との笑顔《えがお》はずむ語らいのなかで、こう語られた。

「最《もっと》も尊敬《そんけい》する人は、私の母です。なぜなら母は、強い意志《いし》をもって自分の尊厳《そんげん》を守ることを教《おし》えてくれたからです」

どんな尊大《そんだい》な権力者《けんりょくしゃ》よりも、どんな驕《おご》った有名人よりも、人間の誇《ほこ》りをもって生きぬく無名《むめい》の母が偉大《いだい》である。

パークスさんは、母への深い尊敬を込《こ》めて、こうも述《の》べられている。

「私は、母レオナ・マッコーレーのおかげで、人種差別《じんしゅさべつ》のなかで生きながらも、自尊心《じそんしん》を持ち、ほかの黒人たちを誇りに思いながら育《そだ》つことができました。

どのくらいお金を持っているか、どんな家に住んでいるか、どんな服《ふく》を着ているかということで人を判断《はんだん》してはいけないと、母は私に教えてくれました。人は、自尊心と他人《たにん》に対《たい》する尊敬の念《ねん》によって判断されるべきだと、母は教えてくれました。後年《こうねん》、私が自分に課《か》せられた困難《こんなん》な仕事を成《な》し遂《と》げられたのも、この母の忠告《ちゅうこく》のおかげです」＊

人間は、だれ人たりとも尊厳である。わが生命の力《ちから》を、自分自身が、誇り高く発揮《はっき》していくのだ。決《けっ》して卑屈《ひくつ》にならない。そして、他者《たしゃ》に尊厳を見いだし、尊敬していけるかどうか。ここに、パークスさんのお母さんは、人間の偉《えら》さの基準《きじゅん》を置《お》いておられた。

## 仏法の世界は皆平等《びょうどう》、皆尊貴《そんき》

十七世紀フランスの文人《ぶんじん》ラ・ブリュイエールは、鋭《するど》く世相《せそう》を見つめた。彼は、私が講演《こうえん》したフランス学士院《がくしいん》の淵源《えんげん》であるアカデミー・フランセーズの会員であった。

「うそのお偉方《えらがた》はすさまじくて寄《よ》りつけない。彼はそのいんちきを知っているから、隠《かく》れている。少《すく》なくとも正面切《しょうめんき》って出て来《こ》ない。姿《すがた》を見せても、唯人《ただ》を欺《あざむ》くに必要《ひつよう》なだけ、自分の正体《しょうたい》を即《すなわ》ち本当の卑賤《ひせん》ぶりを見られないために必要なだけ、の程度《ていど》にしておく。本当の偉い人は、物事《ものごと》にとらわれず、優《やさ》しく、親《した》しみやすく、平民的《へいみんてき》である」＊

仏法の世界は「平等大慧《だいえ》」である。特別《とくべつ》な人はいない。皆が本来《ほんらい》、仏《ほとけ》である。皆が尊貴である。そのなかでも、私たちは、信心強く、広布のために苦労して戦う人を、最《もっと》も大切にするのだ。

万が一にも、社会的な肩書《かたがき》や立場《たちば》、名声《めいせい》や人気《にんき》などを重《おも》んじて、真面目《まじめ》な学会員を軽《かろ》んずるようなことがあれば、清浄無比《せいじょうむひ》なる和合僧《わごうそう》を破壊《はかい》してしまう。後世《こうせい》のために、あえて、この点は厳重《げんじゅう》に戒《いまし》めておかねばならない。

釈尊《しゃくそん》の弟子《でし》の一人《ひとり》である耆婆《ぎば》は、名医《めいい》であった。多くの難病《なんびょう》を治療《ちりょう》し、「医王《いおう》」と讃嘆《さんたん》された。開腹手術《かいふくしゅじゅつ》や開頭《かいとう》手術も行《おこな》ったと伝えられている。大国《たいこく》・マガダ国の大臣《だいじん》ともなり、社会的地位や名声《めいせい》も、たいへんに高かった。

彼は反逆《はんぎゃく》の提婆達多《だいばだった》と戦った。また、阿闍世王《あじゃせおう》を釈尊に帰依《きえ》させてもいる。

その耆婆が、ある時、師匠《ししょう》である釈尊と仏弟子《ぶつでし》たちを家へ招《まね》いたことがあった。

しかし耆婆は、もの覚《おぼ》えが悪《わる》く、愚鈍《ぐどん》とされている須利槃特《すりはんどく》だけは、わざと招かなかった。耆婆は須利槃特をばかにしていたのである。

釈尊は、大切な弟子を見下《みくだ》す、耆婆の傲慢《ごうまん》を戒めた。

――皆、かけがえのない尊貴《そんき》な弟子ではないか。それがわからず、仏弟子を見下す者こそ愚《おろ》かであり、自分で自分を傷《きず》つけているのである。

師の厳愛《げんあい》に、耆婆は目を覚《さ》まし、激《はげ》しく後悔《こうかい》する。そして、同志とともに、師の広大無《こうだいむ》辺《へん》の境涯《きょうがい》に学び、偉大《いだい》な使命の生涯《しょうがい》を全《まっと》うしていったのである。

創立の父・牧口常三郎先生がよく拝《はい》された御聖訓《ごせいくん》に、「上根《じょうこん》（機根《きこん》の優《すぐ》れた人間）に会っても、自分を卑下《ひげ》してはならない」「下根《げこん》（機根の劣《おと》った人間）に会っても、憍慢《きょうまん》になってはならない」（御書四六六ジペー、通解）という一節《いっせつ》がある。

この御文《ごもん》を通して、牧口先生は言われた。「名門《めいもん》の人や、高位《こうい》・高官《こうかん》だからといって、へつらうのも法を下《さ》げる。いばって、信用《しんよう》をなくすのも法を下げることになる」と。

戸田先生もまた、「傲慢《ごうまん》」「慢心《まんしん》」を幾度《いくど》となく戒《いまし》めておられた。その一端《いったん》を、学び合いたい。

「真《しん》の信仰《しんこう》にめざめたわれわれには、福運を消《け》し、自分自身をも破壊《はかい》させる慢心の振《ふ》る舞《ま》いだけは、けっしてあってはならない」

「腹の中で学会員を小馬鹿《こばか》にしたり、大した人間でもないのに自分を偉《えら》そうに見せたり、学歴《がくれき》があるからといって尊大《そんだい》ぶる愚劣《ぐれつ》な幹部もいる」

「学会員を馬鹿にする者は誰であろうと、私は許《ゆる》さない！」

「和合僧《わごうそう》を尊重《そんちょう》して、我見《がけん》や増上慢《ぞうじょうまん》の幹部や議員を叱《しか》り飛《と》ばし、異体同心《いたいどうしん》の理想的《りそうてき》な広宣流布の前進へと戦う人こそが、信心強盛《ごうじょう》な仏法者である」

婦人部の皆さま方が先頭《せんとう》に立って、聡明《そうめい》に、毅然《きぜん》と学会精神の真髄《しんずい》を堅持《けんじ》して、世界第一の和合《わごう》の世界を厳護《げんご》していただきたい。

## 後継《こうけい》の人材を育《そだ》てよ

いわゆる「権力者《けんりょくしゃ》」と、真《しん》の「指導者」とは、どこが違《ちが》うのか。それは、他者《たしゃ》に奉仕《ほうし》しているか、どうか。後継の人材を育てているか、どうか。ここで見極《みきわ》めることができよう。

ローザ・パークスさんは、「未来の世界がどうなるかは、私たちが今どのように生きるかにかかっています」*と強調《きょうちょう》されていた。

未来のために、今、自分に何ができるか。一流《いちりゅう》の人物は、この一点を見つめながら、命《いのち》ある限《かぎ》り行動を続ける。そして、荘厳《そうごん》な夕日《ゆうひ》に照《て》らされた全山紅葉《ぜんざんこうよう》の山並《やまな》みのように、人生の総仕上《そうしあ》げを果《は》たしていく。

イギリスの大歴史学者であるトインビー博士も、そうであった。

さらにパークスさんは、「青少年たちは、いつの時代でも、ベストをつくすよう、そして社会問題への答《こた》えを追及《ついきゅう》するよう励《はげ》まされなければなりません」*とも述《の》べておられた。

言葉《ことば》だけの抽象論《ちゅうしょうろん》ではない。具体的《ぐたいてき》に、人々のため、社会のために、一緒《いっしょ》に行動していくなかでこそ、後継《こうけい》の青年が育《そだ》っていくのである。まさに、学会活動の姿《すがた》である。

「大白蓮華《だいびゃくれんげ》」の十二月号に、壮大《そうだい》な大宇宙《だいうちゅう》で観測《かんそく》される、興味深《きょうみぶか》い事実《じじつ》が紹介《しょうかい》されていた（「仏法は希望の生命学」）。

それは、「老《お》いた星も、若い星に近づくことで、元気になる」というのである。

浅井和美《あさいかずみ》博士（理学《りがく》）が、次のように語っておられる。

「年老《としお》いた中性子星《ちゅうせいしせい》も、近くに若い星が接近《せっきん》していると、強い重力《じゅうりょく》に引《ひ》っ張《ぱ》られて、若い星からガスが中性子星へと流《なが》れ込《こ》むのです。これが回転《かいてん》エネルギーを与《あた》えることになり、自転《じてん》はどんどん速度《そくど》を上げます」

「こうした振《ふ》る舞《ま》いは、高齢《こうれい》の方が、若者との交流《こうりゅう》を通して、以前にもまして、明るく元気に歩《あゆ》んでいる姿と重《かさ》なります」

われわれは、まさに老若男女《ろうにゃくなんにょ》が一体《いったい》となり、平和と幸福の軌道《きどう》を前進している。天空《てんくう》はるかな星々《ほしぼし》のドラマも、広宣流布の運動の力強《ちからづよ》さを象徴《しょうちょう》しているといえよう。

自信《じしん》をもって、「団結《だんけつ》第一」で進みたい。助《たす》け合《あ》い、切磋《せっさ》琢磨《たくま》しながら、堂々《どうどう》と進もう！

## 与謝野晶子《よさのあきこ》「若さは百難《ひゃくなん》を排《はい》して福《ふく》にする」

「若さ」とは、年齢《ねんれい》では決まらない。生命の力、生命の勢《いきお》いで決まる。

希望ある人は、いつまでも若い。前進する人は、いつまでも美しい。

先日《せんじつ》、訪問《ほうもん》した関西も、婦人部、女子部の皆さんが生き生きと朗《ほが》らかに活躍《かつやく》されていた。

関西出身《しゅっしん》（大阪・堺《さかい》）の詩人・与謝野晶子（一八七八〜一九四二年）は、女性の自立《じりつ》と権《けん》利《り》のために言論《げんろん》の力をふるった先覚者《せんかくしゃ》であるとともに、青年を育《そだ》てた教育者としても知られている。明年《みょうねん》（二〇〇八年）が、生誕《せいたん》百三十周年である。

与謝野晶子は、強調《きょうちょう》してやまなかった。

「人の『若さ』は百難を排して福にする。『若さ』の前に不可能《ふかのう》も無《な》ければ、陰翳《いんえい》も無い、それは一切を突破《とっぱ》する力であり、一切を明るくする太陽である」＊

「『若さ』は其人《そのひと》の生命が貯《たくわ》えている豊富《ほうふ》な成長力《せいちょうりょく》——生きようとする力《ちから》そのものである」*「大人《おとな》になっても此《こ》の『若さ』を保有《ほゆう》している人達にのみ、いつまでも新しい生活がある」*

その通りであろう。

いわんや、妙法《みょうほう》は「不老長寿《ふろうちょうじゅ》」の大法《だいほう》である。「年《とし》は・わかう《若》なり福《ふく》はかさなり候《そうろう》べし」（御書一一三五ジペー）の信心である。太陽の大生命力《だいせいめいりょく》で進んでまいりたい。

与謝野晶子《よさのあきこ》は、年とともに心が老《お》い果《は》てていくことを戒《いまし》めていた。

「悲観《ひかん》、泣《な》き言《ごと》、不平《ふへい》、皮肉《ひにく》、非難《ひなん》、諦《あきら》め、などに心を分《わか》つ大人があれば、それは既《すで》に『若さ』を失《うしな》い、衰老《すいろう》の域《いき》に入《はい》った兆候《ちょうこう》である」*

また、こうも言っている。

「衰老した心は鈍感《どんかん》であり、臆病《おくびょう》であり、頑固《がんこ》である。過去を繰返《くりかえ》す『生存《せいぞん》』には其《そ》れでも好《よ》かろうが、未来を創造《そうぞう》する『生活』には適《てき》しない、要《よう》するに『若さ』を持たない人間は時代遅《おく》れとして邪魔物扱《じゃまものあつかい》にされても致方《いたしかた》が無《な》い」*

信心とは、「若さ」の異名《いみょう》である。創価とは、「未来」の創造である。われわれは時代の最先端《さいせんたん》を進んでいるのである。

さらに、与謝野晶子《よさのあきこ》は、学会でいえばヤング・ミセスの世代《せだい》について、こうも語っている。「花ならば満開《まんかい》の花で、まことに華《はな》やかな青春時代の頂上《ちょうじょう》だと思うのです」*と。

この通り、「満開の花」を咲《さ》かせ、「青春時代の頂上」を乱舞《らんぶ》しているのが、創価のヤング・ミセスの皆さまであると、私も妻も見つめている。

与謝野晶子は、二十四歳の年《とし》に長男が誕生して以来《いらい》、五男六女を育《そだ》てた。そのなかで、苦《くる》しい家計《かけい》をやりくりしながら、文学の創作《そうさく》に打《う》ち込《こ》んでいったのである。

「劫初《ごうしょ》より つくりいとなむ殿堂《でんどう》に われも黄金《こがね》の釘《くぎ》一つ打つ」*とは、彼女の有名な一首《いっしゅ》である。

彼女は、約十年の歳月《さいげつ》をかけて、「文化学院《がくいん》」での講義《こうぎ》などで多忙《たぼう》な時間の合間《あいま》に、『源《げん》氏《じ》物語』の口語《こうご》（現代語《げんだいご》）訳《やく》の原稿《げんこう》を地道《じみち》に書きためていった。ところが、大正《たいしょう》十二年（一九二三年）、あの関東大震災《だいしんさい》で、すべて焼《や》け失《う》せてしまった。

そのショックは、あまりに大きかった。やり直《なお》すことは絶対《ぜったい》に無理《むり》だと、いったんは、あきらめもした。しかし、『源氏物語《げんじものがたり》』の研究《けんきゅう》に携《たずさ》わる自分を励《はげ》ましてくれた、尊敬《そんけい》する文豪《ぶんごう》・森鴎外《もりおうがい》たちへの恩誼《おんぎ》を胸に、再《ふたた》び奮《ふる》い立《た》った。

恩を忘《わす》れない人生は強い。せっかく学問《がくもん》をしても、学歴《がくれき》を鼻《はな》にかける人間や、傲慢《ごうまん》になって人の心の機微《きび》など分からない人間もいる。

「心こそ大切なれ」（御書一一九二ジペー）である。なによりも、「恩を知る心」を学ばなければならない。その心がある人に停滞《ていたい》はない。何をやっても伸《の》びていくものだ。

彼女は、再び、一から挑戦《ちょうせん》を開始《かいし》した。そして、昭和十四年（一九三九年）、ついに完成《かんせい》を見たのである。

大震災《だいしんさい》の後、彼女は書いている。

「危難《きなん》の試練《しれん》の下には強くなり賢《かしこ》くなる」＊

いわんや仏法は「変毒為薬《へんどくいやく》」であり、「転重軽受《てんじゅうきょうじゅ》」である。何も恐《おそ》れることはない。

先日《せんじつ》の関西でも、苦難《くなん》をバネにした母たちのうれしい勝利の報告を数多くうかがった。

その一つ一つに目を通しながら、私は、妻とともに、常勝《じょうしょう》の母たちの勝利と幸福をひたぶるに祈《いの》らせていただいた。

## 「世界が仰《あお》ぎ見《み》る師匠《ししょう》に」と誓《ちか》う

ここで御書を拝《はい》したい。「日女御前御返事《にちにょごぜんごへんじ》」には、こう仰《おお》せである。

「父母《ふぼ》や国王よりも、百千万億倍優《おくばいすぐ》れた世間《せけん》の師匠に背《そむ》けば、必《かなら》ず天に捨《す》てられ、地獄《じごく》に堕《お》ちる。さらに、出世間《しゅつせけん》（仏法）の師に対《たい》しては、なおさらである。まして、法華経の正しき師匠に背く罪《つみ》は、いかに大きいであろうか」（御書一二四七ジペー、通解）

仏法の師弟《してい》は、あまりにも厳粛《げんしゅく》である。そして、あまりにも荘厳《そうごん》である。

かつて戸田先生と私が、都《と》心《しん》のお堀端《ほりばた》を歩《ある》いていたときであった。「あそこにマッカーサーがいるんだ」と、戸田先生が、GHQ（連合国軍総司令部《れんごうこくぐんそうしれいぶ》）本部のある立派《りっぱ》なビルを指《ゆび》差《さ》された。当時の学会には、そんな建物《たてもの》はおろか、車すらなかった。

「私が働《はたら》いて働いて、いい車を用意《ようい》します。必ずビルも建《た》てます。それまでは、どうか、長生きをしてください」と申し上げると、「ありがとう！」と破顔一笑《はがんいっしょう》された先生。

私は、先生を、何《なん》としてもお護《まも》りしたかった。

戦時中《せんじちゅう》、正しき妙法《みょうほう》を護《まも》るために、師匠《ししょう》にお供《とも》して、二年間も牢獄《ろうごく》に入《はい》られた方である。ここに学会の歴史がある。原点《げんてん》がある。

どれほど大変なことか。どれほど尊敬《そんけい》しても足《た》りない。どれほど尽《つ》くしても、ご恩《おん》は返せない。この先生をお護りせずして、何《なん》のための学会か。何のための弟子《でし》か。

国家権力《こっかけんりょく》に踏《ふ》みつけにされた先生を、日本中、世界中が仰《あお》ぎ見《み》る先生にしてみせる！——それが私の誓《ちか》いであった。その心があったから、私は戦えたのである。

折伏《しゃくぶく》も日本一の結果《けっか》を出した。世界に仏法を弘《ひろ》めてきた。それが師弟《してい》の心である。

心が大事である。心の創価学会なのである。

あるとき、日蓮大聖人に対《たい》して、女性の弟子の妙心尼《みょうしんあま》が、重い病《やまい》と闘《たたか》い続ける夫《おっと》のことを報告した。

人間だから、だれだって病気《びょうき》になる。ましてや年《とし》をとれば、当たり前だ。嘆《なげ》いても仕方《しかた》ない。信心があるのだから、悠々《ゆうゆう》と進んでいけばいいのだ。

大聖人は、病によって信心に立ち上がった夫が、成仏《じょうぶつ》の軌道《きどう》を進んでいることは間違《まちが》いないことを述《の》べられ、安心と希望を贈《おく》っておられる。
そして、こう仰《おお》せになられている。
「(もしも)今、霊山《りょうぜん》に参《まい》られたならば、太陽が昇《のぼ》って、十方《じっぽう》の世界を見晴《みは》らすように、うれしく、『早く死んでよかった』と、お喜《よろこ》びになられることでしょう。中有《ちゅうう》(臨終《りんじゅう》から次の誕生までの間《あいだ》)の道にあって、どんなことが起《お》きようとも、『日蓮の弟子《でし》である』と名乗《なの》りなさい」(御書一四八〇ジベー、通解)
さらに、このようにも仰せである。
「(日蓮は)法華経を信じることにおいては、世界第一の聖人《しょうにん》です。その名は、十方の浄土《じょうど》(全宇宙《ぜんうちゅう》の仏国土《ぶっこくど》)にも聞こえています。必《かなら》ず天も地も知っているでしょう。(ゆえに)あなたが『日蓮の弟子である』と名乗られるならば、どのような悪鬼《あっき》であろうとも、よもや、日蓮の名を知らないとは言わないと確信《かくしん》してください」(同)
なんと、ありがたい仰せであろうか。妙法《みょうほう》の師弟《してい》に生きぬく生命には、何も恐《おそ》れるものはない。三世《さんぜ》永遠《えいえん》に、いかなる悪鬼も打《う》ち破《やぶ》り、「常楽我浄《じょうらくがじょう》」という最極《さいごく》の生命の歓喜《かんき》と勝利の道を悠然《ゆうぜん》と進むことができるのである。

## 「創価の女性には希望という言葉《ことば》がふさわしい」

創価の女性の行進《こうしん》には、世界の知性から、深い共感《きようかん》が寄《よ》せられている。

北京《ペキン》大学の教授で、同大学の「池田大作研究会《けんきゆうかい》」の会長であられる賈《か》蕙萱《けいけん》先生は語っておられる。

「中国には、〝天の半分《はんぶん》を支《ささ》えているのは女性〟という言葉があります。創価学会の半分以上を支えているのは婦人部。婦人部は、いつも笑顔《えがお》があり、どこに行《い》っても色彩豊《しきさいゆた》かな衣服《いふく》と明るさがあり、その勢《いきお》いに、いつもたいへん感心《かんしん》しています」

「私は一年間、交換教員《こうかんきようういん》として創価大学で学びました」「日本で出会《であ》った創価の女性は、私に大きな影響《えいきよう》を与《あた》えました。私は、創価学会の女子部、婦人部の皆さまが大好きです。皆さまは座《すわ》り方《かた》から違《ちが》う。自信《じしん》や確信《かくしん》に満《み》ち、凝縮《ぎようしゆく》した力《ちから》を感じます」

「学会の婦人部の皆さまは、立場《たちば》や肩書《かたがき》などに関係なく、一人《ひとり》の女性として、私を励《はげ》ましてくださった。創価の女性たちの存在は、『希望』という言葉が最《もつと》もふさわしいと思います」

本当に細《こま》かいところを見てくださっている。これが、一流《いちりゅう》の人物の見方《みかた》である。

現代アメリカの女性詩人で、エマソン協会《きょうかい》の会長であるサーラ・ワイダー博士は、昨年（二〇〇六年）の六月、創価女子短期《たんき》大学を訪問《ほうもん》の折《おり》、女性の役割《やくわり》について、次のように語っておられた。

「私たちは、お互《たが》いに結合《けつごう》する力《ちから》のほうが、分断《ぶんだん》する力より強いことを知っています。そして特に、私たち女性は、その作業《さぎょう》を、この世界の中で担《にな》っていく責任《せきにん》があると思います。人間と人間の結《むす》びつきを生み出す仕事を、女性は担っているのです」

さらにワイダー博士は、エマソンの思想《しそう》にふれて、こう論《ろん》じられた。

「エマソンは、『ああ友よ、恐怖《きょうふ》に対《たい》して決《けっ》して帆《ほ》を巻《ま》いてはならない』と教《おし》えています。女性は簡単《かんたん》に恐怖に負《ま》けたりはしません。女性は、身体《しんたい》でも精神でも、強いものです。また、何かを恐《おそ》れているような贅沢《ぜいたく》な時間は、ありません。人々に安《やす》らぎを与《あた》えるために、時間を使《つか》わねばならないからです」

「私たちの仕事というのは、この世界に平和をつくることだと思います。自分のいる場所で、平和をつくり出すこと。だれにも自分にしかできない貢献《こうけん》があります」

そして、ワイダー博士は、その平和の創造《そうぞう》に、大きな貢献を果《は》たしているのが、わが創価の女性であると高く評価《ひょうか》してくださっているのである。

〈ワイダー博士は、平和のために尽《つ》くしゆく、自身の決意を、こうも綴《つづ》っている。

「池田博士は、私が、平和のために戦っていくための強さ、インスピレーション、そして励《はげ》ましをくださいました。平和への戦いは、私の最《もつと》も大切な生涯《しょうがい》の戦いです。私は、池田博士への感謝の気持ちを、その最も根本的《こんぽんてき》なかたち——すなわち私自身が平和への仕事を続けることで、お返ししていきたいと思います」〉

ワイダー博士は、エマソンと、創価学会の思想《しそう》の共通性《きょうつうせい》について、こう洞察《どうさつ》しておられた。

「エマソンは、私たちすべてに内《うち》なる力《ちから》が備《そな》わっていると考えていました。その内なる力とは、〝大我《たいが》〟の力であり、大いなる精神世界のことです。

その力によって、人間は、この世界で大いなる仕事ができる、そしてその仕事は、すべて喜《よろこ》びの心をもって成《な》し遂《と》げていかねばならない、と考えたのです」

「池田博士もまた、私たちに、小我《しょうが》を乗《の》り越《こ》えることの大切さを教《おし》えておられます。私たちが、小さな心で考えるよりも、もっと大きな流《なが》れがある。私たちが小さな視野《しや》から見る世界よりも、もっと大きな世界があるのだ、と」

ワイダー博士は、こう語られながら、「人々のために貢献《こうけん》する人生を歩《あゆ》み、より大きな価値《かち》と使命に生きぬくことによって、小我は乗り越えていける。そして、真《しん》に価値ある充《じゅう》実《じつ》の人生を送《おく》ることができるのです」と結論しておられた。

この最極《さいごく》の充実を味わいながら、大きな大きな喜びと幸福の人生を歩んでいけるのが、広宣流布である。


戸田先生は言われていた。

「不幸《ふこう》な人を救《すく》おうとする慈悲《じひ》の行為《こうい》の結果《けっか》、後で宿命転換《しゅくめいてんかん》できているものだ」

「この仏法は、一切の労苦《ろうく》を功徳《くどく》として全部、自分の心に残《のこ》し、未来永劫《えいごう》に持っていくことができる。大きな財産《ざいさん》だよ」

戸田先生の言われることに、寸分《すんぶん》も間違《まちが》いはない。まさしく、天才中《てんさいちゅう》の天才であられた。

## 妙法《みょうほう》に生きる女性は護《まも》られる

日蓮大聖人は、千日尼《せんにちあま》に送《おく》られた御手紙《おてがみ》のなかで、こう仰《おお》せである。

「この妙法の良薬《りようやく》を持《たも》つ女性等に上行菩薩《じょうぎょうぼさつ》をはじめとする四人の大菩薩が前後左右《ぜんごさゆう》に立《た》ち添《そ》って、この女性が立たれたなら、この大菩薩たちも立たれ、この女性が道を行く時には、この大菩薩たちも、その道を行かれるのです。たとえば、影《かげ》と身、水と魚、声と響《ひび》き、月と光《ひかり》のように、女性の身を守って離《はな》れることがないのです」（御書一三〇六ジペー、通解）

妙法に生きゆく女性は断《だん》じて護られていくとの、御本仏《ごほんぶつ》の絶対《ぜったい》の御約束《おやくそく》である。

その加護《かご》を決《けっ》するのは、あくまでも、強き信心の一念《いちねん》である。

その上で、決して油断《ゆだん》をしてはならない。

これまでも何度も申し上げてきたように、夜は決して遅《おそ》くならないよう、そしてまた一人《ひとり》で暗い夜道《よみち》を歩《ある》いたりしないよう、細心《さいしん》の注意《ちゅうい》をお願《ねが》いしたい。

とくに壮年部の指導者は、創価の婦人部、女子部の無事《ぶじ》と安穏《あんのん》をしっかり祈《いの》り、心を配《くば》り、こまやかに手を打って、厳然《げんぜん》と護《まも》りぬいていっていただきたい。広宣流布のために、一番、真剣に戦ってくださっているのは、婦人部、女子部の皆さまである。

創価の男性は紳士《しんし》たれ！——と強く申し上げたい。女性に楽《らく》をしてもらい、男性が苦労を担《にな》っていく。そういう決心《けっしん》でなければならない。

日蓮大聖人もまた、多くの女性門下《もんか》に御書を贈《おく》られ、女性を最大に大切にされた。

学会は御書に仰《おお》せの通りの正しき道を歩《あゆ》んでいくのだ。リーダーが、この一念《いちねん》に徹《てっ》して、祈り、行動していくとき、学会はさらに威光勢力《いこうせいりょく》を増《ま》して前進していくことができる。

## リーダーの一念が全体を動かす

広宣流布の前進を決《けっ》するのは、リーダーの一念である。皆を護っていくリーダーが、全《ぜん》責任《せきにん》を担う覚悟《かくご》で、真剣に誠実《せいじつ》に祈っていく。この決心があれば、すべて変わっていく。

学会の幹部は、誇《ほこ》り高き「広布の将《しょう》」であるとの自覚《じかく》を持っていただきたい。

「将《しょう》」の一念《いちねん》は、全体を動かしゆく大きな影響力《えいきょうりょく》を持っている。根本《こんぽん》は「祈《いの》り」である。要領《ようりょう》はいけない。

また幹部は、どこまでも謙虚《けんきょ》でなければならない。決《けっ》して威張《いば》ってはならない。妙法《みょうほう》への大確信《だいかくしん》と、強い責任感《せきにんかん》は持ちながらも、皆の意見を聞き、皆に教《おそ》わり、皆に力《ちから》を発揮《はっき》してもらいながら、感謝の心を持って指揮《しき》を執《と》っていくのだ。

「あの人の行《い》ったところは、必《かなら》ず勝つ」と言われるような名指揮をお願《ねが》いしたい。

戸田先生は、いつも私を大変なところ、困難《こんなん》なところへ行かせた。そして私は、連戦連《れんせんれん》勝《しょう》でお応《こた》えした。気取《きど》りや格好《かっこう》では、勝つことはできない。

どうか皆さまは、多くの人から「さすがだ」と謳《うた》われるような、すばらしき一生《いっしょう》を送《おく》っていただきたい。

戸田先生は、こうも言われていた。

「いずこへ行こうとも、最後まで戸田の弟子《でし》だと言いきれる信心ができるかどうかだよ」

私は、どんな時も、戸田先生の弟子として生きてきた。毎日毎日、朝から晩《ばん》まで、「先生！」「先生！」と叫《さけ》びながら走りぬいてきた。死にものぐるいだった。

戸田先生もまた、「牧口先生は」「牧口先生は」と、つねに言っておられた。

これが創価三代《さんだい》の師弟《してい》の精神である。

戸田先生の時代、牧口先生、戸田先生を軽《かろ》んじ、さも自分が偉《えら》いように話してばかりいる幹部がいた。その幹部の末路《まつろ》は、みじめであった。「師匠《ししょう》」が中心である。「自分」が中心ではいけない。何があろうと、師匠を護《まも》りぬく。それは永遠《えいえん》の誇《ほこ》りである。

「大作は、本当によくやってくれた」

戸田先生は、しみじみと言ってくださった。

## モンゴルの「五本の矢《や》」の逸話《いつわ》

今月、モンゴル国立《こくりつ》文化芸術大学のツェデブ学長との対談集『友情の大草原《だいそうげん》』が、潮出版社より発刊《はっかん》された。ツェデブ学長は、モンゴルを代表する文学者の一人《ひとり》であられる。

対談では、「母」についても語り合った。学長のお母さまは、学長がまだ五歳の時、出《しゅっ》産《さん》が原因《げんいん》で亡《な》くなられた。学長は、幼《おさな》いころ母に愛された感謝を、詩や小説に綴《つづ》っておられる。「母」と題《だい》する一詩《いっし》を私は深く胸に刻《きざ》みつけた。

「母は、私を献身的《けんしんてき》に守りし人！　『母』――わずか二つの音節《おんせつ》であっても、どれだけ多くのものを与《あた》えてくれたことか！」〈モンゴル語で母は「エージ」〉

対談では、ツェデブ学長が、祖母君《そぼぎみ》から教《おそ》わった「五本の矢《や》」の物語《ものがたり》も話題《わだい》となった。

これはモンゴル建国《けんこく》の大指導者チンギス・ハーンの祖先《そせん》の物語とされている話である。

ツェデブ学長は語っておられた。

「私は幼《おさな》い日に、祖母から、こんな弓《ゆみ》の物語を聞きました。

ある春の日のこと。五人の息子《むすこ》に一本ずつ矢を渡《わた》し、母が言いました。

『その矢を折《お》ってごらんなさい』

一本ずつだったので、息子たちは簡単《かんたん》に折ることができました。

今度は矢を五本まとめて『折ってごらん』と。

息子たちは力《ちから》を込《こ》めましたが、どうしても折れませんでした。

母は、五人の息子に、『一人《ひとり》ひとりがバラバラでいては、敵《てき》に簡単にやられてしまう。束《たば》ねた矢のように、五人が団結《だんけつ》して一つの心で進めば負《ま》けることはない』と教《おし》えたのです」

日本にも、同じように、「三本の矢《や》」の逸話《いつわ》があることが話題《わだい》となった。

ともあれ、大事なのは「団結《だんけつ》」である。いかなる戦いも団結しているほうが勝つ。

とくに婦人部の団結は重要《じゅうよう》である。婦人部が団結すれば、学会は安泰《あんたい》である。男だけの世界は、ともすれば、派閥争《はばつあらそ》いや、要領《ようりょう》だけの世界となってしまう。

〝自分だけは別《べつ》だ〟というような心ではいけない。師弟《してい》の精神を根底《こんてい》として、「広布のために戦おう！」と、同志と心を合わせていく。それが「和合僧《わごうそう》」である。

戸田先生は言われた。「組織を離《はな》れてはいけないよ。桶《おけ》の中で小芋《こいも》を洗《あら》っても途中《とちゅう》で飛《と》び出《だ》すと、きたない皮《かわ》がむけないじゃないか。桶は学会だ。学会の中で、もまれているうちに、病気《びょうき》や貧乏《びんぼう》などの業《ごう》が、芋の皮がむけていくようにきれいに落《お》ちていくんだよ」

ツェデブ学長の次の言葉《ことば》も忘《わす》れがたい。

「人にはそれぞれ、自分だけがもつ勇気と、希望と、信念と、憧憬《しょうけい》の旗《はた》がなびいているのです。その旗は、人間が、自分自身、あるいは他者《たしゃ》と真剣に闘《たたか》った結果《けっか》、掲《かか》げられ、誰が見てもわかる『その人らしさ』がにじみ出ているものです。

この旗《はた》は、この世《よ》に、その人の足跡《そくせき》と名《な》を残《のこ》す象徴《しょうちょう》なのです。このことを深く心に刻《きざ》み、闘《たたか》った結果《けっか》、勝つということ、つまり、運命《うんめい》の旗を傾《かたむ》けたり、降《お》ろしたりすることなく進むということ、それは賢者《けんじゃ》たるその人にとって誇《ほこ》りであり、勝利なのです」

人生も勝負《しょうぶ》。仏法も勝負である。広宣流布をめざす唯一《ゆいいつ》の和《わ》合僧団《ごうそうだん》である創価学会の中で、断《だん》じて自分らしく戦い、勝って、「勝利の旗」を高らかに翻《ひるがえ》していくことだ。

民衆詩人《みんしゅうしじん》ホイットマンは謳《うた》った。

「旗じるしには力《ちから》づよき母を掲《かか》げよ、

そのたおやかな女性《ひと》の姿《すがた》を振《ふ》りかざせ、万人《ばんにん》の頭上《ずじょう》に高く星さながらに輝《かがや》く姿を、（一《いち》同《どう》のこらず頭《こうべ》を垂《た》れよ）」＊

世界第一の創価の婦人部こそ「女性の世紀」の勝利と希望の旗印《はたじるし》である。

## 題目は勝利の源泉《げんせん》

「看護《かんご》の母」ナイチンゲールは言った。

「健康とは何か？　健康とは良い状態《じょうたい》をさすだけではなく、われわれが持てる力《ちから》を充分《じゅうぶん》に活用《かつよう》できている状態をさす」＊

心が前に向いているかどうか。心が走っているかどうか。停滞《ていたい》してはいけない。広布のために、持てる力を出しきってこそ、真《しん》の「健康」といえる。

寒《さむ》さは、これからが本番《ほんばん》である。どうか、皆、くれぐれも、風邪《かぜ》をひかないように！

健康になることを祈《いの》って、よく睡眠《すいみん》をとり、十分《じゅうぶん》に栄養《えいよう》をとって、題目を唱《とな》え、魔《ま》を近づけないように、強く賢《かしこ》く前進していってください。

「御義口伝《おんぎくでん》」には、「南無妙法蓮華経は精進行《しょうじんぎょう》なり」（御書七九〇ジペー）と仰《おお》せであられる。

人生も、信心も、朗《ほが》らかに！　題目は、勝利の源泉《げんせん》である。題目をあげて、はつらつと動き、対話して、仏縁《ぶつえん》を広げて、一生涯《いっしょうがい》の友情を結《むす》んでいってください。

戸田先生は、信心の力用《りきゆう》について、こう教《おし》えてくださった。

「『日女御前御返事《にちにょごぜんごへんじ》』には、『此《こ》の御本尊全《まった》く余所《よそ》に求《もとむ》る事《こと》なかれ・只《ただ》我れ等衆生《らしゅじょう》の法華経を持《たも》ちて南無妙法蓮華経と唱うる胸中《きょうちゅう》の肉団《にくだん》におはしますなり』（御書一二四四ジペー）と、このように仰せられているのであります。

われわれが信心すれば、日蓮大聖人様の所有《しょゆう》の根本《こんぽん》の力《ちから》が、われわれの生命に、感応《かんのう》して湧《わ》いてくるのです。われわれもやはり、ありのままの永遠真如《えいえんしんにょ》の自分に変わるのです」

「御本尊を信じなさい。創価学会を信じなさい。御本尊の向かって左側には『有供養者《うくようしゃ》福過十号《ふくかじゅうごう》（供養する有《あ》らん者は福十号に過《す》ぐ）』とあるではないか。戦ったら、はかりしれない功徳《くどく》を積《つ》む。これは御本尊の約束《やくそく》である」

「十号」とは、仏《ほとけ》を讃《たた》えた十種《しゅ》の称号《しょうごう》のことである。十号を具《そな》えた仏に供養する福徳《ふくとく》よりも、御本尊を持《たも》ち、広布に戦う福徳のほうが、はるかに大きいのだ。なんとすばらしいことであろうか。

中国の周恩来総理《しゅうおんらいそうり》は言った。

「時間をかちとることは、勝利を意味する」*

戸田先生もまた、「反応《はんのう》が早ければ、気持ちいいではないか！」「一流《いちりゅう》は皆、迅速《じんそく》である」と言われていた。スピーディーに、そして確実《かくじつ》に！　ここに勝利の道がある。

さあ、「新しい時代」である。「新しい人材」を育《そだ》てよう！　青年部に力を入れ、大きく大きく変えていこう！
朗《ほが》らかな前進を願《ねが》い、重《かさ》ねて句《く》を贈《おく》りたい。

満月《まんげつ》や
広布の城《しろ》に
輝《かがや》けり

満月や
夫婦《ふうふ》で見つめて
握手《あくしゅ》かな

どうか、各地の尊《とうと》き婦人部の皆さま方に、くれぐれもよろしくお伝えください！

（東京・ＳＧＩ国際会議会館）

婦人部最高協議会

# 偉大《いだい》なる母が平和の力《ちから》なり

二〇〇八年二月二十七日

## 皆が勝利！　喜《よろこ》びの春が来た！

きょうは久方《ひさかた》ぶりに婦人部の最高協議会《きょうぎかい》に出席できて、うれしい。

皆さん、ご苦労さま！　女子部の代表の皆さんも、ありがとう！

いよいよ三月だ。ここ学会本部の周辺《しゅうへん》では、早咲《はやざ》きの桜が美しい花を咲《さ》き薫《かお》らせている。

春が来ました！　寒風《かんぷう》を乗《の》り越《こ》えて、春が来ました！

厳寒《げんかん》の冬の闘争《とうそう》を乗り越え、勝ち越えて、明るい笑顔《えがお》の皆さまが集《あつ》まりました。

春は喜びだ！　正しき信仰《しんこう》に生きぬく私たちの生命は、三世《さんぜ》の諸仏《しょぶつ》の護《まも》りと笑顔に、春のごとく包《つつ》まれている。

皆が勝ったのだ。三世十方《さんぜじっぽう》の仏菩薩《ぶつぼさつ》の賞讃《しょうさん》はあまりにも大きい。そして、厳《げん》として、さらに私たちを守りゆくことは間違《まちが》いない。

太陽は
　来る日　来る日も
　　母の曲《きょく》

世界広宣流布の第二幕《まく》を飾《かざ》る「二月闘争《とうそう》」も、婦人部の皆さま方の真剣な祈《いの》りと、聡明《そうめい》な行動のおかげで、見事《みごと》なる拡大《かくだい》の歴史を残《のこ》すことができました。

婦人部の全力の応援《おうえん》をいただき、青年部も、歓喜踊躍《かんきゆやく》して前進している。新しき地涌《じゆ》の人材群《じんざいぐん》が、伸《の》びゆく若芽《わかめ》のごとく、使命の大地に陸続《りくぞく》と躍《おど》り出《で》てきました。

創価の誉《ほま》れである「広布の母」に深く感謝し、「正義と和楽《わらく》の学会婦人部」を最大に讃《たた》えて、記念のスピーチを残したい。

## すべてが福徳《ふくとく》に

学会のため、広宣流布のために戦えば、すべてが福運となる。偉大《いだい》な福徳となって生々《しょうじょう》世々、わが身を飾《かざ》っていく。これが偉大な仏法の力用《りきゆう》である。

確固《かっこ》たる幸福への基盤《きばん》を築《きず》く。最高の人生を生きる。そのための信心であり、学会活動なのである。

私は、全同志に〝本当に楽しい。幸福だ！〟と言えるような人生を歩《あゆ》んでもらいたい。いつも、そう願《ねが》っている。

学会の組織においては、さまざまな立場《たちば》がある。新しい人材が自分に代《か》わって中心者となり、今度は別《べつ》の立場で、その人を守り、支《ささ》えていく場合《ばあい》もあるだろう。

しかし、そうした場合でも、信心は一歩も退《ひ》いてはならない。退いてしまったら、自分が損《そん》をする。どこまでも、広布のため、同志のために全力で戦いぬいていく。その気概《きがい》を絶対《ぜったい》に失《うしな》ってはならない。

きょうは、首都圏《しゅとけん》の代表が参加しておられる。

東京、第二総東京、山梨の皆さん、いつもありがとう！　立派《りっぱ》な人材が、陸続《りくぞく》と育《そだ》ってきている。

埼玉の皆さんも、ご苦労さま！　埼玉は大事だ。立派な埼玉を築《きず》いてほしい。「埼玉、頑張れ！」と申し上げたい。

千葉、そして関東の懐《なつ》かしい同志ともお会いできて、本当にうれしい。

神奈川をはじめ東海道の皆さんも、ようこそ！　皆さんの活躍《かつやく》は、よく存《ぞん》じ上げている。

また、わが地域で幸福の連帯《れんたい》を広げゆく全国の友に、最大に感謝申し上げたい。

リーダーの皆さんは、どこまでも創価の「師弟《してい》の精神」を根本《こんぽん》として、戦い、進んでいただきたい。そして、連携《れんけい》を密《みつ》にして、団結《だんけつ》することだ。未来にわたって、学会を守り、師弟の精神を守りぬく。そうした婦人部であってもらいたい。

もし将来、学会の中に悪《わる》い人間が出るようなことがあれば、皆が心を合わせて、一体《いったい》となって戦うのだ。

〝三代《さんだい》の会長は、こう言っていた。あなたのやっていることは、おかしいではないか！〟〝私は師弟《してい》の精神を教《おそ》わってきた。師匠《ししょう》から、長年《ながねん》にわたって指導を受けてきた。あなたの言っていることは、それと違《ちが》うではないか！〟。そう言って、立ち上がるのだ。

絶対《ぜったい》に、悪人《あくにん》を、いい気にさせてはならない。断《だん》じて見逃《みのが》してはならない。

婦人部がどれほど大事であるか。私は、そのことをだれよりも知っている。だからこそ、未来のために、あえて言《い》い残《のこ》しておきたいのだ。

欧州《おうしゅう》ポーランドの作家《さっか》レイモントは、高らかに春を謳《うた》い上《あ》げた。

「春はわたしだ。わたしこそ春なのだ」*

「世界がいっせいに、色《いろ》づき、生命を得《え》、喜《よろこ》び、躍動《やくどう》して歌い始めた」*

今、このポーランドをはじめ、欧州の各地でも、厳《きび》しい寒《さむ》さに負《ま》けず、創価の女性たちが、生き生きと活躍《かつやく》し、歓喜《かんき》の春を開いている。

十九世紀のイギリスの女性詩人エミリ・ブロンテは、こう綴《つづ》っている。

「危難《きなん》や悲嘆《ひたん》や暗黒《あんこく》が

あたりをすべて取《と》り巻《ま》こうと
何《なん》のことがあろう、
ただ　わたしたちの胸の内《うち》に
輝《かがや》かしい　穢《けが》れなき空を抱《いだ》き、
冬の日を知らぬ太陽の光線《ひかり》が
無数《むすう》に入《い》り交《ま》じり、温《あたた》かくさえあれば」＊

尊極《そんごく》の〝妙法蓮華経の当体《とうたい》〟である婦人部、女子部の皆さま方が清々《すがすが》しく語り、明るく動くところ、いずこであれ、陽光《ようこう》が輝く。春風が吹《ふ》きわたり、希望の花が咲《さ》き薫《かお》る。

このエミリ・ブロンテは、遠《とお》く離《はな》れて苦労している妹《いもうと》アンに、手紙で呼《よ》びかけ励《はげ》ました。

「勇気を、勇気を」＊と。

勇気に勝《まさ》るものはない。勇敢《ゆうかん》な創価の女性の心こそ、「冬」に打ち勝つ、「春」の生命そのものであるといってよい。春は、生きとし生けるものを躍動《やくどう》させる。万物《ばんぶつ》を伸《の》ばし育《はぐく》み、開花《かいか》させゆく力《ちから》を持っている。

## 桜のごとく「人材の花」を爛漫《らんまん》と

意義深《いぎぶか》き五十周年の3・16「広宣流布記念の日」も、いよいよ間近《まぢか》だ。全国に先駆《さきが》けて桜の季節《きせつ》を迎《むか》えた沖縄では、尊《とうと》き同志が見事《みごと》なる勝利の歴史を刻《きざ》んでおられる。

戸田先生は、にぎやかに咲《さ》く桜の花が好きであられた。

〝花が一夜《いちや》に〟の学会歌も、好《この》んで歌われた。

〽花が一夜に　散《ち》るごとく
俺《おれ》も散りたや　旗風《はたかぜ》に
どうせ一度は　捨《す》てる身の
名《な》こそ惜《お》しめや　男なら

先生は、この歌に、広宣流布への不惜身命《ふしゃくしんみょう》の決意を込《こ》めておられたのである。

桜といえば、かつて、東京・信濃町《しなのまち》の旧《きゅう》第一青年会館を改築《かいちく》する際《さい》、当時の幹部らが、その前にある桜の木を切ったほうがいいと主張《しゅちょう》した。しかし、私は「残《のこ》すべきだ」と言って反対《はんたい》した。最終的《さいしゅうてき》に、この桜は残ることになった。

私は後《のち》に、この桜を「青年桜」と命名《めいめい》した。今では毎年、春になると、学会本部を訪《おとず》れる方々が、この「青年桜」を「すばらしい！」と仰《あお》ぎ見《み》て、讃嘆《さんたん》している。

また、学会本部の近くの道に、桜の苗木《なえぎ》を植《う》えたことがある。当時は、だれも思いもしないことであった。桜はやがて大きく育《そだ》つだろう。私は、「舞《ま》い散《ち》る花を見つめながら歩《あゆ》みゆくなんて、すばらしい〝絵〟のようではないか」と皆に語った。

今では、皆が感嘆《かんたん》する、美しい〝桜の道〟となった。

ともあれ、創価の新しき人材の花が、爛漫《らんまん》と咲《さ》き誇《ほこ》る時が来た。

アメリカの民衆詩人《みんしゅうしじん》ホイットマンは記《しる》した。

「自《みずか》らが偉大《いだい》な人を育てる。そして、偉大な人を育てられる人を育てていく……すべては、そこから始まる」＊

新しい人材を育てる。青年を育てていく。そこから、すべてが始まる。広宣流布は、人材で決まるのだ。この一点を、あらためて確認《かくにん》しておきたい。

## チョウドリ博士「女性が社会を一つに」

婦人部の皆さまは、平和の先駆者《せんくしゃ》である。

偉大《いだい》なる
　母が平和の
　　力《ちから》なり

広宣流布の戦いは、一日たりとも休みなく進む。

蓮祖《れんそ》は「命限《いのちかぎ》り有《あ》り惜《お》しむ可《べ》からず遂《つい》に願《ねが》う可きは仏国也《ぶっこくなり》」（御書九五五ジペー）と仰《おお》せである。

私は、文明《ぶんめい》を結《むす》び、人類の未来へ指標《しひょう》を贈《おく》りゆく、世界の知性との語らいを、間断《かんだん》なく続けている。

傑出《けつしゅつ》した国連《こくれん》の指導者として活躍《かつやく》してこられたチョウドリ前事務次長《じむじちょう》との対談も、いよいよ連載《れんさい》が開始《かいし》される。（月刊誌「潮」の二〇〇八年五月号から二〇〇九年九月号に連載）。タイトルは、「新しき地球社会の創造《そうぞう》へ——二十一世紀の国連と民衆《みんしゅう》を語る」。

国連改革《かいかく》から世界市民の育成《いくせい》、さらには、大詩人タゴールをはじめとする文学論等々、幅広《はばひろ》いテーマをめぐって語り合っていく予定《よてい》である。

チョウドリ前事務次長といえば、「平和の文化」の理念《りねん》を、国連をはじめ、国際《こくさい》社会に広めてこられたことでも知られている。

このチョウドリ博士が、「平和の文化」の担《にな》い手《て》として、絶大《ぜつだい》な信頼《しんらい》と期待《きたい》を寄《よ》せておられるのが、創価学会婦人部をはじめ、草の根の女性たちの活躍である。

それは、なぜか。博士は、対談のなかで語っておられた。

「女性は、生命を生み、また育《はぐく》むという特質《とくしつ》のゆえに、本質的《ほんしつてき》に平和主義者です」

「社会のために、そして現在と未来の世代《せだい》のために、女性の方が、ずっと深く心を砕《くだ》いています。その意味では、女性こそ、あらゆる社会の屋台骨《やたいぼね》なのです。女性が社会を一つにまとめているのです」

この点でも、私たちの見解《けんかい》は一致《いっち》した。

博士は、こうも述《の》べられている。

「女性は、苦《くる》しみを取《と》り除《のぞ》きます。時には、社会の苦しみを取り除くために、それをわが身に引き受けることさえするのです」

女性には「奉仕《ほうし》」の心、「慈愛《じあい》」の心が光《ひか》っている。こうした女性の特質《とくしつ》は、社会を発展させゆくために、なくてはならないものであると、博士は論《ろん》じておられた。

この〝抜苦与楽《ばつくよらく》〟の究極《きゅうきょく》の実践《じっせん》を、一日また一日、たゆみなく貫《つらぬ》いておられるのが、わが婦人部の皆さま方である。

ともあれ、母の声は「希望の声」である。母の祈《いの》りは「正義の祈り」である。母の行進《こうしん》は「生命尊厳《そんげん》の大行進」である。

母を見失《みうしな》った時、人は根無《ねな》し草《ぐさ》のように、虚栄《きょえい》と不安《ふあん》と迷走《めいそう》の人生となる。

母への感謝を忘《わす》れた時、世界は冷酷《れいこく》な無慈悲《むじひ》の牢獄《ろうごく》となってしまう。

ゆえに、母に最敬礼《さいけいれい》して、母から学びゆくことだ。女性を最大に尊重《そんちょう》していくことだ。

母の慈愛《じあい》を根本《こんぽん》とし、女性の智慧《ちえ》を大切にしていくならば、どれほど社会は変わることか。どれほど文明《ぶんめい》の〝表情〟が人間らしく変貌《へんぼう》することか。

ここにこそ、最《もっと》も確実《かくじつ》に人類史を変えゆく、平和と幸福の大道《だいどう》があるといってよい。

チョウドリ博士は、女性と男性の違《ちが》いを、ユーモアをまじえながら、指摘《してき》されている。

「私は、男性より女性の方が、冷静沈着《れいせいちんちゃく》だと思っています。男性は激《げき》しやすく、不安定《ふあんてい》の場合《ばあい》が多い。すぐに激高《げっこう》します。（笑い）女性は、その特質《とくしつ》と、多くの場合、母親であることによって、人生の苦《くる》しみや困難《こんなん》を、より深く受けとめ、これらの苦難《くなん》を悠々《ゆうゆう》と乗《の》り越《こ》えていけるようになるのです。それは、男性にはできないことです。男性はすぐ動揺《どうよう》してしまいますから。（笑い）」

そして「女性の世紀」を展望《てんぼう》しつつ、こう結論しておられた。

「多くの国々において、女性はもはや、男性が女性のために活躍《かつやく》の機会《きかい》を創《つく》るのを待ってはいないでしょう。女性は、自分たちの手で創っています。これから、ますます、そうなっていくでしょう」

「女性の世紀」の先頭《せんとう》を走りゆく、わがＳＧＩの婦人部・女子部の皆さまに、博士は惜《お》しみない賞讃《しょうさん》を送《おく》っておられる。世界のどこに行《い》っても、婦人部や女子部が、その地域で、はつらつと活躍《かつやく》し、貢献《こうけん》している。博士は、そうした姿《すがた》に接《せつ》することが何よりもうれしいと、折々《おりおり》に声を寄《よ》せてくださっている。とくに、創価学会の女性平和委員会とは、長年《ながねん》にわたる交流《こうりゅう》を続け、その運動を絶讃《ぜっさん》してこられた。

チョウドリ博士は語ってくださっている。

「創価学会の婦人部と女子部の皆さまが、平和の文化の推進《すいしん》、女性と子どもの権利《けんり》の推進、社会における女性の地位の推進、人類の目標全般《もくひょうぜんぱん》の推進のために重《かさ》ねてこられた貢献を、とても誇《ほこ》りに思います。

それはすばらしいことであり、この女性の皆さま方は、SGIのなかでも最《もっと》も活動的で、熱心《ねっしん》で創造的《そうぞうてき》な方々です。このすばらしい団体の一員であることを誇りにしてください」

これが、人類の議会《ぎかい》・国連《こくれん》を牽引《けんいん》してこられた「平和の文化」の先覚者《せんかくしゃ》の明言《めいげん》である。

そして博士は、創価の母たちの精神性、心意気《こころいき》、そしてエネルギーが、次の若い世代《せだい》に注《そそ》ぎ込《こ》まれていくことを、強く期待《きたい》されているのである。

〈チョウドリ博士からは、池田香峯子《かねこ》夫人の誕生日(二月二十七日)にあたり、祝福《しゅくふく》のメッセージが寄《よ》せられている。さらに、博士はこうも述《の》べている。「香峯子《かねこ》夫人は、物静《ものしず》かで穏《おだ》やかな、すばらしい方です。しかし、その優《やさ》しさのなかにさえ、私は強さを見出《みいだ》します。その強さは、香峯子夫人の慈愛《じあい》の深さと、社会の善《ぜん》のために働《はたら》くという固《かた》い決意から来るものではないでしょうか」〉

## 婦人部は世界一の正義と和楽《わらく》のスクラム

わが創価学会の婦人部が、なぜ、世界一の正義と和楽のスクラムを築《きず》き上《あ》げることができたのか。それは、釈尊《しゃくそん》、そして日蓮大聖人の仰《おお》せ通り、一分《いちぶん》も違《たが》わず完璧《かんぺき》に、広宣流布の信心の正道《せいどう》を歩《あゆ》み通してきたからである。

あまりにも
尊《とうと》き母の
法戦《ほうせん》に
大聖人は
涙《なみだ》し守らむ

「御義口伝《おんぎくでん》」には、こう仰《おお》せである。

「大悲《だいひ》とは母の子を思う慈悲《じひ》の如《ごと》し今日蓮等の慈悲なり」（御書七二一ジペー）

母の慈愛《じあい》が、どれほど深く、どれほど尊《とうと》いものか。御本仏《ごほんぶつ》の大慈大悲《だいじ》も、他の何ものでもない、「母の子を思う慈悲」に譬《たと》えられているのである。

蓮祖《れんそ》は「正法《しょうほう》を護《まも》りぬく信心」の真髄《しんずい》を、「涅槃経《ねはんきょう》」で説《と》かれた一人《ひとり》の母の姿《すがた》を通して教《おし》えておられる。佐渡《さど》での流罪中《るざいちゅう》、極寒《ごっかん》のなか綴《つづ》られた「開目抄《かいもくしょう》」で引用《いんよう》されている。

――居《い》るべき家もなく、助《たす》けてくれる人もいない、一人の貧《まず》しき女性がいた。彼女は、生まれたばかりの愛児《あいじ》を抱《だ》きかかえて、他国《たこく》へ艱難《かんなん》の旅《たび》を続けた。

その間、激《はげ》しい風雨《ふうう》に遭《あ》い、寒《さむ》さにも襲《おそ》われ、毒虫《どくむし》に食《く》いつかれた。しかし、それでも、わが子を手放《てばな》さなかった。

やがて、ガンジス河《がわ》を渡《わた》ろうとすると、流《なが》れが速《はや》くて、呑《の》み込《こ》まれてしまった。幼子《おさなご》を離《はな》せば、自分だけは助かることができたかもしれない。だが、母は子を抱きしめ続けた。そして、母子《ぼし》ともに没《ぼっ》してしまった。しかし、この母は、その後、梵天《ぼんてん》に生まれた。わが子に対《たい》する、深き慈悲の心の功徳《くどく》のゆえである――と（御書二三三ジペー、趣意）。

釈尊《しゃくそん》は、この命《いのち》がけの母の慈悲《じひ》と勇気の行動を通して、弟子《でし》、なかんずく男性の弟子たちを厳《きび》しく叱咤《しった》したのである。「法を護《まも》ろうとする菩薩《ぼさつ》も、まさにこのようにあるべきである」「正法《しょうほう》を護るためには命を捨《す》てよ」と。

小さなエゴの壁《かべ》を破《やぶ》り、偉大《いだい》な仏《ほとけ》の境涯《きょうがい》に上《のぼ》りゆくためには、この母のように不惜身命《ふしゃくしんみょう》の心で、正法を護りぬくべきであることを、釈尊は示《しめ》したのである。

釈尊、そして大聖人が教《おし》えられたままに、師《し》とともに、「勇気」即《そく》「慈悲《じひ》」の信心を貫《つらぬ》き、正法を護り、正法を広宣流布しゆく創価学会を護りぬいてくださったのが、わが婦人部の皆さま方である。

だからこそ、大功徳《だいくどく》が無量無辺《むりょうむへん》に積《つ》まれ、梵天《ぼんてん》・帝釈《たいしゃく》も動き働《はたら》いて、仏法史上《しじょう》、いまだかつてない、世界百九十カ国・地域への広宣流布が開かれたのである。

創価三代《さんだい》の師弟《してい》の道を進みぬいてこられた婦人部の皆さま方にこそ、仏法の正統中《せいとうちゅう》の正統の血脈《けつみゃく》が流《なが》れ通《かよ》っている。創価学会婦人部こそ、仏の生命体《せいめいたい》そのものであることを、私たちは「文証《もんしょう》」「理証《りしょう》」、そして「現証《げんしょう》」に照《て》らして、厳然《げんぜん》と宣言《せんげん》しておきたい。

この母の大連帯《だいれんたい》を、人類の宝《たから》とし、希望として、貧困《ひんこん》や疫病《えきびょう》、紛争《ふんそう》や暴力《ぼうりょく》などに苦《くる》しむ世界の母と子の悲劇《ひげき》の流転《るてん》に、断固《だんこ》と終止符《しゅうしふ》を打っていく。そして、すべての母と子の微笑《ほほえ》みが絶《た》えない、歓喜《かんき》の旅路《たびじ》を開いていく。これこそが、私たちの広宣流布の挑戦《ちょうせん》なのである。

## 人のために行動する、そこに生きがいが

今年は、「世界人権宣言《せんげん》」が国連《こくれん》で採択《さいたく》されて六十周年に当たる。

この宣言の起草《きそう》をリードしたのが、エレノア・ルーズベルト大統領《だいとうりょう》夫人である。アメリカの「人権の母」と慕《した》われ、敬《うやま》われる彼女は、差別《さべつ》と戦い、貧困《ひんこん》の克服《こくふく》に尽力《じんりょく》した。

夫《おっと》のフランクリン・ルーズベルト大統領が病《やまい》にかかり、両足が不自由《ふじゆう》になると、夫以上に、支持者《しじしゃ》や国民《こくみん》のために行動していった。母として、子どもたちを育《そだ》て上《あ》げてもいる。

以前、彼女の姪《めい》にあたる方から、彼女の著作《ちょさく》の初版本《しょはんぼん》や直筆署名入《じきひつしょめいい》りの書簡《しょかん》など、貴重《きちょう》な遺品《いひん》をお届《とど》けいただいた。

「おそらく」*――と、エレノア夫人は言った。「多くの女性にとって、人のために行動す

ることは、決《けっ》して重荷《おもに》ではないのです。なぜならば、それこそが、人生を生《い》き甲斐《がい》のあるものにするからです」*というのである。

まことに、その通りである。創価の母たちの姿《すがた》が、その何よりの証左《しょうさ》だ。

苦《くる》しみ、悩《なや》む友を、放《ほう》ってなどおけない。

直《ただ》ちに現場《げんば》へ駆《か》けつけるスピード。

わがこととして真剣に同苦《どうく》する祈《いの》りの深さ。

絶対《ぜったい》に変毒為薬《へんどくいやく》できると励《はげ》ましぬく大確信《だいかくしん》。

ともに具《ぐ》体的《たいてき》な一歩を踏《ふ》み出《だ》す智慧《ちえ》と勇気。

婦人部の皆さま方の日々の行動は、一つ一つが、本有無作《ほんぬむさ》でなされる、崇高《すうこう》な菩薩《ぼさつ》、いな仏《ほとけ》の振《ふ》る舞《ま》いなのである。

戸田先生は、こうご指導された。

「創価学会は、苦しんでいる人々を救《すく》うため、広宣流布という仏の仕事をする、最高に尊《とうと》い組織だ。戸田の命《いのち》よりも大事な組織だ」

私は、この言葉《ことば》を、胸に刻《きざ》みつけた。そして、その通り、学会に、広宣流布に、生命を捧《ささ》げてきた。同志が幸《しあわ》せになるように――そのことを、ただひたすら祈《いの》り、行動を重《かさ》ねてきた。それこそが、広宣流布のリーダーの使命であるからだ。

逆《ぎゃく》に、責任《せきにん》ある立場《たちば》にありながら、自分は動かず、人を勝手気《かってき》ままに動かそうとするのは「権力《けんりょく》の魔性《ましょう》」である。

戸田先生は、こうも断言《だんげん》されていた。

「どんなに社会的に有名になっても、折伏《しゃくぶく》しぬく闘士《とうし》、仏法を行《ぎょう》じぬく英雄《えいゆう》の心を失《うしな》えば、一つも偉《えら》くない！　それは、畜生根性《ちくしょうこんじょう》に成《な》り下《さ》がった姿《すがた》だ！」

社会的地位や学歴《がくれき》は、仏法の世界、信心の世界とは、一切関係ない。御本尊を前にし、「生命」に目を向けた時、いかなる人も、例外《れいがい》なく平等《びょうどう》である。

ここまで世界広布を成《な》し遂《と》げることができたのは、なぜか。それは、偉大《いだい》なる無冠《むかん》の庶《しょ》民《みん》が、あらゆる風雪《ふうせつ》を越《こ》え、師弟《してい》を根本《こんぽん》に、固《かた》く団結《だんけつ》して進んできたからである。

皆さまが、どれほど偉大であるか。たとえ学歴がなくとも、社会的な地位がなくとも、決《けっ》して卑屈《ひくつ》になる必要《ひつよう》はない。悠然《ゆうぜん》と、堂々《どうどう》と進んでいただきたい。

社会的な立場《たちば》で、人の偉《えら》さは決まらない。そうしたことで威張《いば》ることほど、愚《おろ》かなことはない。最《もつと》も尊貴《そんき》なのは、広宣流布を進め、現実に人々を幸福にしていく人なのである。ともあれ、創価の母たちの率先垂範《そつせんすいはん》の戦いにこそ、「権力《けんりよく》の魔性《ましよう》」の闇《やみ》を破《やぶ》りゆく、最《さい》極《ごく》の生命の光《ひかり》が輝《かがや》いている。

先日《せんじつ》、女性平和委員会の方々が、エレノア・ルーズベルトの名著《めいちよ》『未来は今にあり』を届《とど》けてくださった。自身のサインが装丁《そうてい》された貴重《きちよう》な書籍《しよせき》である。

そのなかには、こういう箴言《しんげん》がある。

「真《しん》に人を想《おも》い、人の成長を願《ねが》う心から発《はつ》した行動であれば、必《かなら》ず温《あたた》かな協力《きようりよく》が得《え》られ、やがて共に力《ちから》をあわせて実《みの》りある結果《けつか》をもたらしていけるのです。なぜなら、それは強制《きようせい》ではなく自発《じはつ》の行動であるからです」＊

これまた、わが婦人部が立証《りつしよう》されている。

母の笑顔《えがお》は、最高の指導である。

母の賢《かしこ》さは、最強《さいきよう》の哲学《てつがく》である。

母の強さは、正義そのものである。

ゆえに、この母たちの健康と安穏《あんのん》を、皆で祈《いの》りぬいていかねばならない。

## 新しい息吹《いぶき》で、新しい飛躍《ひやく》を

今、日本全国、津々《つつ》浦々《うらうら》に、青年の〝前進の歌声〟が響《ひび》いている。

その陰《かげ》で、どれほど、婦人部の皆さんが、激励《げきれい》に激励を重《かさ》ね、親身《しんみ》に面倒《めんどう》を見てくださり、強い祈りを送《おく》ってくださっていることか。本当に、ありがとうございます！

学会は、全員が青年の心で、青年を先頭《せんとう》に、青年と力《ちから》を合わせ、励《はげ》まし讃《たた》え合いながら、大いなる理想《りそう》へ進んでまいりたい。

「あらゆる偉大《いだい》な文明《ぶんめい》が滅《ほろ》びた理由《りゆう》は、ある意味で、それが固定化《こていか》し、新しい状況《じょうきょう》、新しい方法《ほうほう》、そして、新しい考え方に柔軟《じゅうなん》に適応《てきおう》できなくなったからです」*

これは、エレノア・ルーズベルトの鋭《するど》き警鐘《けいしょう》であった。私が会見《かいけん》したイギリスの大歴史家トインビー博士の歴史《れきし》観《かん》にも通《つう》ずる。

大きな変化《へんか》の時代にあって、学会は、今こそ、新しい息吹《いぶき》で、新しい飛躍《ひやく》を果《は》たしていく時を迎《むか》えている。その新しい力《ちから》の無限《むげん》の源泉《げんせん》こそ、わが婦人部であり、わが青年部である。

さらに、彼女は、こうも論《ろん》じている。

「能力《のうりょく》は使《つか》わないでいると、使わない筋肉《きんにく》のように、衰《おとろ》えていくのです。

多くの人は、教育を受けたといわれる人であっても、その潜在的《せんざいてき》な能力のほんの一部《いちぶ》しか使っていないことは大いなる悲劇《ひげき》です。多くの才能《さいのう》は、眠《ねむ》ったままの状態《じょうたい》です。精神的な能力を開拓《かいたく》していませんし、充実《じゅうじつ》したすばらしい人生を築《きず》いていける大きな力が自分の中に存在していることにすら気づいていないのです」*

学会活動は、まさしく自分自身の生命を最大に開花《かいか》させゆく、最《もつと》も充実した人間革命《にんげんかくめい》の運動である。そしてまた、妙法《みょうほう》は、わが生命を永遠《えいえん》に輝《かがや》かせゆく、不老長寿《ふろうちょうじゅ》の大法《だいほう》である。

「題目を唱《とな》えぬけば、年《とし》は若くなり、いやまして福徳《ふくとく》に包《つつ》まれる」（御書一一三五ジペー、趣意）

それが日蓮大聖人の御約束《おやくそく》である。

また、彼女は、こうも力説《りきせつ》した。

「地域社会において、平凡《へいぼん》な主婦こそが真《しん》の力となりうるのです。

主婦は自分の理念《りねん》を代表するような組織に加《くわ》わることもできますし、平和のために行動する組織や世界の相互《そうご》理解を促進《そくしん》する組織に参加することもできます」*

彼女は、この主婦たちこそが、政治家を監視《かんし》し、正しく平和へリードしゆく力《ちから》であるとも強調《きようちよう》している。

今や〝世界一の女性の連帯《れんたい》〟と讃《たた》えられる婦人部の皆さまこそ、生命尊厳《そんげん》の「平和の文化」を、地域へ、社会へ、世界へと広げていく主役《しゆやく》なのである。

「新《あら》たな課題《かだい》には、勇気と信念、聡明《そうめい》さと全知力《ぜんちりよく》をもって取《と》り組《く》むことです。そうすれば、すばらしい対応《たいおう》ができるのです」*と断言《だんげん》している。

新しき婦人部と青年部の力を全開《ぜんかい》にして、わが尊《とうと》き使命に前進しゆく私たちの学会は、新しき大発展を、威風《いふう》も堂々《どうどう》と成《な》し遂《と》げてまいりたい。

## 「幸福の種《たね》」を蒔《ま》こう、育《そだ》てよう

本当に偉《えら》い人とは、妙法《みようほう》に生きぬく人である。

妙法《みょうほう》の
母に勝《まさ》れる
ものはなし
厳《げん》と生《い》き抜《ぬ》け
今日も明日《あした》も

「物《もの》たねと申すもの一なれども植《う》えぬれば多くとなり」（御書九七一ジペー）とは、私の大好きな御聖訓《ごせいくん》である。ここに、勝利の方程式《ほうていしき》も、発展の方程式も明確《めいかく》に示《しめ》されている。

それは、今、時を逃《のが》さず、一つの種《たね》を蒔《ま》くことである。それを、育《そだ》てていくことである。

そして、この「蒔く」「育てる」という行動を、たゆみなく続けていくことである。

初代《しょだい》、二代、三代が、この一点に徹《てっ》しぬいてきたからこそ、これだけの壮大《そうだい》な広宣流布の人材群《じんざいぐん》ができあがったのである。

第三代会長《だいさんだい》に就任《しゅうにん》する前後《ぜんご》の、ある晩《ばん》のことである。蒲田《かまた》の駅からの帰り道、駅の近くに出ていた夜店《よみせ》の植木屋《うえきや》さんに、妻と二人《ふたり》で立《た》ち寄《よ》って、可憐《かれん》な、小さな「折鶴蘭《おりづるらん》」を、いくつか買《か》った。百八十円であったと記憶《きおく》する。安《やす》い値段《ねだん》であった。妻は、その折鶴蘭を、小林町《こばやしちょう》のわが家《や》の小さな小さな庭《にわ》に植《う》えて、大切に大切に育《そだ》てていってくれた。

わが家の折鶴蘭は、旺盛《おうせい》な生命力《せいめいりょく》で、ランナーと呼《よ》ばれる茎《くき》を伸《の》ばし、そこに名前のごとく〝折鶴〟の姿《すがた》に似《に》た子株《こかぶ》をつくり、どんどん増《ふ》えていった。

これをわが家だけで楽しむのはもったいないと、新聞紙に包《つつ》んで学会本部に持っていき、幾人《いくにん》かの同志にさしあげた。また、あの人に、さらに、この人にと、何百軒《けん》ものお宅《たく》にお贈《おく》りした。そこからまた、人から人へと、大きく広がっていったのである。

最近《さいきん》も、草創《そうそう》の広布の母が言われていた。

「先生にいただいた折鶴蘭を、ずっと大切に育ててきました。今も株分《かぶわ》けした子孫《しそん》を大勢《おおぜい》の方々にさしあげて、たいへんに喜《よろこ》ばれています」と。

妻も、うれしそうに語っていた。

「折鶴蘭の広宣流布が、さらに進んでいるんですね！」と。

ともあれ、来る日も来る日も、日本中、世界中で、だれよりも地道《じみち》に勇敢《ゆうかん》に、そして粘《ねば》り強《づよ》く、妙法《みょうほう》という「平和の種《たね》」「幸福の種」を蒔《ま》いてくださっている婦人部の皆さま方に、私も妻も、いちだんと深く強く題目を送《おく》り続けている。

## 「女性の世紀」の模範《もはん》の先駆《せんく》

私は、現在、中国を代表する歴史学者であられる章開沅《しょうかいげん》先生（華中師範《かちゅうしはん》大学元学長）と対談を連載《れんさい》している。（月刊誌「第三文明」の二〇〇八年一月号から十二月号に連載）

章先生の夫人である黄懐玉《こうかいぎょく》先生は、章先生と同じく、名門《めいもん》・華中師範大学の歴史学部で教壇《きょうだん》に立たれていた教育者である。

ご夫妻は、東京・信濃町《しなのまち》の「創価世界女性会館」も訪問《ほうもん》された。夫人の黄先生は、一階ロビーの天井《てんじょう》に輝《かがや》く、帆船《はんせん》をかたどったシャンデリアに感銘《かんめい》を受けておられた。

こう感想《かんそう》を語られている。

「このすばらしい女性の城《しろ》のホールに、帆船をかたどったシャンデリアが飾《かざ》られているのは、じつに象徴的《しょうちょうてき》だと思います。

女性は、男性や周囲《しゅうい》の恩恵《おんけい》を待って、自己《じこ》を高めるのではない。女性の権利《けんり》は、自分自身によって獲得《かくとく》するものであり、波浪《はろう》に乗《の》って、さらには流《なが》れに逆《さか》らって前進しなければならない。そのことを、すべての女性に呼《よ》びかけています」

そして、ご夫妻は、「創価学会の女性の皆さまは、まさに、その模範《もはん》の方々です」と言われていた。ご夫妻は、学会の婦人部、女子部との出会《であ》いを心から喜《よろこ》ばれ、大切にしてくださっている。婦人部、女子部の皆さまこそ、「女性の世紀」の先駆者《せんくしゃ》なのである。

## 師弟《してい》こそ正しき針路《しんろ》を示《しめ》す羅《ら》針盤《しんばん》

「人類の歴史は、善《ぜん》と悪《あく》の戦いによって前進する」

これが、章《しょう》先生の大きな歴史観《れきしかん》である。

章先生は、私との対談で、声を大《だい》にして語っておられた。

「人類は、絶《た》えず悪を退《しりぞ》け、善を広めることによって、はじめて生命を維持《いじ》しつつ、大《だい》同《どう》世界（理想《りそう》の平和の社会）へと向かうことができる」と。

それでは、その善《ぜん》と悪《あく》との絶《た》え間《ま》なき闘争《とうそう》のなかで、正義を揺《ゆ》るぎなく貫《つらぬ》いていくためには、何が大切か。

その一つの柱《はしら》は、「師弟《してい》に生きぬくこと」である。

この点でも、章《しょう》先生と私は、深く一致《いっち》した。「師」とは、普遍《ふへん》の鑑《かがみ》であり、正しき針路《しんろ》を示《しめ》しゆく羅《ら》針盤《しんばん》であるからである。

社会が暗闇《くらやみ》に閉《と》ざされるほど、「師弟」という太陽を抱《いだ》いた人が光《ひか》ってくる。その人は、何があろうとも、正しき善の方向《ほうこう》へ、自分自身を、そして社会を導《みちび》いていくことができる。

私も、恩師《おんし》・戸田先生に、人生の正しき道を教《おし》えていただいた。

この大恩《だいおん》ある師匠《ししょう》に、どう報《むく》いるか。大難《だいなん》と戦う最高の正義の人を、どう護《まも》り、いかに世界に宣揚《せんよう》していくか。ただ、この一点に、弟子《でし》の私は、青春を捧《ささ》げたのである。

そして、恩師である戸田先生と、不二《ふに》の心で戦いぬいてきた。

その戸田先生もまた、恩師・牧口先生に牢獄《ろうごく》までもお供《とも》されている。それが、どれほどの決心《けっしん》であられたか。とても言葉《ことば》では言《い》い尽《つ》くせない。

私は、ただ一人《ひとり》になっても、厳然《げんぜん》と戸田先生をお護《まも》りした。先生の事業が苦境《くきょう》に陥《おちい》り、理事長の辞任《じにん》を余儀《よぎ》なくされたときも、「わが師匠《ししょう》は戸田先生だ。戸田先生をいじめる連中《れんちゅう》は許《ゆる》すものか!」と心に定《さだ》め、立ち上がった。事業の再建《さいけん》に駆《か》けずり回《まわ》り、先生の悪口《わるくち》を言う者がいれば、どこにでも飛《と》んで行《い》って、真実を訴《うった》えた。先生のために命《いのち》を捨《す》てる覚悟《かくご》であった。

学会の力《ちから》は、師弟《してい》にある。師弟不二《ふに》にある。師弟不二でなければ、仏法ではない。学会ではない——そのように戸田先生は教《おし》えられたのである。

ところが、これまでにも、社会的に偉《えら》くなり、権力《けんりょく》に毒《どく》されて、同志を裏切《うらぎ》り、師匠を裏切り、尊《とうと》き和合僧《わごうそう》を破壊《はかい》する者が出た。

最《もっと》もお世話《せわ》になった人に嫉妬《しっと》し、裏切る。こうした恩知《おんし》らずの者が、学会を利用したり、学会員を苦《くる》しめたりするのを断《だん》じて許してはならない。

御書には、「仏弟子《ぶつでし》は必《かなら》ず四恩《しおん》をしって知恩報恩《ちおんほうおん》をいたすべし」(一九二ジペー)と仰《おお》せである。

自分が受けた恩《おん》を、どのように返していくか。これを考えるのが人間である。いわんや、仏法の世界は、知恩《ちおん》・報恩《ほうおん》の世界である。恩を知り、恩に報《むく》いるのが仏法者の魂《たましい》である。恩知《おんし》らずになってはいけない。動物でも恩を知るという。恩知らずは、動物以下である。いざという時に、恩を忘《わす》れる。それどころか、増上慢《ぞうじょうまん》になり、偉人《いじん》に嫉妬《しっと》して追《お》い落《お》とす。この狂《くる》った愚行《ぐこう》が、歴史上、どれだけの善《ぜん》の人を苦《くる》しめ、正義を破壊《はかい》してきたか。

ともかく、心ある皆さん方が強くなって、がっちりと題目をあげ、戦う姿勢《しせい》で団結《だんけつ》し、緊張《きんちょう》していれば、魔《ま》は退散《たいさん》していくのだ。油断《ゆだん》すれば、魔になめられ、魔が入《はい》ってくる。信心が厳然《げんぜん》としていれば、立ち向かう気迫《きはく》があれば、悪《わる》い人間は、皆、退散するのである。仏法は、仏《ほとけ》と魔との大闘争《だいとうそう》である。ゆえに、広宣流布のリーダーには、敵《てき》と戦う強さがなければならない。信心が強いことが幸福と勝利の根本《こんぽん》である。

婦人部は、いかなる時代になろうとも、永遠《えいえん》に師弟《してい》の正義を叫《さけ》び、この尊《とうと》き創価の勝利と幸福の城《しろ》を、断《だん》じて護《まも》りぬいていただきたい。

章《しょう》先生は、こうも洞察《どうさつ》されている。

「歴史は、人間自《みずか》らが創造《そうぞう》するものです」

「善《ぜん》を為《な》そうとする志《こころざし》を持つ人間が、共に団結《だんけつ》し、共に戦っていくならば、それはつねに、歴史を、すばらしい方向《ほうこう》へと発展させゆく力《ちから》になっていくことでしょう」

この歴史発展の原動力《げんどうりょく》として、章《しょう》先生は、わが創価の師弟《してい》の平和運動に、絶大《ぜつだい》なる期待《きたい》を寄《よ》せられているのである。

〈章博士は、さらに論《ろん》じている。

「『師弟』の規範《きはん》に生きぬく時、人間がどれほど強く、どれほど勇敢《ゆうかん》に、信念と理想《りそう》の道を進むことができるか。それを、池田先生は自らの生き方をもって証明《しょうめい》してこられました。人類の人間哲学《てつがく》の系譜《けいふ》に『師弟』という柱《はしら》を打ち立てられた先生の功績《こうせき》は、まことに大きいといえましょう」

また、名誉会長を支《ささ》える香峯子《かねこ》夫人について、中国の「北京《ペキン》大学池田大作研究会《けんきゅうかい》」の賈蕙萱《かけいけん》会長は語っている。

「香峯子夫人は、なぜ、かくも偉大《いだい》でありえるのか――これは、ひとえに、ご自身が、戸田先生という恩師《おんし》のもと、師弟不二《ふに》の実践《じっせん》を通して確固《かっこ》たる信念を持ち、胸中《きょうちゅう》に『勝利』の一念《いちねん》を抱《いだ》きつつ、長年《ながねん》にわたって自らを修練《しゅうれん》し続けたからに、ほかなりません」〉

## 一家一族《いちぞく》の幸《しあわ》せを願《ねが》って

創価の母への感謝は尽《つ》きない。

偉大《いだい》なる
　母の願いは
　　三世《さんぜ》まで
　一族つつみて
　　皆が幸せ

太平洋戦争中《たいへいようせんそうちゅう》の、昭和十七年（一九四二年）ごろのことである。ある婦人が学会に入会した。しかし、軍人《ぐんじん》である夫《おっと》は猛反対《もうはんたい》だった。夫は「二・二六事《じ》件《けん》」も経験《けいけん》した、血気盛《けっきさか》んな壮年である。

その話を聞かれた初代《しょだい》会長・牧口常三郎先生は自《みずか》ら、東京・品川《しながわ》の、その軍人《ぐんじん》の家に足を運《はこ》ばれた。最初は偏見《へんけん》と悪意《あくい》に凝《こ》り固《かた》まっていた夫《おっと》も、牧口先生の確信《かくしん》に満《み》ちた姿《すがた》と誠《せい》実《じつ》な人柄《ひとがら》、そして、くもりなき仏法の平和の正論《せいろん》に、心を大きく揺《ゆ》さぶられた。

軍人である自分に対《たい》して、恐《おそ》れることなく、人間同士《どうし》が殺《ころ》し合う戦争《せんそう》は絶対悪《ぜったいあく》であることを諄々《じゅんじゅん》と諭《さと》される牧口先生。彼は深く胸を打たれた。そして、夫人の信心に理解を示《しめ》し、見守《みまも》るように変わったのである。最《もっと》も大変な同志のところへ、即座《そくざ》に足を運び、手を打つ。これが〝創立の父〟が示《しめ》された、学会精神の真髄《しんずい》である。

婦人は、牧口先生が投獄《とうごく》された後も信心を貫《つらぬ》いた。その祈《いの》りに護《まも》られたのだろうか、夫も無事《ぶじ》に終戦《しゅうせん》を迎《むか》えた。戦後《せんご》、この一家は大田区へ移《うつ》った。そして夫も、昭和二十六年（一九五一年）三月に、晴れて入会したのである。

〈夫妻の長女は回想《かいそう》している。「ある時、父が言いました。『すごい青年に会ってきた。会った瞬《しゅん》間《かん》、若いのに頭が下《さ》がるような青年だった。筋《すじ》を通して話された』。そして『今日から私も創価学会に入信する』と、家族に宣言《せんげん》したのです」。その青年は、二十三歳の池田名誉会長であった〉

また、夫妻の長女は、学会活動を始めたものの、なかなか学会の組織になじめずにいた。

しかし、女子部の一人《ひとり》の班長《はんちょう》との出会《であ》いによって、積極的《せっきょくてき》に活動に参加するようになった。その班長とは、私の妻であった。

〈長女は、こう振《ふ》り返《かえ》っている。「奥様は当時、銀行《ぎんこう》に勤《つと》めておられ、清楚《せいそ》で物腰《ものごし》も柔《やわ》らかな対応《たいおう》でいらっしゃいました。こういう方が創価学会にいらっしゃるんだ、こういう方が信心をしているのであれば、私も頑張らねばと発心《ほっしん》したのです」〉

うれしいことに、牧口先生が妙法《みょうほう》の種《たね》を植《う》えられたこのご一家は、お孫さん方の代に入《はい》り、いやまして立派《りっぱ》な信心で活躍《かつやく》されているとうかがった。

皆さんも、ご家族が未入会《みにゅうかい》の場合《ばあい》でも、少しも心配《しんぱい》することはない。焦《あせ》ることもない。

一人の母、一人の娘が立ち上がる。それは、一本《ぽん》の希望の灯台《とうだい》が、光《ひかり》を放《はな》ち始めたということだ。暗夜《あんや》の海を無《む》数《すう》の船《ふね》を導《みちび》いていくように、一家眷属《けんぞく》を、必《かなら》ず永遠《えいえん》の勝利と幸福の航路《こうろ》へ導いていけるのである。

「御義口伝《おんぎくでん》」には、「依正福智《えしょうふくち》共に無量《むりょう》なり所謂《いわゆる》南無妙法蓮華経福智の二法なり」(御書七九二ジペー)と仰《おお》せである。自分の周囲《しゅうい》の環境《かんきょう》も、縁《えん》する人々も、皆、無量無辺《むへん》の福徳《ふくとく》と智《ち》慧《え》で包《つつ》むことができる。これが妙法である。

創価学会には、やりがいがある。そして全部、結果《けっか》として自分のため、一家のためになっていく。学会を去《さ》ったならば、生命の〝ともしび〟が消《き》えてしまう。妙法《みょうほう》を教《おし》え、伝えていくことに勝《まさ》る大善《だいぜん》はないのだ。

かりに全世界の財宝《ざいほう》を贈《おく》ったとしても、その人を永遠《えいえん》の幸福の軌道《きどう》へ導《みちび》くことはできない。幸福を得《え》るには、妙法を受持《じゅじ》する以外にないのである。

「法華経を耳にふれぬれば是《これ》を種《たね》として必《かなら》ず仏《ほとけ》になるなり」「とてもかくても法華経を強《し》いて説《と》き聞かすべし、信《しん》ぜん人は仏になるべし謗《ぼう》ぜん者は毒鼓《どっく》の縁《えん》となって仏になるべきなり、何《いか》にとしても仏の種は法華経より外《ほか》になきなり」（御書五五二ジペー）

この御聖訓《ごせいくん》を心肝《しんかん》に染《そ》め、広宣流布の精神、折伏《しゃくぶく》の精神を燃《も》え上《あ》がらせて、自信満々《じしんまんまん》と、仏縁《ぶつえん》を結《むす》び、広げてまいりたい。

## どこまでも師《し》を護《まも》りゆく弟子《でし》に

いつもいつも、創価の母たちは、紛然《ふんぜん》たる「三障四魔《さんしょうしま》」の来襲《らいしゅう》も、陰険《いんけん》な「三類《さんるい》の強敵《ごうてき》」

の迫害《はくがい》も、皆「風の前の塵《ちり》」と振《ふ》り払《はら》って、正しき師弟《してい》の大道《だいどう》を、まっすぐに歩《あゆ》みぬいてこられた。

昭和三十二年（一九五七年）の七月。「大阪事件《じけん》」のあの時、獄中《ごくちゅう》の私の無事《ぶじ》を祈《いの》り続けてくれた〝常勝関西の母《じょうしょう》〟は誓《ちか》った。

「戦いは、絶対《ぜったい》に勝たな、あきまへん。断《だん》じて負《ま》けたらあかん！」と。

昭和四十五年（一九七〇年）。会長就任《しゅうにん》十周年のあの時、四面楚歌《しめんそか》のごとき非難中傷《ひなんちゅうしょう》の烈《れつ》風《ぷう》のなかで、ある母は毅然《きぜん》として言った。

「御書の仰《おお》せの通りに生きるならば、難《なん》があるのは当然《とうぜん》です」と。

さらに嵐《あらし》の昭和五十四年（一九七九年）。第三代《だいさんだい》会長を辞任《じにん》したあの時、老《お》いたる四国の母は、「悔《くや》しい。悔しい」と訴《うった》えながら、遺言《ゆいごん》のごとく家族に語った。

「正義は、必《かなら》ずはっきりしますよ。大聖人の時代でも、反逆《はんぎゃく》の五老僧《ごろうそう》が出たじゃないか。それに踊《おど》らされるのは、信心がないんだよ」

臆病《おくびょう》な幹部たちが、反逆者の謀略《ぼうりゃく》に惑《まど》わされ、学会精神を失《うしな》っていったあの時――。

私の姿《すがた》を見つけ、だれはばかることなく「先生！　先生！」と声を上げて、涙《なみだ》を流《なが》して駆《か》け寄《よ》ってこられたのは、幼子《おさなご》を連《つ》れた、いじらしい大東京の母たちであった。

こうした正義の女性たちの、怒《いか》りの叫《さけ》びは、枚挙《まいきょ》にいとまがない。

創価の師弟《してい》の勝利は、婦人部の勝利なのだ。

だらしない幹部たちは、戦う師匠《ししょう》を護《まも》らなかった。ヤキモチ焼《や》きの男性幹部たちの、あまりにも情《なさ》けない姿《すがた》を、婦人部、女子部の方々は、今でも笑っている。

私たちは、広宣流布をしているのだ。師弟が一体《いったい》になって進まなければ、日蓮大聖人に申しわけない。学会は師弟が大事である。どんなことがあっても師匠を護る——牧口先生、戸田先生、そして私は、そうやって広布に生きてきた。

この広布の大道《だいどう》を教《おし》える人がいなくなれば、次の世代《せだい》の学会はめちゃくちゃになる。私はそれが心配《しんぱい》である。

戸田先生、牧口先生の遺志《いし》の実現《じつげん》のため、私と妻は命《いのち》をかけて、まっすぐに進んできた。一番、正しい道であったと確信《かくしん》する。それゆえに一番、大変な迫害《はくがい》にも遭《あ》った。

私は、「師匠が迫害されて何もできない弟子《でし》など、いないほうがいい」と思って闘《たたか》ってきた。戸田先生は私と妻に、お前たち二人《ふたり》がいるから、私はどれだけ非難《ひなん》されても安心だよ、と言ってくださった。

師《し》のおかげで偉《えら》くなりながら、師を護《まも》らない。かえって、師を左右《さゆう》し、陥《おとしい》れようとする。そうした所業《しょぎょう》は、三代《さんだい》の師弟《してい》が積《つ》み重《かさ》ねてきた行動の正反対《せいはんたい》である。皆さんは、絶対《ぜったい》にそうなってはならない。


竜樹《りゅうじゅ》の『大智度論《だいちどろん》』には、次のような説話《せつわ》が記《しる》されている。

――悪逆《あくぎゃく》の提婆達多《だいばだつた》が山上《さんじょう》から大石《おおいし》を落《お》とし、大恩《だいおん》ある師匠《ししょう》の釈尊《しゃくそん》を亡《な》き者《もの》にしようとした大事件《だいじけん》の後のことである。一人《ひとり》の仏弟子《ぶつでし》が、提婆達多の悪行《あくぎょう》を大きな声で叱《しか》り責《せ》めていった。この正義の弟子は、いったいだれであったか。それは「華色比丘尼《けしきびくに》」という女性の弟子だった。師敵対《してきたい》の悪行に怒《いか》りの声を上げたのである。

創価の婦人部、女子部の皆さんもまた、悪に対《たい》し、勇気の声を響《ひび》かせてこられた。

偉大《いだい》な仏《ほとけ》への嫉妬《しっと》に狂《くる》った提婆は、女性にまで拳《こぶし》をあげた。提婆が犯《おか》した「三逆罪《さんぎゃくざい》」の一つで、「阿羅漢《あらかん》を殺《ころ》す」とは、この正義の女性に暴力《ぼうりょく》を振《ふ》るい、死に至《いた》らしめた極悪非道《ごくあくひどう》の大罪《たいざい》なのである。提婆達多が正義の女性に向けた報復《ほうふく》は、問答無用《もんどうむよう》の暴力であった。

まことに重大《じゅうだい》な教訓《きょうくん》である。

絶対《ぜったい》に、婦人部、女子部の皆さんを、いかなる暴力《ぼうりょく》からも断固《だんこ》として護《まも》りぬかねばならない。ここに、青年部時代からの私の決心《けっしん》もあった。

御聖訓《ごせいくん》に説《と》かれる「三類《さんるい》の強敵《ごうてき》」は、すべて一身《いっしん》に受けきって、同志、なかんずく婦人部、女子部の方々が傷《きず》つくようなことがあってはならない。これが私と妻の祈《いの》りであり、厳《げん》とした誓願《せいがん》であり、戦いであった。

現在、世界各地に、SGIの研修《けんしゅう》センターや広大《こうだい》な庭園《ていえん》が、立派《りっぱ》に建設《けんせつ》されている。「婦人部の皆さんのお子さんたちや、皆さん自身が将来、悠々《ゆうゆう》たる境涯《きょうがい》で、行けるように」と、私は世界中に手を打ってきた。

いよいよ若々しく、ともどもに歩《あゆ》みぬいてまいりたい。

偉大《いだい》なる
　母の勝利は
　　佛《ほとけ》かな

## 女子部が輝《かがや》けば未来が輝く

心強き女性は太陽である。輝く一人《ひとり》の女性がいれば、周囲《しゅうい》も、どれだけ明るくなるか。生き生きとした喜《よろこ》びと慈愛《じあい》の光《ひかり》が広がることか。

広宣流布の未来を照《て》らす女性の使命は、あまりにも大きい。

戸田先生は婦人部、女子部を大切にされ、自《みずか》ら徹《てっ》して薫陶《くんとう》された。

私もまた全力を挙《あ》げてきた。今の婦人部の中枢《ちゅうすう》は、私が、女子部時代から指導と激励《げきれい》を重《かさ》ねてきたリーダーである。

女子部の皆さんも、婦人部の先輩《せんぱい》とともに、新しい友情の春風を、幸福の花園《はなぞの》を、地域へ世界へと広げていっていただきたい。

新時代をリードする女子部の前進、おめでとう！

かぎりない希望のスクラムの拡大《かくだい》も、本当にうれしい。

青年が大勢《おおぜい》いる。これが学会の一番の強《つよ》みだ。一番の誇《ほこ》りである。

男子部の使命と責任《せきにん》が大きいのはもちろんだが、なによりの強《つよ》みは女子部が多いことだ。一家においても、「息子《むすこ》よりも娘のほうが、かわいい」という人がいた。（笑い）心一つに団結《だんけつ》し、最高にすばらしい女子部の黄金《おうごん》時代を、晴ればれと築《きず》いていただきたい。女子部の皆さんは、将来、婦人部になり、それぞれ、大切な立場《たちば》で活躍《かつやく》されるだろう。また、活躍してもらいたい。今や学会の婦人部には日本と中国をはじめ、全世界に友好《ゆうこう》の橋をかけゆく、女性の一大平和勢力《せいりょく》として、大いなる期待《きたい》が寄《よ》せられている。そのことを、誇《ほこ》り高く、胸に刻《きざ》んでいただきたい。

有名なカナダの女性作家《さっか》モンゴメリの作品《さくひん》には、朗《ほが》らかな『赤毛《あかげ》のアン』シリーズと並《なら》んで、『エミリー』という名作がある。今も世界各国で愛読する人が多い。若くして父母を失《うしな》った乙女《おとめ》エミリーが、健気《けなげ》に、毅然《きぜん》と、たくましく成長してゆく青春の物語《ものがたり》である。

そのなかに、余命《よめい》いくばくもない最愛《さいあい》の父が、あとに一人残《ひとりのこ》される娘エミリーに、強く深く語った励《はげ》ましがある。それは、〝恐《おそ》れてはならない〟ということであった。

「おまえはなにも恐れることはない」*

「宇宙《うちゅう》は愛に満《み》ちている——どこにでも春はやってくる」＊

「生きていくことで、おまえはなにかを手に入れる——お父さんにはそれがわかる。恐《おそ》れることなく、そのなにかに向かって歩《ある》いていきなさい、いいね」＊

父母亡《な》きあと、孤独《こどく》な境遇《きょうぐう》となった乙女《おとめ》エミリーには、人々の冷酷《れいこく》な仕打《しう》ちが待ち受けていた。しかし彼女は、打ち続く試練《しれん》にも、父との約束《やくそく》——〝勇気をもつ〟ことを忘《わす》れないで、頭《こうべ》を上げて、懸命《けんめい》に立ち向かっていった。

ある時、亡き父が貧《まず》しかったことを侮辱《ぶじょく》された。エミリーは、きっぱりと反論《はんろん》した。

「だけどね、お金がなくても、人は裕福《ゆうふく》になれるの」＊

その通りであった。彼女は、父たちから、すばらしい最高の宝《たから》を受け継《つ》いでいたのである。それは、「戦う力《ちから》——耐《た》える力——思いやる力——深く愛する力——喜《よろこ》びを見いだす力——そして、最後までがんばりぬく力」＊であった。

まさに、「精神の宝」に勝《まさ》るものはない。胸中《きょうちゅう》に「精神の宝」を抱《いだ》く人生は、いかなる境遇《きょうぐう》にあっても、必《かなら》ず光《ひか》っていくものだ。

もとより次元《じげん》は異《こと》なるが、日蓮大聖人は仰《おお》せになられた。

「日蓮は、世間《せけん》から見れば日本第一の貧《まず》しい者であるけれども、仏法をもって論《ろん》ずれば世界第一の富《と》める者である」（御書九八八ジペー、通解）

「心は、法華経を信ずるがゆえに、梵天《ぼんてん》・帝釈《たいしやく》をも、恐《おそ》ろしいとは思わない」（御書九五八ジペー、通解）

エミリーには信頼《しんらい》で結《むす》ばれた友や味方《みかた》が、しだいに増《ふ》えていった。

そして「あたしは、自分の歴史をつくりたいわ」*「わくわくするような人生を送《おく》りたいの」*と、朗《ほが》らかに進んでいったのである。

この乙女《おとめ》は、良き教育者の励《はげ》ましを受け、〝高い使命の丘《おか》〟に向かって、険《けわ》しい坂道《さかみち》を勇《いさ》んでのぼり始める。

「のぼることがきみの使命なら、のぼらなくてはならない。世《よ》の中には高い丘へ目を向けなければならない人がいるものだ」*「続けるんだ。のぼるんだ！」*

女子部の皆さん方には、自分で考えている以上の、誇《ほこ》り高き使命がある。計《はか》り知《し》れない福運がある。何があっても、大宇宙《だいうちゆう》の根本《こんぽん》の法則《ほうそく》である妙法《みようほう》を朗々《ろうろう》と唱《とな》えぬきながら、幸福勝利の大地である学会の庭で、自分らしく、悔《く》いのない青春の花を、思《おも》う存分《ぞんぶん》に咲《さ》かせきっていっていただきたい。

それが必《かなら》ずや、父母も喜《よろこ》んでくださる、一家眷属《けんぞく》の「所願満足《しょがんまんぞく》」の大境涯《だいきょうがい》を永遠《えいえん》に開いていくからである。

## 青年の心に励《はげ》ましの光《ひかり》を

母の心ほど深いものはない。母の心ほど温《あたた》かいものはない。

尊貴《そんき》なる
　母の前には
　　誰人《たれびと》も
慈愛《じあい》の心に
　安息《あんそく》　見つけむ

中国の明代《みんだい》の短編《たんぺん》小説集『喩世明言《ゆせいめいげん》』に、こういう一節《いっせつ》がある。

「水は、揺《ゆ》らさないと波《なみ》は立たない。人は、激励《げきれい》をされないと奮《ふる》い立《た》たない」*

大事なのは、励《はげ》ましである。母鳥《ははどり》の翼《つばさ》の下から若鳥《わかどり》が巣立《すだ》っていくように、慈愛《じあい》の婦人部に背中《せなか》を押《お》されてこそ、無数《むすう》の青年たちは威風《いふう》も堂々《どうどう》と羽《は》ばたいていくのである。

大聖人は、妙《みょう》の功徳《くどく》について言及《げんきゅう》され、「たとえば、秋冬に枯《か》れてしまった草木《そうもく》が、春夏の太陽にあって、枝《えだ》や葉《は》を茂《しげ》らせ、花や実《み》をつけるようなものである」（御書九四四ジペー、通解）と教《おし》えられている。

妙法《みょうほう》という春夏の太陽にめぐりあって、無上道《むじょうどう》を求《もと》める心の花が咲《さ》く。そして一生成《いっしょうじょう》仏《ぶつ》という生命の最高の結実《けつじつ》がもたらされていく。これほど偉大《いだい》な妙法を、われわれは持《たも》っているのである。

この妙法を唱《とな》えに唱え、青年の心に励ましの光《ひかり》を注《そそ》ぎゆかれる婦人部の皆さま方の戦いほど、気高《けだか》いものはない。皆さまありて、蘇生《そせい》のドラマは爛漫《らんまん》と咲き薫《かお》っている。

「摩訶波闍波提比丘尼《まかはじゃはだいびくに》」は、仏教最初の女性修行者《しゅぎょうしゃ》である。釈尊《しゃくそん》の養母《ようぼ》でもあった。この母に、釈尊は法華経で「一切衆生喜見如来《いっさいしゅじょうきけんにょらい》」(一切衆生喜見仏《ぶつ》)として、未来の成仏《じょうぶつ》の記別《きべつ》を与《あた》えられた。「一切衆生が喜《よろこ》んで見る仏《ほとけ》」との名前を授《さず》けられたのである。

日蓮大聖人は、この「一切衆生が喜んで見る仏」という名前に値《あたい》するのは貴女《あなた》ですよ(御書一四二〇ジ、趣意)——と、健気《けなげ》な無名《むめい》の母に述《の》べられた。

彼女は、夫《おっと》に先立《さきだ》たれて、頼《たよ》れる後ろ盾《うしろだて》もなかった。皆から悪口罵詈《あっくめり》もされた。そのなかを、名聞名利《みょうもんみょうり》など眼中《がんちゅう》になく、師《し》の仰《おお》せを違《たが》えず、命《いのち》をかけて妙法《みょうほう》に生きぬいた女性であった。

この母を見れば、あらゆる人が歓喜《かんき》する。この母に会えば、あらゆる人が元気になる。この母と語れば、いつでもどこでも、平和と希望と勇気の笑顔《えがお》がはじける——。

まさしく最《もっと》も地道《じみち》で、最も苦労しながら、広宣流布の最前線《さいぜんせん》で戦う創価の母たちこそ、「すべての人が喜んで仰《あお》ぎ見《み》る仏」の名《な》にふさわしい。

この尊《とうと》き婦人たちに対《たい》して、自分の下に見たり、傲慢《ごうまん》な態度《たいど》をとったり、生意気《なまいき》な姿《すがた》で接《せっ》しゆく幹部は、学会の幹部ではない。「魔《ま》」の存在である。断《だん》じて仏罰《ぶつばち》を受ける。

賢明《けんめい》な婦人部の方々から見れば、そのような威張《いば》りくさった幹部は、哀《あわ》れな畜生《ちくしょう》に映《うつ》っても仕方《しかた》がない。

誰人《たれびと》たりといえども、婦人部から信頼《しんらい》される一人《ひと》ひとりにならなければ、尊《とうと》き仏法を広めゆく幹部の資格《しかく》はまったくない。

「平等大慧《びょうどうだいえ》」「異体同心《いたいどうしん》」――この姿《すがた》こそが、学会の実相《じっそう》であらねばならない。

ともあれ、二十一世紀を「生命尊厳《そんげん》の世紀」へと開きゆかれる、広布の母たちの「生きる喜《よろこ》び」に満《み》ちた仲良《なかよ》き前進に、心ある世界の識者《しきしゃ》たちは、感謝の最敬礼《さいけいれい》を送《おく》り始めている。

「正義」と「和楽《わらく》」の朗《ほが》らかな明るい婦人部の大行進《だいこうしん》が、人類の万雷《ばんらい》の大喝采《だいかっさい》に包《つつ》まれゆく時代が、いよいよ到来《とうらい》したのである。

## 異体同心で朗らかに前進

創価の母たちの福徳《ふくとく》は、三世《さんぜ》永遠《えいえん》にして、無量無辺《むりょうむへん》である。

厳寒《げんかん》の
彼方《かなた》に春の
花咲《さ》かむ
三世《さんぜ》の生命《いのち》は
満開《まんかい》なるかな

賢明《けんめい》な「地涌《じゆ》の菩薩《ぼさつ》」である婦人部は、今や、全日本に、いな全世界に誇《ほこ》る、希望と幸福の大連帯《だいれんたい》となった。

日本の広宣流布も、世界の広宣流布も、盤石《ばんじやく》な土台《どだい》ができあがった。

その地道《じみち》にして、尊《とうと》い礎《いしずえ》になってくださっているのが、婦人部の皆さま方であられる。

大切な婦人部の皆さま方のご健康とご長寿《ちょうじゅ》、そして勝利と幸福を、日蓮大聖人は厳然《げんぜん》と守護《しゅご》し、讃嘆《さんたん》してくださるであろう。

私たち男性も、婦人部、そして女子部を、さらに守り讃《たた》えて、ともどもに異体同心《いたいどうしん》の前進を、朗《ほが》らかな前進を、勝利のための前進を、幸福のための前進をしていくことを、晴ればれと誓《ちか》い合って、きょうのスピーチを終わらせていただきたい。

長時間、ありがとう。どうか、お元気で！

私と心一つに勝ち進もう！

（東京・信濃文化センター）

婦人部・女子部最高協議会

# 母は勝利の太陽！

二〇〇九年二月十八日

## 今こそ広布の地盤《じばん》を広げよ

お忙《いそが》しいなか、また寒《さむ》いなか、ご苦労さま！

きょうは、全国の婦人部のリーダー、東京、埼玉、千葉、神奈川、そして関東、東海道の婦人部の代表が集《つど》っておられる。皆さま方をはじめ、わが使命の天地を駆《か》けめぐる、尊《とうと》き同志のご活躍《かつやく》の様子《ようす》は、すべてうかがっている。いつも、本当にありがとう！

さらに、女子部、女子学生部の代表も参加されている。

今、全国各地で「青年・勝利座談会《ざだんかい》」が活発《かつぱつ》に行《おこな》われている。青年が原動力《げんどうりよく》となり、全員が「青年の心」で進みゆく創価家族の姿《すがた》こそ、わが地域の希望の光《ひかり》だ。烈風《れつぷう》が吹《ふ》き荒《あ》れるような社会の状況《じようきよう》である。しかし、大変な時の戦いだからこそ、大きく成長できる。広宣流布の地盤《じばん》は、さらに強固《きようこ》になり、信頼《しんらい》が広がる——そう深く決意して、前進していただきたい。

全国、そして全世界の婦人部・女子部の皆さま方の尊《とうと》きご健闘《けんとう》を心から讃《たた》えつつ、記念の句《く》を贈《おく》りたい。

春　近し
寒風《かんぷう》　涼《すず》しく
梅《うめ》　笑顔《えがお》

近代看護《きんだいかんご》の母ナイチンゲールは綴《つづ》った。

「正義は常《つね》に幸福であり、幸福に至《いた》る道なのです」*

広宣流布という「正義の中の正義」の道を生きゆく皆さま方の人生ほど、誇《ほこ》り高く、幸福なものはない。しかも、それは、今世《こんぜ》のみの幸福ではない。妙法《みょうほう》という宇宙《うちゅう》の大法則《だいほうそく》とともに、どこまでも向上《こうじょう》しゆく、永遠不滅《えいえんふめつ》の「常楽我浄《じょうらくがじょう》」の道なのである。

ナイチンゲールは、こうも記《しる》した。

「世界は私たちが形づくるものであり、そこから逃避《とうひ》するものではないのです」＊

苦悩渦巻《くのううずま》く現実の社会から、逃《に》げるのではない。嘆《なげ》くのでもない。たゆまざる挑戦《ちょうせん》と行動によって、自《みずか》らが、日々、新《あら》たな世界を築《きず》き上《あ》げていくのだ。

御聖訓《ごせいくん》には「心の一法《いっぽう》より国土《こくど》世《せ》間《けん》も出来《しゅったい》する事《こと》なり」（御書五六三ページ）と仰《おお》せである。

大事なのは「心」である。戦う「魂《たましい》」だ。そこから、すべての変革《へんかく》が始まる。

今、この時を戦い、開いていく。使命あるわが人生を勝ち飾《かざ》っていく。そのための信心なのである。私は、創価の太陽の母たち、広布の華《はな》の乙女《おとめ》たちの、清《きよ》らかな、そして強き祈《いの》りから、希望と勝利の大建設《だいけんせつ》は始まると申し上げたい。

いよいよ、これからが広宣流布の総仕上《そうしあ》げの時である。

学会本部周辺《しゅうへん》の建物《たてもの》の建設も、順調《じゅんちょう》に進んでいる。

全同志のため、そして未来のために、盤石《ばんじやく》な土台《どだい》をつくりあげておきたい。私は、その決意で真剣に指揮《しき》を執《と》っている。

学会の発展のため、友のために、これまでどれほど心を砕《くだ》いてきたか。陰《かげ》で学会を支《ささ》えてくださっている方々が少しでも元気になり、喜《よろこ》び勇《いさ》んで戦えるよう、激励《げきれい》を贈《おく》ってきた。

こまかいことまで気を配《くば》り、「ここまで」と相手《あいて》が驚《おどろ》くほど、手を尽《つ》くして、一人《ひとり》ひとりを励《はげ》ましてきた。全世界に、ありとあらゆる手を打ってきた。まさに生命を削《けず》っての一日一日の闘争《とうそう》だった。友のために「頭」を使《つか》い、「心」を使う。それが真実の指導者である。無慈悲《むじひ》であってはいけない。リーダーは、深き包容力《ほうようりょく》を持たねばならない。

これは師匠《ししょう》・戸田先生の指導である。私は、その通りに実践《じっせん》している。

## 師弟《してい》の道をまっすぐに

私は、師匠に徹《てっ》してお仕《つか》えした。

戸田先生がおられるからこそ、広宣流布は実現《じつげん》できる。全同志が、幸福の道を歩《あゆ》むことができる。師匠《ししょう》を護《まも》ることが学会を護ることであり、広宣流布を進めることである。私は、そう深く確信《かくしん》していた。

戸田先生の教《おし》えに背《そむ》き、反逆《はんぎゃく》していった人間は、この一点がわからなかった。要《よう》するに「自分が偉《えら》い」と慢心《まんしん》を起《お》こし、師匠から離《はな》れていってしまったのである。

私は今、未来を見据《みす》えて、万年《まんねん》の発展への道を築《きず》いている。永遠《えいえん》に学会が伸《の》びていけるように、人知《ひとし》れず手を打っている。どうかリーダーの皆さまは、広宣流布へ向かって、心を一つにして進んでいただきたい。師弟《してい》の道を、まっすぐに歩みぬいていただきたい。

大事なのは「行動」である。私は、戸田先生のために命《いのち》をかけて戦いぬいた。先生を護りぬいた。師匠に仇《あだ》をなす人間とは、言論《げんろん》で徹底的《てっていてき》に戦った。自分が偉《えら》くなろうとか、幸《しあわ》せになろうとか、そんなことは、まったく考えなかった。

仏法の根幹《こんかん》は「報恩《ほうおん》」である。先生のために戦いきって死んでいこう。師匠の大恩《だいおん》に報《むく》いるのだ。その思いで戦った。そして現実の上で、私は広宣流布を進めた。学会を発展させた。明確《めいかく》な「実証《じつしょう》」を示《しめ》した。

「大作、お前がいてくれて私はうれしい」「本物《ほんもの》の弟子《でし》をもって、私は幸《しあわ》せだった」――亡《な》くなる前に、先生は、こう語ってくださった。私の永遠《えいえん》の誇《ほこ》りである。

師匠《ししょう》が不当《ふとう》に罵《ののし》られ、中傷《ちゅうしょう》されても、何《なん》の反論《はんろん》もできない。そんな情《なさ》けない弟子であってはならない。私は、この決意で走りぬいてきた。

仏法は厳《きび》しい。絶対《ぜったい》の法則《ほうそく》だ。本当に真剣に戦っている人には、無量無辺《むりょうむへん》の功徳《くどく》がある。御聖訓《ごせいくん》には「身はをちねども心をち」（御書一一八一ページ）と仰《おお》せである。外見《がいけん》は立派《りっぱ》に信心しているようであっても、心が堕落《だらく》してしまえば敗北《はいぼく》である。

リーダーが率先《そっせん》して広布の最前線《さいぜんせん》に飛《と》び込《こ》み、同志と一緒《いっしょ》に泥《どろ》まみれになって戦っていく。これが学会精神である。

## なぜ学会は発展したのか――『人生問答《もんどう》』から

年頭《ねんとう》から、私は小説『新・人間革命』の中で、松下電器産業《まつしたでんきさんぎょう》（現パナソニック）の創業者《そうぎょうしゃ》・

松下幸之助《まつしたこうのすけ》氏（一八九四〜一九八九年）との交流《こうりゅう》の思い出を綴《つづ》らせていただいた。まことに懐《なつ》かしい、そして忘《わす》れ得《え》ぬ、人生の大先輩《だいせんぱい》である。

厳《きび》しい経済不況《けいざいふきょう》の今だからこそ、大実業家《だいじつぎょうか》である松下氏の信念と哲学《てつがく》から学ぶべきことは多い。松下氏とともに発刊《はっかん》した往復書簡集《おうふくしょかんしゅう》『人生問答《もんどう》』は、中国語などにも翻訳《ほんやく》され、各国の若き経営者《けいえいしゃ》からも、反響《はんきょう》をいただいている。

この『人生問答』のなかで、松下氏から鋭《するど》く質問《しつもん》されたことがある。

それは――創価学会の急速《きゅうそく》な拡大《かくだい》には、まことに目を見張《みは》るものがある。武力《ぶりょく》も権力《けんりょく》も用《もち》いずして、これほどの偉大《いだい》な発展を遂《と》げた例《れい》は、過去の歴史において、いかなる団体にも見なかった。学会の発展の要因《よういん》は、いったい、どこにあるのか、という問《と》いかけであった。裸一貫《はだかいっかん》で自《みずか》ら会社を興《おこ》し、若き日より、苦労に苦労を重《かさ》ね、世界に冠《かん》たる大企業《だいきぎょう》を築《きず》き上《あ》げられた〝経営の神様《かみさま》〟からの質問である。

私は、大きく四つの観点《かんてん》から率直《そっちょく》に語らせていただいた。

第一は、「日蓮仏法を、正しく現代に生きた実践哲理《じっせんてつり》として展開《てんかい》してきた」ことである。いかに優《すぐ》れた哲理、宗教であっても、時代性、社会性を無視《むし》して、教条的《きょうじょうてき》、独善的《どくぜんてき》に用いたならば、大きな潮流《ちょうりゅう》を起《お》こすことはできない。大切なのは、仏法を「生きた哲学《てつがく》」として現代社会に展開《てんかい》していくことである。

第二に、「学会は庶民《しょみん》に根差《ねざ》し、庶民から出発した団体である」ことである。庶民の一人《ひとり》ひとりが、正しき信仰《しんこう》によって目覚《めざ》め、人間革命《にんげんかくめい》、生活革命、家庭革命を成《な》し遂《と》げ、見事《みごと》な実証《じつしょう》を示《しめ》してきた。

第三に、「学会員が自《みずか》らの体験と実証をもとにして、他の人々に働《はたら》きかけるという『自《じ》行化他《ぎょうけた》』の実践《じっせん》をたゆみなく続けてきた」ことである。

信仰によって確《たし》かな実証を得《え》たならば、隣人《りんじん》にも、友人にも、教《おし》え伝えていくことこそが、人間として本然《ほんねん》の振《ふ》る舞《ま》いである。利他《りた》こそ、宗教の生命といってよい。民衆《みんしゅう》が自発的《じはってき》に布教《ふきょう》に立ち上がり、歓喜《かんき》に燃《も》えて折伏《しゃくぶく》を行《おこな》ってきたことが、学会を興隆《こうりゅう》させてきたのである。

第四に、「戸田先生という卓越《たくえつ》した指導者を得た」ことである。

戸田先生という師匠《ししょう》がいなければ、学会の発展は、まったくあり得なかったといってよい。この稀有《けう》の師匠の指導通りに、師弟《してい》の道をまっすぐに歩《あゆ》み通してきたからこそ、学会は奇跡《きせき》と言われる大前進を遂《と》げたのである。

こうした点については、松下氏《まつした》も深く納得《なっとく》してくださった。

これからも、この基本《きほん》を大切にするならば、学会は勝ち進んでいくことができる。

すなわち、要約《ようやく》すれば——

①「社会へ正しく展開《てんかい》する」

②「庶民《しょみん》の大地に根を張《は》る」

③「他者《たしゃ》へ生き生きと語る」

④「師弟《してい》の道を貫《つらぬ》き通す」となる。

忘《わす》れてならないのは、この四点のいずれも、最《もっと》も真剣に実践《じっせん》しぬいてこられたのは、婦人部・女子部の皆さま方だということである。

ゆえに私は、この四点に加《くわ》えて、「偉大《いだい》なる女性のスクラムを大切にする」ことをあらためて強調《きょうちょう》しておきたい。

婦人部・女子部の活躍《かつやく》こそが、学会の大発展を成《な》し遂げた。そして、これからも、大発展を成《な》し遂《と》げていく最重要《さいじゅうよう》の力《ちから》である。

フランスの歴史家ミシュレは、『フランス革命史《かくめいし》』の中で、「女性は巨大《きょだい》な、真《しん》に不敗《ふはい》の力だ」＊と洞察《どうさつ》した。

歴史家の眼《め》は鋭《するど》い。本当に、女性の存在は偉大《いだい》である。

創価学会も、信心強き女性の力で勝ってきた。

地位とか肩書《かたがき》とかで威張《いば》って、人にやらせるだけで、自分は何《なん》の苦労もしない――そういう男性にかぎって、いざという時は臆病《おくびょう》だ。何もできはしない。

大事なのは、女性である。特別《とくべつ》な権威《けんい》とか権力《けんりょく》を持っているわけではない、平凡《へいぼん》な一庶《いちしょ》民《みん》の婦人たちが、師弟《してい》の心で、不惜《ふしゃく》の命《いのち》で、懸命《けんめい》に戦いぬいてくださったから、学会は伸《の》びてきたのだ。

広宣流布は、女性で決まる。この尊《とうと》き女性をいじめるような人間や組織は、いずれ、必《かなら》ずダメになる。現実に戦ってくださる方を大事にしなければ、発展するはずはない。

ともあれ、婦人部・女子部を、これまで以上に尊重《そんちょう》し、大切にしていく。ここにこそ、これからの学会の拡大《かくだい》と勝利の鍵《かぎ》があることを強く訴《うった》えておきたい。

## エマソンの母に学ぶ――ワイダー対談

私は今、アメリカの名高《なだか》い「エマソン協会《きょうかい》」の前会長で、詩人として活躍《かつやく》されるサーラ・ワイダー博士との対談を進めている。（月刊誌「パンプキン」潮出版社、二〇〇九年十一月号から連載開始《れんさいかいし》）

博士との対談では、アメリカ・ルネサンスの旗手《きしゅ》エマソン（一八〇三～八二年）、そして、その思想《しそう》に大いなる影響《えいきょう》を与《あた》えた偉大《いだい》な女性たち――エマソンの母やおばなどに光《ひかり》を当てながら、文学論から教育論まで、幅広《はばひろ》く語り合っている。

この対談では、エマソンの母ルースが、子どもたちを育《そだ》てるために、どれほど心を砕《くだ》き、苦労したかも話題《わだい》になった。

エマソンが八歳の年に、父親が亡《な》くなった。母は、残《のこ》された子どもたちを、女手《おんなで》一つで育て上げていった。家計《かけい》はつねに苦《くる》しく、食べる物も、着《き》る物も十分《じゅうぶん》になかった。子どもたちは、一着《いっちゃく》のコートを、代《か》わる代《が》わるに着たという。しかし、母は決《けっ》してくじけなかった。経済苦《けいざいく》を乗《の》り越《こ》えながら、子どもたちの教育に熱心《ねっしん》に取《と》り組《く》んだ。エマソンをはじめ四人の子どもたちは、ハーバード大学へ進学《しんがく》した。

私には、苦労に苦労を重《かさ》ねながら、わが子を、創価学園や創価大学へ送《おく》り出《だ》してくださっているお母さん方とも重なり合って、胸に迫《せま》ってくる。

母親のルースが、子どもたちを、いかに愛情豊《ゆた》かに、そして聡明《そうめい》に育《そだ》て上《あ》げていったか――ワイダー博士は、その尊《とうと》き姿《すがた》の一端《いったん》を、紹介《しょうかい》しておられた。

「若き日のエマソンの心に刻《きざ》まれたのは、多忙《たぼう》ななかでも、つねに読書をしている母親の姿でした。彼女は、毎日、時間を割《さ》いては、重要《じゅうよう》と思われる書物《しょもつ》を読んでいたのです。

エマソンも、他の子どもたちも、皆、その姿を尊敬《そんけい》していました。彼女のこの姿から、エマソン自身も生涯《しょうがい》にわたる読書の習慣《しゅうかん》を身につけていったのです」

母の模範《もはん》の姿が、無言《むごん》のうちに、子どもたちに、学ぶことの尊さと喜《よろこ》びを教《おし》えていったというのである。

その意味から、わが婦人部の皆さまが忙《いそが》しい活動のなかで、時間を見つけては、御書をひもとく。「聖教新聞」を開く。世界との対話を学ぶ――。そうした姿が、どれほど重要な人間教育の力《ちから》となっているか。

創価の女性は、活字《かつじ》文化を興隆《こうりゅう》させゆく、みずみずしい推進力《すいしんりょく》でもある。


ところで、ワイダー博士は、ご自身が教壇《きょうだん》に立たれる名門《めいもん》コルゲート大学での授業《じゅぎょう》で、私の詩を教材《きょうざい》に取り上げてくださっている。

博士は、私が詠《よ》んだ母についての詩に、深い共感《きょうかん》の声を寄《よ》せてくださった。

「〝母は太陽〟であるという池田博士の詩の表現《ひょうげん》は、私の心を高揚《こうよう》させてくれる、とても、うれしいものです。

なぜなら、西洋《せいよう》では、女性はよく〝月〟に譬《たと》えられるからです。〝月〟は美しくて、私も好きですが、どこか〝依存《いそん》〟というイメージを伴《ともな》います。ですから、池田博士が、女性を〝太陽〟に譬《たと》え、母親を〝太陽〟に譬えられたことが、私はとても、うれしいのです。

母親は、子どもにとって〝光《ひかり》〟を投《な》げかけ、温《あたた》かさをもたらす存在です。子どもたちが育《そだ》ち、自分たちの人生を歩《あゆ》んでいくとき、母親こそ彼らに光を注《そそ》ぐ、まさに〝太陽〟の存在なのです。

子どもたちが、それぞれの人生で前進できるよう〝陽光《ようこう》〟で照《て》らすのが母親です。そして事実《じじつ》、太陽こそ、この地上のあらゆる生命の源泉《げんせん》なのです」

私自身のことにもなって恐縮《きょうしゅく》だが、地域の、また、一家の太陽と輝《かがや》くお母さんたちへの大いなる期待《きたい》として、紹介《しょうかい》させていただいた。

## 「母は熱意《ねつい》あふれる人」

ワイダー博士は、ご自身の亡《な》きお母さまを、ことのほか敬愛《けいあい》しておられる。

そのお母さまが残《のこ》された教《おし》えを、博士は、こう語っておられた。

「私の母は、熱意あふれる人でした。エマソンの『いまだかつて、熱意なしに成《な》し遂《と》げられた偉業《いぎょう》はない』との言葉《ことば》を、まさに身をもって実践《じっせん》した人でした」

「私が母を深く尊敬《そんけい》する理由《りゆう》の一つは、母が〝この世《よ》の中で、どんなことを行《おこな》い、どんな職業《しょくぎょう》に就《つ》くにせよ、人々に良い影響《えいきょう》を与《あた》えなければならない〟という信念を持っていたことです。これは、一人《ひとり》の教師《きょうし》として、また一人の親として、私の大切な考え方になっています」

そして博士は、お母さまから学ばれた、ご自身の哲学《てつがく》に照《て》らして、「人と人を結《むす》びつけ、多くの人々に励《はげ》ましを贈《おく》り続けておられる創価学会の婦人部の皆さんは、本当にすばらしいですね」と、高く評価《ひょうか》されているのである。

〈なおワイダー博士から、次のような祝福《しゅくふく》の声が寄《よ》せられた。

「このたびの奥様のお誕生日を、心より、お祝《いわ》い申し上げます。

私は、二〇〇六年の七月三日、池田博士と奥様にお会いする栄誉《えいよ》をいただきました。

博士と奥様は、共に戦う同志として、私の前に立っておられました。

その時、〝奥様は、池田博士と共に、長年《ながねん》にわたり、平和のために献身《けんしん》してこられたのだ。いつも博士と共に、おられたのだ〟との感慨《かんがい》がわいてきました。そして、お二人《ふたり》のお姿《すがた》を拝見《はいけん》し、〝人生の真《しん》の意義《いぎ》は、こうした関係の中にこそあるのだ〟と私は悟《さと》ったのです。

さらにまた、〝お二人は、それぞれの特質《とくしつ》を、いかんなく発揮《はっき》されながら、瞬間瞬間《しゅんかんしゅんかん》を支《ささ》え合って生きておられるのだ〟と、実感《じっかん》したのです」〉

なお、対談のなかで、ワイダー博士は、小さなお子さんを育《そだ》てる若いお母さん方にも、ご自身の子育ての体験から、心からのエール（声援《せいえん》）を送《おく》っておられる。

「お母さん方に対《たい》して、励《はげ》ましが必要《ひつよう》です。子育《こそだ》ては、どれほど心身《しんしん》を消耗《しょうもう》するものか。それを、私は、よく知っているからです」

「アメリカにも、他の国々にも当てはまることですが、母親たちは、あまりにも完璧《かんぺき》さを求《もと》められています」

「しかし、子どもたちが心に留《と》めるのは、母親が注《そそ》いでくれた愛情、払《はら》ってくれた心遣《こころづか》い、そして何をしてくれたかです。

時には母親として、『ああ、私は忍耐《にんたい》が足《た》りなかった、もっと我慢《がまん》してやればよかった』と思うこともあるでしょう。でも、それでよいのです」

ともあれ、日々、奔走《ほんそう》するヤング・ミセスの皆さま方に、私と妻からも、「自分で自分を励ましながら、朗《ほが》らかに、ともかく朗らかに前進を！」とエールを送《おく》りたい。

## 女子部よ、広布の華《はな》と咲《さ》け

もうすぐ希望の春が来る。わが人生の喜《よろこ》びの春へ、輝《かがや》く勝利の創価の春へ、張《は》りきって進もう！

皆様の

幸福うたわむ

梅《うめ》の花

今、本部周辺《しゅうへん》でも、紅梅《こうばい》や白梅《はくばい》が、高貴《こうき》な香《かお》りを広げている。

女子部は広布の華《はな》である。妙法《みょうほう》の華である。

有名な御《ご》聖訓《せいくん》には、「我《われ》らの頭《こうべ》は妙《みょう》である。のどは法《ほう》である。胸は蓮《れん》である。腹《はら》は華《げ》である。足は経《きょう》である。この五尺《しゃく》の身が妙法蓮華経の五字の当体《とうたい》である」（御書七一六ジペー、通解）と、明快《めいかい》に仰《おお》せである。妙法蓮華経の意義《いぎ》は、幾重《いくえ》にも深い。

頭《あたま》を使《つか》うのだ。正義の勝利のために。仏縁《ぶつえん》を広げるために。

語るのだ。「声仏事《ぶつじ》を為《な》す」（御書七〇八ジペー）である。生き生きとした声で、同志を鼓舞《こぶ》していくのだ。

そして、心を尽《つ》くすのだ。心を使《つか》うのだ。皆が歓喜《かんき》にあふれて前進できるように。

また、法華経には、「因果倶時《いんがぐじ》」の法理《ほうり》が示《しめ》されている。その象徴《しょうちょう》が「蓮華《れんげ》」である。

ふつうは、花が散《ち》ってから実《み》がなる。しかし「蓮華と申す花は菓《み》と花と同時《どうじ》なり」(御書一五八〇ジペー)。花と実が同時に成長する。

広布のために祈《いの》り、戦う、今の一念《いちねん》の「因《いん》」に、幸福と勝利の「果《か》」は厳然《げんぜん》と輝《かがや》いているのである。ゆえに行動することだ。大目的《だいもくてき》のために。

歩《ある》くのだ。民衆《みんしゅう》のために。同志のもとへ、足を運《はこ》ぶのだ。

妙法《みょうほう》を唱《とな》え、弘《ひろ》めゆく人には、尊極《そんごく》の仏《ほとけ》の生命が涌現《ゆげん》する。尊《とうと》き皆さまこそが、妙法蓮華経の当体《とうたい》なのである。

華《はな》のごとく、わが人生を開き、華のごとく使命の大輪《たいりん》を咲《さ》き薫《かお》らせていただきたい。

## 「無《む》限《げん》に豊《ゆた》かな未来が若い皆さんの手に」

さて、三月三日「ひな祭《まつ》り」の日は、「大阪婦人部の日」でもある。

大阪・堺出身《さかいしゅっしん》の歌人《かじん》・与謝野晶子《よさのあきこ》が「ひな祭《まつ》り」について書いている。関東大震災《だいしんさい》の明《あ》くる年《とし》で、被災地《ひさいち》にはバラック（仮小屋《かりごや》）が建《た》ち並《なら》んでいた。

「雛祭《ひなまつり》の日が来ました。昔《むかし》からの習俗《しゅうぞく》の中でも、この遊《あそ》びは女の子のある家に今も行《おこな》われて、美くしくもあり、優《やさ》しくもあり、大人《おとな》の心までを柔《やわら》かにします」*

「東京や横浜では、今年はバラックの中でお雛様が祭られる事《こと》でしょう」*

「苦労を忘《わす》れると共に、新しく励《はげ》む元気を生むことになります」*

いかなる苦難《くなん》の嵐《あらし》の中にあっても、乙女《おとめ》の成長を願《ねが》うところ、そして、乙女が生き生きと成長するところには、明るさがある。笑顔《えがお》が広がる。

創価学会の希望は、はつらつたる女子部、女子学生部である。

池田華陽会《かようかい》の前進、ご苦労さま！

与謝野晶子は、青年を大事にし、青年の成長を願ってやまなかった。彼女は、自《みずか》らの誕生日を祝《いわ》ってくれた学生たちの真心《まごころ》に感謝しながら、こう書《か》き記《しる》している。

「学生達はすべて新しい人間の初花《はつはな》である。無限《むげん》に豊富《ほうふ》な未来が皆さんの手に握《にぎ》られている。私などの夢想《むそう》にも上《のぼ》し得《え》ない輝《かがや》く時代が皆さんに由《よ》って作られるであろう。私は今

日この機会《きかい》に自分を祝《いわ》わずに皆さんをお祝いする」＊

今の女子部、女子学生部の皆さん方が、創価学会の新しい常勝《じょうしょう》の時代を築《きず》いてくれることを、私も妻も深く確信《かくしん》している。

そしてまた、婦人部の方々も、私たち夫婦《ふうふ》と同じ心で、女子部を大切に大切に育《そだ》ててくれている。心から感謝申し上げたい。

若い心には、深き哲学《てつがく》が滋養《じよう》となる。創価大学には、レオナルド・ダ・ヴィンチやトルストイ、マリー・キュリーらの像《ぞう》とともに、「中央アジアのゲーテ」と讃《たた》えられるウズベキスタンの大詩人ナワイーの像が立っている。

ナワイーの英知《えいち》の言葉《ことば》に、こうあった。

「幸福とは、千の苦悩《くのう》で傷《きず》ついても、最後に精神と魂《たましい》の中に花を見いだす者のことである」＊

現実は、誰人《たれびと》であっても、苦悩との戦いである。断《だん》じて負《ま》けず、あきらめず、強く耐《た》えぬくところに、幸福の花は咲《さ》く。

ブラジルの女性の識者《しきしゃ》の信条《しんじょう》を思い出す。名門《めいもん》ロンドリーナ大学の総長として活躍《かつやく》された、パラナ州《しゅう》のプパト科学技術《ぎじゅつ》高等教育長官《ちょうかん》の言葉《ことば》である。〈SGI会長は二〇〇四年、ロンドリーナ大学の名誉博士号を受章《じゅしょう》〉

「冬には、植物《しょくぶつ》も、花や葉《は》のない姿《すがた》です。それは、自分が一番いい時期に、花を咲《さ》かせようと待っているのです。

人生も同じです。私たちも、自然《しぜん》をお手本《てほん》にして、自身に具《そな》わった力《ちから》と知恵《ちえ》を信じて、開花《かいか》させていくことが大切だと思います」

これが、天然《てんねん》の道理《どうり》であり、生命のリズムである。

決《けつ》して、あせることはない。じっくりと、「時」を創《つく》り、幸福と勝利を開花させていく。その究極《きゅうきょく》の力と智慧《ちえ》の源泉《げんせん》こそが、私どもの信仰《しんこう》である。

ブラジルでも、またアメリカでも、二月二十七日を「婦人部の日」として、誇《ほこ》りも高く前進されている。

ロシアの著名《ちょめい》な法華経研究者《けんきゅうしゃ》であるヴォロビヨヴァ＝デシャトフスカヤ博士は語ってお

られた。

「生活環境《かんきょう》は変わり、技術《ぎじゅつ》の時代、宇宙《うちゅう》の時代を迎《むか》えています。すべてが新しい。ただ人間の生《せい》だけは、『生老病死《しょうろうびょうし》』という変わらぬ法則《ほうそく》に従《したが》って流《なが》れていきます。法華経の力《ちから》を信じている人は、たとえ生活にどんな変化《へんか》が生《しょう》じても、人生を苦《くる》しみとは思いません。

人生がどんな困難《こんなん》や苦しみを人間に与《あた》えようとも、法華経の教《おし》えに従っていくならば、恐《おそ》れることなく、堂々《どうどう》と乗《の》り越《こ》えていけるのです」

妙法《みょうほう》という大法則に生きぬく人生に、不幸《ふこう》はない。悲嘆《ひたん》もない。敗北《はいぼく》もない。

私たちは、生老病死という人生の根本課題《こんぽんかだい》を、一つ一つ打開《だかい》し、「変毒為薬《へんどくいやく》」して、「常楽我浄《じょうらくがじょう》」の香風《こうふう》を広げながら、縁《えん》する人々と一緒《いっしょ》に、絶対的《ぜったいてき》幸福の軌道《きどう》を悠々《ゆうゆう》と進んでいけるのである。

私と妻は、全国、全世界の婦人部、女子部の皆さまの「健康和楽《わらく》」と「幸福勝利」の前進を、毎日、真剣に祈《いの》り続けている。

## 広布に生きる人を諸天《しょてん》は必《かなら》ず護《まも》る

きょうも戸田先生の指導に学びたい。先生はよく言われた。

「生活の上に、いろいろな試練《しれん》が出てきても、負《ま》けてはいけない。どんなことがあっても、それは『護法《ごほう》の功徳力《くどくりき》』によるものである。必ず全部、宿業《しゅくごう》が軽《かる》く転換《てんかん》できることは間違《まちが》いない」

また、健気《けなげ》に戦う同志を、こう励《はげ》ましてくださった。

「仏法の話をして、誰《だれ》も話を聞いてくれなかったとしても、諸天善神《しょてんぜんじん》が、聞いてくださっているよ。あなたを必ず護る」

広宣流布のために戦う善《よ》き人を、諸天善神は必ず守護《しゅご》する。

自分自身の生命には倶生神《くしょうしん》（人が生まれるときに倶《とも》に生《しょう》ずるとされる神《かみ》）がいる。つねに、その人自身の行動を見ている。信心の上の、どんな努力も、苦労も、天は見逃《みのが》さない。

広宣流布という、最極《さいごく》の正義に生きぬく皆さま方が、断《だん》じて護られないわけがない。

さらに戸田先生は言われた。

「広宣流布のために会い、勇敢《ゆうかん》に、誠実《せいじつ》に仏縁《ぶつえん》を結《むす》んだ人は、未来において、その人が必《かなら》ず自分の眷属《けんぞく》となり、諸天《しょてん》となって、自分を護《まも》り支《ささ》えてくれるようになるのだ」

「よき友、よき同志に守られた人生は、絶対《ぜったい》に負《ま》けない」

まったくその通りである。

また、自分自身が善知識《ぜんちしき》になっていかねばならない。

人に接《せっ》する時には、ツンとした、冷《つめ》たい態度《たいど》ではいけない。

焼《や》きもちを焼いてはいけない。信仰《しんこう》においても、人生においても、一番、気をつけるべきことである。

嫉妬《しっと》の人は伸《の》びない。妬《ねた》んでばかりの人とつきあっても、何《なん》の得《とく》もない。

ともあれ、同志を守ってこそ、リーダーだ。女性を尊重《そんちょう》してこそ、紳士《しんし》だ。多くの後輩《こうはい》を伸ばしてこそ、先輩《せんぱい》である。

それをはき違《ちが》えて、女性に対《たい》して威張《いば》る男性、若い人をいじめる幹部が、もしも将来、出たならば、心ある皆さんが、勇気をもって戦うのだ。

戸田先生は叫《さけ》ばれた。

「信仰《しんこう》の上に立って、目標《もくひょう》を完遂《かんすい》して、凡夫《ぼんぷ》に誉《ほ》められるのではなくて、たえず、仏様《ほとけさま》に誉められる境涯《きょうがい》になろうではありませんか」

この気概《きがい》で、胸を張《は》って進んでいきたい。

戸田先生は、私と妻に言《い》い残《のこ》された。

「学会員がいなければ、広宣流布はできない。大作と香峯子《かねこ》は、この尊《とうと》い仏様である学会員を、生命の続く限《かぎ》り護《まも》ってほしい」

私と妻は、このご指導通りに生きぬき、戦いぬいてきた。

また、「真剣に、そして雄々《おお》しく戦いゆく同志を、最大に励《はげ》まし護れ！」とも言われていた。

同志の幸福を、広布の前進を、真剣に祈《いの》り戦うことだ。その時、仏に等《ひと》しい力《ちから》が、自分自身の中から湧《わ》き起《お》こってくる。そして、自分自身も護られるのである。

反対《はんたい》に、この正道《せいどう》を踏《ふ》み外《はず》してしまえば、諸天善神《しょてんぜんじん》から見放《みはな》されてしまう。

戸田先生は厳《きび》しくおっしゃった。

「仏意仏勅《ぶついぶっちょく》の学会を私利私欲《しりしよく》のために利用したり、大恩《だいおん》ある学会を裏切《うらぎ》ったりした者は、必《かなら》ずや諸天から裁《さば》かれる」と。

自《みずか》ら決めた、尊《とうと》い誓願《せいがん》を、絶対《ぜったい》に裏切ってはならない。

仏法の世界は不思議《ふしぎ》である。因果《いんが》の理法《りほう》は厳しい。仏法の眼《まなこ》で見れば、すべてが明快《めいかい》である。

## リーダーは自ら苦労を

リーダーの心構《こころがま》えについて、少々《しょうしょう》申し上げておきたい。

広宣流布の前進において、無責任《むせきにん》で自分勝手《かって》な、人まかせの心があってはならない。

リーダー自身が苦《くる》しんでやり遂《と》げたものだけが、立派《りっぱ》に輝《かがや》くのだ。中心者が要領《ようりょう》を使《つか》い、楽《らく》をすれば、まわりも真似《まね》し始める。そうすると、広宣流布という民衆《みんしゅう》運動の〝本《ほん》体《たい》〟がなくなってしまう。〝格好《かっこう》〟だけは動いていても、〝中身《なかみ》〟が失《うしな》われる。

責任者《せきにんしゃ》が苦労し、悩《なや》む。ともに戦う同志に対《たい》して、「ありがとう」「ご苦労さま」「本当によくやってくれました」と、深く感謝し、ほめ讃《たた》える。そうした誠実《せいじつ》な振《ふ》る舞《ま》い、真剣な言葉《ことば》がなければ、温《あたた》かな、血の通《かよ》い合う世界ではなくなってしまう。

どれだけ戦っても、ほめられない。激励《げきれい》の一言《ひとこと》もない。そんなリーダーのもとでは、まるで〝機械《きかい》〟のように扱《あつか》われていると感じるかもしれない。

「人間」は、どこまでも「人間」である。皆、等《ひと》しく尊貴《そんき》であり、かけがえのない使命がある。これを決《けっ》して忘《わす》れてはならない。細《こま》かいことのように聞こえるかも知れないが、指導者の一分《いちぶん》の隙《すき》、わずかな傲慢《ごうまん》が、知らずしらずのうちに、尊《とうと》い和合《わごう》を壊《こわ》していってしまう。未来のために、あえて申し上げておきたい。

ともあれ、責任ある立場《たちば》にありながら、自分自身が苦労を避《さ》ける指導者は、最低であり、危険《きけん》である。人をうまく利用して、自分はいい子になって、疲《つか》れないようにする。それで人材が育《そだ》つはずがない。

トップが自覚《じかく》し、責任を持たなかったら、組織は崩《くず》れる。それが方程式《ほうていしき》である。

戸田先生は、幹部に対《たい》して厳《きび》しく言われた。

「広宣流布を進める創価の師弟《してい》を、何よりも大事にし、護《まも》りきっていく。これが地涌《じゆ》の菩薩《ぼさつ》である」

戸田先生は、牧口先生の弟子《でし》としての筋道《すじみち》を、いつもきちんとされていた。だから学会は伸《の》びた。

私と妻は、戸田先生に仕《つか》えぬいた。時代状況《じようきよう》も悪《わる》いなか、先生のために本当に働《はたら》いた。微塵《みじん》も悔《く》いはない。

私は、両親のことも、真剣に護った。戦争中《せんそうちゆう》は、四人の兄が兵隊《へいたい》にとられ、肺病《はいびよう》の私が残《のこ》った。家は空襲《くうしゆう》で焼《や》かれた。〝日本一、世界一の親孝行《おやこうこう》をしよう！〟と決めて、生きぬいてきた。

また〝歴史上、これほど師に仕えた人間はいなかった、と言われるくらい、戸田先生に仕えよう〟と思《おも》い定《さだ》めた青春であった。

十九歳で戸田先生に出会《であ》って以来《いらい》、どれほどの苦《くる》しみのなかで、創価学会をここまで発展させてきたか――この胸中《きょうちゅう》をわかる人間がどれだけいるか。

本来《ほんらい》、こういう場《ば》で言うべきではないのかもしれない。しかし、学会の未来を思えば、言わざるを得《え》ない。今、油断《ゆだん》してしまえば、隆々《りゅうりゅう》たる学会も、魔《ま》に食《く》い破《やぶ》られてしまう。

私が戸田先生のもとで戦っていた時代と比《くら》べて、今は、よほど恵《めぐ》まれている。できあがった組織のなかで役職に就《つ》いても、〝本当の苦労〟を知らなければ、人間は磨《みが》かれない。

どうすれば「師弟《してい》の精神」を護《まも》り、正しく伝えることができるのか。この一点を考えぬく人が、真《しん》の創価のリーダーである。

## 師弟こそ金剛不壊《こんごうふえ》の〝軸《じく》〟

いかなる時代になろうとも、学会の一番大事な精神性が「師弟」であることに変わりはない。増上慢《ぞうじょうまん》が、仏法の一番の敵《てき》である。ましてや、わが師匠《ししょう》が大難《だいなん》を受けているにもかかわらず、腹《はら》の中で喜《よろこ》んでいるような者を、私は、絶対《ぜったい》に許《ゆる》さなかった。

師弟の精神を護らずに、広宣流布ができるわけがない。師弟こそ、あらゆる難を勝ち越《こ》える、金剛不壊《こんごうふえ》の〝軸《じく》〟であるからだ。きょうは、この一点を皆さんに伝えておきたい。

師弟《してい》なき学会は、前進の〝軸〟がないに等《ひと》しい。皆さまが「師弟」の精神を護《まも》っていけば、必《かなら》ずすばらしい指導者が湧《わ》き出《で》てくる。その未来を、私は確信《かくしん》している。

私も、もう一度、新《あら》たな革命《かくめい》を起《お》こすぐらいの決心《けっしん》で、戦っていく。

若々しい心で、一緒《いっしょ》に進もう！


戸田先生には、「何かあったら、大作に聞け」「大作は、わかっているから」と言っていただいた。「大作とは、何時間《なんじかん》でも語りたいな」と言われ、何でも話し合う師弟であった。

あまりにも激《はげ》しい闘争《とうそう》のなか、先生は私に対《たい》して、〝夜学《やがく》も断念《だんねん》させて、すまなかった〟——こうした思いでおられた。そして、一対一で万般《ばんぱん》の学問《がくもん》を教《おし》えてくださったのである。

歴史学者のトインビー博士から手紙をいただいた時も、先生の訓練《くんれん》のおかげで、有意義《ゆうぃぎ》な対談を成《な》し遂《と》げることができた。それが私の誇《ほこ》りである。

死にものぐるいで、気取《きど》りを捨《す》てて、「先生のためならば！」「魔《ま》には、学会に指《ゆび》一本《ぽん》たりとも触《ふ》れさせないぞ！」との気迫《きはく》で進んだ。いずこの地へ行《い》っても、堂々《どうどう》と、先生の正義を訴《うった》え、熱弁《ねつべん》を振《ふ》るった。

なかでも、「大阪の戦い」が一番大変であった。後《のち》に退転《たいてん》した、古参《こさん》の幹部たちには、関西を下に見る心があった。嫌《いや》な、インチキな人間であった。しかし、予想《よそう》を完全《かんぜん》にくつがえし、私が指《し》揮を執《と》った大阪は勝った。

私は戸田先生に全生命を捧《ささ》げた。真剣勝負《しょうぶ》の「一人《ひとり》」がいる組織は必《かなら》ず発展する。師弟《してい》に生きぬく「青年」が未来を開くのだ。

日中友好《にっちゅうゆうこう》の先駆者《せんくしゃ》であった実業家《じつぎょうか》の高碕達之助《たかさきたつのすけ》氏は、「青年とは、常《つね》にその時代の行動者」＊であると述《の》べ、激動《げきどう》の世界を生きぬいた自《みずか》らの青春を振《ふ》り返《かえ》っておられる。

氏とは、一九六三年（昭和三十八年）九月にお会いした。氏の逝去《せいきょ》の半年前《はんとしまえ》のことだった。その時、氏七十八歳。私は三十五歳――。

日中友好の功労者《こうろうしゃ》は、息子《むすこ》ほど年《とし》の離《はな》れた青年の私に、未来の希望を託《たく》された。

私もまた、広宣流布の未来は、若き皆さんに託すしかない。そう心に決めている。

青年部、頼《たの》むよ！

## 母こそ尊貴《そんき》な「人類の大英雄《だいえいゆう》」

母の慈悲《じひ》ほど、深く強いものはない。

私が対話を重《かさ》ねてきたインドの哲人《てつじん》ラダクリシュナン博士も、母親が命《いのち》をかけて子どもを守る勇敢《ゆうかん》さを、「至高《しこう》の英雄的資質《ししつ》」＊であると心から讃《たた》えておられた。〈N・ラダクリシュナン博士と対談集『人道《じんどう》の世紀へ』（第三文明社）を二〇〇九年一月に発刊《はっかん》〉

生命を守り、支《ささ》え、育《はぐく》み、慈《いつく》しむ女性こそ、最高に尊貴な「人類の大英雄」なのである。

日蓮大聖人は、「不惜身命《ふしゃくしんみょう》」の信心を、母の慈悲に譬《たと》えて教《おし》えられた。

「開目抄《かいもくしょう》」には「正法《しょうほう》を護《まも》ろうとするならば、貧女《ひんにょ》がガンジス河《がわ》にあって、わが子を愛《あい》念《ねん》するがゆえに身命《しんみょう》を捨《す》てたごとくにしなさい」（御書二三三ジペー、通解）との涅槃経《ねはんきょう》の一節《いっせつ》が引かれている。重要《じゅうよう》な意義《いぎ》が込《こ》められた御文《ごもん》である。

母が子を護らんとしたように、正法を護りぬきなさい――こう大聖人は教えられた。そここそ、わが境涯《きょうがい》を開く要諦《ようてい》がある。

そしてまた、大聖人は記《しる》されている。

「今、日蓮は去《さ》る建長《けんちょう》五年（一二五三年）四月二十八日から今年弘安《こうあん》三年（一二八〇年）十二月に至《いた》るまで、足かけ二十八年の間《あいだ》、他のことは一切なく、ただ妙法蓮華経の七字五字を日本国の一切衆生《いっさいしゅじょう》の口に入れようと励《はげ》んできただけである。これはちょうど、母親が赤《あか》子《ご》の口に乳《ちち》をふくませようとする慈悲《じひ》と同じである」（御書五八五ジペー、通解）

大聖人は、立宗《りっしゅう》を宣言《せんげん》されて以来《いらい》、いかなる大難《だいなん》も乗《の》り越《こ》え、勝ち越えられながら、末《まっ》法《ぽう》の民衆《みんしゅう》のために、妙法《みょうほう》を弘《ひろ》めぬかれた。その御心《おこころ》は、母親が赤ちゃんを育《そだ》てる慈悲の心と同じだと仰《おお》せなのである。

わが婦人部の皆さま方は、まさしく、この御本仏《ごほんぶつ》の御心に連《つら》なって、妙法を、粘《ねば》り強《づよ》く、誠実《せいじつ》に、語り弘《ひろ》めてこられた。わが創価学会には、婦人部の皆さま方の慈愛《じあい》の光《ひかり》が満《み》ちている。だから、強い。だから、明るい。だから、悩《なや》める友を温《あたた》かく包《つつ》む深さがある。

あの昭和二十七年（一九五二年）の「二月闘争《とうそう》」の折《おり》にも、婦人部の皆さま方が、私とともに強盛《ごうじょう》なる信力《しんりき》、行力《ぎょうりき》を奮《ふる》い起《お》こして立ち上がってくださった。そこに、厳然《げんぜん》たる仏《ぶっ》力《りき》、法力《ほうりき》が湧《わ》き出《で》たのである。

戸田先生は、「勇気」が「慈悲《じひ》」に代《か》わると教《おし》えてくださった。

時代の闇《やみ》は深い。悩《なや》める友は、あまりにも多い。今こそ、太陽の大仏法を、勇敢《ゆうかん》に、快活《かいかつ》に、大確信《だいかくしん》をもって語っていきたい。対話を広げた分《ぶん》だけ、仏縁《ぶつえん》は広がる。

大聖人は仰《おお》せである。

「信心というのは、特別《とくべつ》なことではないのです。妻が夫《おっと》をいとおしく思うように、夫が妻のために命《いのち》を捨《す》てるように、親が子を捨てないように、子どもが母親から離《はな》れないように、御本尊を信じて南無妙法蓮華経と唱《とな》えることを信心というのです」(御書一二五五ジペー、趣意)

じつにわかりやすく、信心のあり方を教えてくださっている。

「母の心」のごとく、正法《しょうほう》を護《まも》り、正義の師弟《してい》を護り、友を励《はげ》ましていくことだ。そこにこそ、真実の信心の歓喜《かんき》がみなぎる。広宣流布の希望の前進が生まれる。

時代は動いている。今、世界各国から、創価の人間主義を支持《しじ》する顕彰《けんしょう》が相次《あいつ》いでいる。

毎日のように、うれしい連絡《れんらく》が飛《と》び込《こ》んでくる。

これも、すべて、来る日も来る日も、友のため、法のため、平和のために、広宣流布の道なき道を開いてこられた、尊《とうと》き同志の奮闘《ふんとう》のおかげである。

だれも見ていなくとも、黙々《もくもく》と使命を果《は》たす。誇《ほこ》り高く、誓《ちか》いを貫《つらぬ》く。皆が健康で、無《む》事故《じこ》で進んでいけるよう、心を尽《つ》くし、勝利を祈《いの》る——。

創価班《そうかはん》、牙城会《がじょうかい》、白蓮《びゃくれん》グループも、その心で戦ってくれている。

広布の宝城《ほうじょう》を護《まも》り、同志を護り、広布を支《ささ》える、すべての皆さま方に、私は毎日、合掌《がっしょう》する思いである。

その人にこそ、最高の〝勲章《くんしょう》〟を捧《ささ》げたい気持ちだ。そういう人がいるからこそ、妙法《みょうほう》は百九十二カ国・地域にまで広がった。

リーダーは、言葉《ことば》でもいい、笑顔《えがお》でもいい、何《なん》でもいい、真心《まごころ》にはそれ以上の真心で、必《かなら》ず応《こた》えていかねばならない。

皆に好《す》かれ、皆の心を鼓舞《こぶ》する名指導者であっていただきたい。

## 青年のために！——人権の母の願《ねが》い

われらの友情は、全世界を結《むす》んでいる。

二月四日は、アメリカの人権の母ローザ・パークスさんの誕生日である。

もう十六年前になるが、パークスさんの八十歳の誕生日を、アメリカ創価大学ロサンゼルス・キャンパスでお祝《いわ》いした（一九九三年一月三十日）。私と妻からのバースデーケーキのプレゼントを、たいへんに喜《よろこ》んでおられた。あの美しい姿《すがた》が、今も鮮《あざ》やかに心に浮《う》かぶ。

パークスさんは、この前年に、語学研修中《ごがくけんしゅうちゅう》だった創価女子短大の乙女《おとめ》たちと語らいの一《ひと》時《とき》をもった。

「彼女たちとの出会《であ》いは私の一生《いっしょう》における新しい時代の始まりを象徴《しょうちょう》するように思えてならない」と、この偉大《いだい》なお母さまは言われていた。

〈パークスさんは一九九四年五月に創価大学を訪問《ほうもん》。「あの女学生たちにお会いしたい」との希望を受け、創価女子短大の卒業生と再会《さいかい》が実現《じつげん》した〉

「これからも青年のためにできるかぎりのことをしたい。青年こそ私たちの未来だからです」――これこそ、「人権の母」が、人生の総仕上《そうしあ》げとして立てた願《ねが》いであった。私も同じ思いである。

パークスさんは、白人の乗客《じょうきゃく》にバスの席《せき》を譲《ゆず》ることを拒否《きょひ》して逮捕《たいほ》された（一九五五年十二月一日）。彼女の勇気から、あの有名な「バス・ボイコット運動」が始まったのである。

パークスさんの信念は固《かた》い。

「私たちは、強くありつづけなければなりません。希望を捨《す》ててはいけません。そうすれば、きっと打ち勝つことができます」＊「私は、自分を、不正《ふせい》と闘《たたか》った人間として、また、若い世代によりよい世界が来ることを望《のぞ》んだ人間として人びとから覚《おぼ》えていてもらいたいと思っています」＊「そして、私の闘いは続きます。抑圧《よくあつ》されている人がいるかぎり……」＊

青年と共に、正義のために戦いぬく。その人生の栄光は、永遠《えいえん》に不滅《ふめつ》である。

パークスさんの闘争《とうそう》から半世紀《はんせいき》を経《へ》て、アメリカに初のアフリカ系《けい》（黒人）大統領《だいとうりょう》が誕生した。四十七歳のオバマ大統領である。四十三歳で就任《しゅうにん》した、第三十五代のケネディ大《だい》統領《とうりょう》に比《ひ》せられる若さである。

ケネディ大統領とは、私が首都《しゅと》ワシントンを訪《おとず》れ、会談《かいだん》する予定《よてい》で話が進んでいたが、横《よこ》やりが入《はい》り、実現《じつげん》しなかった。のちに弟のエドワード・ケネディ上院議員《じょういんぎいん》が、東京の私のもとへ、わざわざ訪《たず》ねてきてくださったことも懐《なつ》かしい。

そのケネディ大統領の、平和への熱情《ねつじょう》あふれる演説《えんぜつ》を紹介《しょうかい》したい。

「試《こころ》みるのに早すぎるということはありませんし、また話し合うのに遅《おそ》すぎるということもありません」*

「たとえ、それが千里《せんり》の道程《どうてい》であれ、それ以上であれ、歴史上にわれわれがこの場所で、この瞬間《しゅんかん》に第一歩を踏《ふ》み出《だ》したということを残《のこ》そうではありませんか」*

行動する「時」――それは「今」である。そして、一歩また一歩と、着実《ちゃくじつ》に歩《あゆ》みを進めてこそ、わが人生の勝利の金字塔《きんじとう》を打ち立てることができるのだ。

私は青春時代、〝師匠《ししょう》がお元気な間《あいだ》に、偉大《いだい》な歴史を残《のこ》そう。師匠に喜《よろこ》んでもらうのだ。そして、永遠《えいえん》の勝利の因《いん》をつくろう〟――こう決意して戦った。

師弟《してい》の精神を見失《みうしな》った世界は、邪悪《じゃあく》な人間に威張《いば》られるだけである。

ともあれ、広布の戦《いくさ》は、時を逃《のが》してはいけない。絶対《ぜったい》に、悔《く》いを残《のこ》してはならない。

## 声で勝て！ 声が力《ちから》だ

今、スポーツ部の友の健闘《けんとう》が光《ひか》っている。部歌《ぶか》「勇勝《ゆうしょう》の歌」を高らかに歌いながら、自身の限界《げんかい》を超《こ》える挑戦《ちょうせん》を重《かさ》ねている。

スポーツの世界でも、よく「声を出せ！」「声で負《ま》けるな！」「声で勝て！」と言われる。

スポーツ心理学などで用《もち》いられる「シャウト効果《こうか》」という言葉《ことば》がある。かけ声などを出すことで、不安《ふあん》を取《と》り除《のぞ》き、プレッシャー（重圧《じゅうあつ》）に打ち勝って、持てる力を存分《ぞんぶん》に発揮《はっき》することができるというのである。

また、声を出すことで、脳《のう》も刺激《しげき》を受け、呼吸《こきゅう》も活発《かっぱつ》となり、血行《けっこう》もよくなる。健康にも良い。勇気の声が、壁《かべ》を破《やぶ》る。希望の声が、勢《いきお》いを増《ま》していく。

ナチスの非道《ひどう》に警鐘《けいしょう》を鳴《な》らした、チェコの作家《さっか》カレル・チャペックは述《の》べている。

「精神は自分からあきらめないかぎり、決《けっ》して黙《だま》ったりはしません。沈黙《ちんもく》する精神は、流《なが》

れることをためらう川のようなものです。私たちはそんな川を干上《ひあ》がった川と言います」＊

正義を語るのに、遠慮《えんりょ》など必要《ひつよう》ない。スッキリと語る。ハッキリと訴《うった》える。相手《あいて》がよくわかるように、心に入《はい》るように言葉《ことば》を尽《つ》くすのだ。

決《けっ》して、黙《だま》っていてはならない。悪意《あくい》や偏見《へんけん》に対《たい》しては、速射砲《そくしゃほう》のように、パンパンと打ち返すことが必要な場合《ばあい》もあるだろう。

声が力《ちから》だ。声が弾丸《だんがん》である。今、婦人部の皆さまのにぎやかな声、生き生きとした声が、広布の新時代に響《ひび》いている。本当に、頼《たの》もしく、ありがたいかぎりだ。

力強《ちからづよ》い声は、皆の心を大きく広げる。温《あたた》かい声は、友の心を開かせる。

久《ひさ》しぶりに会う友には、「しばらくでしたね」と、こちらから声をかける。失意《しつい》の友には「祈《いの》っています」「応援《おうえん》しているよ」と励《はげ》ましの声を贈《おく》る。

にこやかに、明るい笑顔《えがお》で語るのだ。自信《じしん》に満《み》ちて、正々堂々《せいせいどうどう》と対話するのだ。

最高の対話の実践《じっせん》が広宣流布である。学会活動を一生懸命《いっしょうけんめい》すれば、題目の響《ひび》きも違《ちが》ってくる。祈りも深まり、功徳《くどく》もいや増《ま》す。

仏《ほとけ》の説法《せっぽう》を「師子吼《ししく》」という。仏典《ぶってん》には、「最勝《さいしょう》の咆哮《ほうこう》（叫《さけ》び）」「恐《おそ》れなき咆哮」「無比《むひ》の咆哮《ほうこう》」が師子吼《ししく》であると記《しる》されている。

大聖人は、女性の門下《もんか》である千日尼《せんにちあま》に、こう仰《おお》せになられた。

「一匹《いっぴき》の師子王が吼《ほ》えれば、百匹の師子の子は力《ちから》を得《え》て、諸《もろもろ》の鳥や獣《けもの》は皆、頭《こうべ》が七つに破《わ》れる。法華経は師子王のようなものである。一切の獣の頂《いただき》に立つ」(御書一三一六ページ、通解)

リーダーの確信《かくしん》ある声の響《ひび》きは、友を勇気づけ、魔《ま》を打《う》ち砕《くだ》く。正義の勝利へ、威光勢力《いこうせいりょく》を倍増《ばいぞう》させる。

## 使命の舞《まい》に生きたバレリーナ・パブロワ

先日《せんじつ》(二月十一日)の本部幹部会では、うれしい再会《さいかい》があった。

一九八九年(平成元年《へいせいがんねん》)の六月、私が北欧《ほくおう》のスウェーデンを初訪問《はつほうもん》した際《さい》に、スウェーデン文化会館で出迎《でむか》えてくれた可憐《かれん》な乙女《おとめ》がいた。当時のスウェーデンSGI青年部長のお嬢《じょう》さんである。その乙女が立派《りっぱ》に、世界的なバレリーナとなって来日《らいにち》し、駆《か》けつけてくれたのだ。私も妻も再会《さいかい》を喜《よろこ》び、心から激励《げきれい》させていただいた。

日本におけるバレエの普及《ふきゅう》に貢献《こうけん》した恩人《おんじん》の一人《ひとり》に、ロシア出身《しゅっしん》の二十世紀最大のバレリーナであるアンナ・パブロワ（一八八一～一九三一年）がいる。

「瀕死《ひんし》の白鳥《はくちょう》」等の代表作で知られる彼女は語った。

「私は、劇場《げきじょう》に響《ひび》きわたる拍手喝采《はくしゅかっさい》が成功《せいこう》とは思いません。成功とは、自分の理想《りそう》を実現《じつげん》することです」*

自分が、人から喝采されるかどうかではない。自分自身が人々の苦悩《くのう》や悲哀《ひあい》と戦い、感動と希望を贈《おく》る「使命の舞《まい》」を舞《ま》うために生きぬいたのである。

彼女は、自身が成功した要因《よういん》について、「すごいトレーニングに耐《た》える強さと、完璧《かんぺき》を期《き》するまで、数千時間を費《つい》やす情熱を持っていました」*と振《ふ》り返《かえ》っている。

その最高峰《さいこうほう》の舞は、陰《かげ》の壮絶《そうぜつ》な努力、果《は》てしない練習《れんしゅう》の結晶《けっしょう》であった。自分が決めた道を、まっすぐに歩《あゆ》みゆく信念の結実《けつじつ》であった。

パブロワは言う。

「稽古《けいこ》に稽古を重《かさ》ね、また、その後に続くのも稽古です」＊
「私は踊《おど》らなくてはならないという思いに、いつもとりつかれております。自分の家の稽古場で練習《れんしゅう》しているときも、誰《だれ》もいない真《ま》っ暗《くら》な舞台《ぶたい》の上にたたずんでいるときも、ライムライトを浴《あ》びて観客《かんきゃく》の前に立つときも、どの時をとっても、この思いは同じです」＊
舞《まい》を舞《ま》う――それが私の天命《てんめい》だ。幸福だ。人生だ。いな、それが私自身なのだ。
こう彼女は決めていた。だから、くじけなかった。
どんな時でも、あきらめないで頑張った分《ぶん》だけ、大きな自分になれる。世界が広がる。
自分らしく、伸《の》び伸びと、使命の道を、どこまでも進むのだ。
「もし、私が自分に対《たい》して満足《まんぞく》し切ってしまうことがあったとしたら、私の可能性《かのうせい》とかエネルギーは消え失《き》せて《う》しまうでしょう」＊
これも、パブロワの言葉《ことば》だ。
向上心《こうじょうしん》を失《うしな》って、「もう、これでいい」と現状《げんじょう》に甘《あま》んじてしまえば、限《かぎ》りない自分の可能性を自《みずか》ら閉《と》ざすことになる。
どこまでも、上へ、上へ！　前へ、前へ！――それが人生だ。戦いである。

これこそ、わが創価の芸術部の皆さんの心意気《こころいき》である。

## 世界中に真《しん》の同胞愛《どうほうあい》を！

「芸術には人種的偏見《じんしゆてきへんけん》も、国境《こっきょう》もありません」＊とは、パブロワの揺《ゆ》るがぬ信念であった。

彼女が、戦乱《せんらん》にさいなまれた世界を回って、芸術という〝平和の武器《ぶき》〟をもって、人々を結《むす》んでいったことは、有名な史実《しじつ》である。

〝平和の大使《たいし》〟となって、困難《こんなん》な地域へも、わが身を惜《お》しまず、勇敢《ゆうかん》に足を運《はこ》んだ。

本年（二〇〇九年）、開港《かいこう》百五十周年を迎《むか》える横浜にも、一九二二年に到着《とうちゃく》し、日本で公《こう》演《えん》を行《おこな》っている。

彼女は訴《うった》えた。

「軍事《ぐんじ》とか、条約《じょうやく》とか、同盟《どうめい》とか、軍のお偉方《えらがた》とかいうものに対《たい》しては、何《なん》の信頼感《しんらいかん》も持っておりません。でも、世界のコミュニケーションをはかることがどれほど大切なことかということだけは、痛感《つうかん》しております」＊

そして、「世界中に真《しん》の同胞愛《どうほうあい》が生まれる日」*こそ、「私たち芸術家の輝《かがや》かしい勝利の日になる」*と確信《かくしん》を込《こ》めて語り、こう結論する。

「『この美しいものを創《つく》り出《だ》した国の人々は、私の敵《てき》ではありえまい』

これが、芸術というものが到達《とうたつ》すべき必然的《ひつぜんてき》ゴールなのであります。なぜなら芸術、相《そう》互《ご》理解、博愛《はくあい》、これらはすべて根本的《こんぽんてき》には同じものだからなのです」*

ここに芸術交流《こうりゅう》、文化交流の意義《いぎ》がある。

人を結《むす》べ！　心を結べ！——それが、真実の文化の精神なのである。

私が、多くの反対《はんたい》もあるなか、あえて民音《みんおん》（民主音楽協会《おんがくきょうかい》）を創立したのも、ただ世界平和を願《ねが》う一心《いっしん》からであった。

現在、民音創立四十五周年を記念して、私の友人である、世界最高峰《さいこうほう》の振付家《ふりつけか》ジョン・ノイマイヤー芸術監督《かんとく》が率《ひき》いるドイツ「ハンブルク・バレエ」の民音公演《こうえん》が、日本の各地で始まっている。民音の交流は、今や、海外百カ国・地域に広がった。

いつもいつも、陰《かげ》で支《ささ》えてくださっている、尊《とうと》き民音推進委員《すいしんいいん》の皆さま方に、この席《せき》をお借《か》りして、心から御礼《おんれい》を申し上げたい。

ところで、パブロワは、「踊《おど》り」について、興味深《きょうみぶか》いことを指摘《してき》している。

「リズムは生命の根源《こんげん》ともいうべきものであり、まさしく、宇宙《うちゅう》そのものをつかさどる鍵《かぎ》なのです」*「偉大《いだい》な生命を謳歌《おうか》するあの宇宙のリズム、それと自分との合体《がったい》です。踊りは私の生命、人生です」*

一流《いちりゅう》の目は鋭《するど》い。私たちが日々唱《とな》える妙法《みょうほう》は、宇宙の根本《こんぽん》の法であり、生命の真髄《しんずい》のリズムである。

あの大音楽家《だいおんがくか》のメニューイン氏をはじめ、私がお会いした多くの知性も、妙法の音律《おんりつ》に深く注目《ちゅうもく》されていた。

このリズムにのっとり、妙法のために戦うことは、最高の「歓喜の舞《かんきのまい》」なのである。

ともあれ、きょうという日は、二度と来《こ》ない。皆が「勇気の歌」を響《ひび》かせながら、わが使命の舞台《ぶたい》で、「希望の舞」「幸福の舞」「勝利の舞」を、晴れやかに舞《ま》いゆくことを願《ねが》ってやまない。

ローマの哲学者《てつがくしゃ》キケロの言葉《ことば》は味わい深い。

「幸《さいわ》いのきわみを尽《つ》くす者とは、ひとえに自分だけを恃《たの》んでいる者のことです」*

運命《うんめい》を切り開くのは自分だ。戸田先生は「自分自身に生きよ！」と言われた。幸福の泉《いずみ》は、わが胸中《きょうちゅう》にある。

厳寒《げんかん》に
　勝《か》ち誇《ほこ》りたる
　　梅《うめ》の花

勝つための人生だ。勝つための仏法だ。

仲良《なかよ》く、朗《ほが》らかに、声を出しあい、声をかけあいながら、皆が健康第一で、自分自身の勝利へ向かって前進することを決意しあい、記念のスピーチとしたい。

どうか風邪《かぜ》など、ひかれませんように！　お元気で！

（東京・信濃文化センター）

# 引用・参照文献

## 第一章 長編詩

9頁 ホイットマンは、Horace Traubel, *With Walt Whitman in Camden*, vol. 7, edited by Jeanne Chapman and Robert MacIsaac, Southern Illinois University Press.

21頁 ガンジーは「第6章 私の宗教的実践の補助」（保坂俊司訳）、『私にとっての宗教』（新評論）所収。

23頁 オルコットは、Louisa May Alcott, *Flowers Fables*, George W. Briggs & Co.

## 第三章 スピーチ

■婦人部代表者会議（06・2・1）

48頁 ゴーリキーは「イタリア物語」（佐藤純一訳）、『世界文学全集 82』（講談社）所収。

49頁 ゴーリキーは、Алексей Максимович Горький: Полное собрание сочинений, Том 21, Жизнь Клима Самгина, ч. 1, Наука.

51頁 イ・グルーズジェフ著『ゴーリキー』（山村房次訳、明治図書出版）

59頁 「評論」（石山正三・和久利誓一訳）、『ゴーリキー選集 5』（青木書店）所収。

63・64頁 新渡戸稲造は四つとも『新渡戸稲造全集 5』（教文館）から引用・参照。現代かなづかいに改めた。

66頁 「評論」（石山正三・和久利誓一訳）、『ゴーリキー選集 5』（青木書店）所収。

68頁 ゴーリキーは二つとも『追憶（下）』（湯浅芳子訳、岩波文庫）。

71頁 「佐渡国法華講衆御返事」、竹内理三編『鎌倉遺文 古文書編 37』（東京堂出版）所収。通解。

73頁 オルコットは二つとも「第2章 ロマンティックな時代」（谷林眞理子著）、師岡愛子編著『ルイザ・メイ・オルコット 「若草物語」への道』（表現社）所収。

74頁 オルコットは「トランセンデンタル・ウィルド・オーツ」（谷林眞理子訳）、師岡愛子編著『ルイザ・メイ・オルコット 「若草物語」への道』（表現社）所収から引用・参照。

75頁 オルコットの一つめは『若草物語（上）』（吉田勝江

訳、角川書店)。

二つめは『続若草物語(下)』(吉田勝江訳、角川書店)。

76頁 ゴーリキーは、Алексей Максимович Горький, Полное собрание сочинений, Том6, Наука.

■婦人部代表幹部協議会(06・2・10)

78頁 ダンテは『神曲』の煉獄篇(浄火)第12歌(曲)。
79頁 謝冰心は二つとも「《関于女人》後記」、『冰心七十年文選』(上海文芸出版社)所収。
80頁 エレノア・ルーズベルトは、*The Autobiography of Eleanor Roosevelt*. Da Capo Press.
コラ・コラリーナは、*Melhores Poemas de Cora Coralina*, Editora Global.
セシリア・メイレレスは、*Melhores Poemas de Cecília Meireles*, Editora Global.
81頁 エレノア・ルーズベルトは、*You Learn by Living*, Westminster John Knox Press.
ガンジーは、*The Collected Works of Mahatma Gandhi*, vol.89, Publications Division, Ministry of Information & Broadcasting, Government of India.
82頁 ガンジーは、*The Collected Works of Mahatma Gandhi*, vol.24, Publications Division, Ministry of Information & Broadcasting, Government of India.
85頁 シェークスピアは『シェイクスピア全集 IV』(小田島雄志訳、白水社)。
90頁 エレノア・ルーズベルトの一つめは、*Eleanor Roosevelt's My Day: First Lady of the World : Her Acclaimed Columns 1953-1962*, edited by David Emblidge, Pharos Books.
二~三つめは、*You Learn by Living*, Westminster John Knox Press.
91頁 ジョルジュ・サンドは『我が生涯の記』(加藤節子訳、水声社)。
コラ・コラリーナは「Folha de São Paulo」紙(二〇〇一年七月四日付)掲載の詩「Mascarados」から(Folha Online)。
93頁 ヘレナ・ルビンスタインは、*Great Quotes from Great Women*, Compiled by Peggy Anderson, The Career Press.
ロマン・ロランは「16世紀イタリア絵画の凋落」(佐々木斐夫訳)、『ロマン・ロラン全集 20』(みすず書房)所収。
94頁 シラーは「オルレアンの処女」(野島正城訳)、『世界文学大系 18 シラー』(筑摩書房)所収。
97頁 パール・バックは「母の肖像」(村岡花子訳)、『ノーベル賞文学全集 7』(主婦の友社) 所収。

98頁 パール・バックの一〜三つめは「母の肖像」(村岡花子訳)、『ノーベル賞文学全集 7』(主婦の友社) 所収。四つめは『娘たちに愛をこめて』(木村治美訳、三笠書房) から引用・参照。

99頁 パール・バックの一、三〜五つめは「母の肖像」(村岡花子訳)、『ノーベル賞文学全集 7』(主婦の友社) 所収。二つめは『娘たちに愛をこめて』(木村治美訳、三笠書房)。

100頁 パール・バックの一〜二つめは「母の肖像」(村岡花子訳)、『ノーベル賞文学全集 7』(主婦の友社) 所収。三つめは『娘たちに愛をこめて』(木村治美訳、三笠書房)。

101頁 ローザ・パークスは『勇気と希望』(高橋朋子訳、サイマル出版会)。

104頁 コンセプシオン・アレナルは、*Concepción Arenal:Obras Completas*, Tomo 2, Atlas.

105頁 ヴァージニア・ダーは二つとも、*Freedom Writer: Virginia Foster Durr, Letters from The Civil Rights Years*, edited by Patricia Sullivan, Routledge.

106頁 セネカは『道徳論集(全)』(茂手木元蔵訳、東海大学出版会)。

110頁 エマソンは、"Works and Days," *The Works of Ralph Waldo Emerson*, The Jefferson Press.

■女子部・婦人部合同協議会(06・2・14)

122・123頁 ウクラインカは二つとも、Библиотека всемирной литературы, Серия третья, Том 157, Художественная литература.

■婦人部代表者会議(06・2・27)

124頁 『内村鑑三著作集 6』(岩波書店)

125頁 内村鑑三は二つとも『内村鑑三著作集 17』(岩波書店)。

130頁 鄭雲山・陳徳禾著『秋瑾評伝』(河南教育出版社)

131頁 シェークスピアは『オセロウ』(菅泰男訳、岩波文庫)。カントは二つとも「コリンズ道徳哲学」(御子柴善之訳)、『カント全集 20』(岩波書店) 所収。

132頁 スコヴォロダは、Э. Борохов, Энциклопедия афоризмов (мысль в слове), АСТ.
コンセプシオン・アレナルは、Jorge Sintes Pros, *Diccionario de Frases Célebres*, Editorial Sintes, S.A.
トインビーは『トインビー著作集 7』(長谷川松治・安田章一郎訳、社会思想社)。

134頁 マーチン・ルーサー・キングは『汝の敵を愛せよ』

（蓮見博昭訳、新教出版社）。
135頁　ローザ・パークスは二つとも『勇気と希望』（高橋朋子訳、サイマル出版会）。
137・138頁　エレノア・ルーズベルトは三つとも『生きる姿勢について』（佐藤佐智子・伊藤ゆり子訳、大和書房）。
142頁　チョウドリは三つとも鳥飼新市編著『世界の識者が語る池田大作』（潮出版社）。
144・145頁　津田梅子の一つめは古木宜志子著『人と思想　116　津田梅子』（清水書院）。
二〜三つめは『津田梅子文書』（津田塾大学）。現代かなづかいに改めた。
146頁　星野あいは二つとも川本静子・亀田帛子・高桑美子著『津田梅子の娘たち――ひと粒の種子から』（ドメス出版）。
147頁　上田明子著「星野あい」、飯野正子・亀田帛子・高橋裕子編『津田梅子を支えた人びと』（津田塾大学）所収。
148〜152頁　アレクサンドラ・トルストイは、Александра Толстая,Дочь,ВАГРИУС. から引用・参照。
154頁　トルストイは二つとも、Полное собрание сочинений, Том23, Художественная литература.
158頁　コンセプシオン・アレナルは、*Concepción Arenal: Obras Completas*, Tomo 1, Atlas.

■婦人部代表協議会（07・2・27）
164頁　松瀬青々は『妻木』（倦鳥社）。
168頁　ドストエフスキーは『作家の日記　3』（小沼文彦訳、筑摩書房）。
169頁　ヘルダーリンは「春」（手塚富雄訳）、『ヘルダーリン全集　2』（河出書房新社）所収。
北村透谷は勝本清一郎編『透谷全集　2』（岩波書店）。
178頁　正岡子規は『子規全集　2』（講談社）。
国木田独歩は『国木田独歩全集　1』（学習研究社）。
現代かなづかい、新字体に改めた。
179頁　『韓非子　第二冊』（金谷治訳注、岩波文庫）
182・183頁　樋口一葉は二つとも『完全現代語訳　樋口一葉日記』（高橋和彦訳、アドレエー）。
185・186頁　ヒルデガルトは四つともH・シッペルゲス著『ビンゲンのヒルデガルト』（熊田陽一郎・戸口日出夫訳、教文館）。
187頁　荻野吟子は韮塚一三郎著『埼玉の女たち』（さきたま出版会）。
188・189頁　生沢クノに関する四つの証言は田中正太郎著『日本女医第二号　生沢クノ伝』（生沢クノ伝記刊行会）。
191頁　マーガレット・ミードは、Carol A. Turkington, *The Quotable Woman*, McGraw-Hill.

ヘレン・ケラーは二つともジュディス・セントジョージ著『ヘレン・ケラーを支えた電話の父・ベル博士』（片岡しのぶ訳、あすなろ書房）。

## ■婦人部最高協議会（07・11・24）

196頁　シューベルトの歌曲は、Wilhelm Müller, "Winterreise: Mut!," *Songs*, vol. 1, A Kalmus Classic Edition, Alfred Music Publishing.
ヒルティは『ヒルティ著作集 5　眠られぬ夜のために II』（登張正実・小塩節訳、白水社）。

197頁　ヒルティは二つとも『眠られぬ夜のために 1』（草間平作・大和邦太郎訳、岩波文庫）。

202頁　エレノア・ルーズベルトは、*Eleanor Roosevelt's My Day: Her Acclaimed Columns, 1936-1945*, edited by Rochelle Chadakoff, Pharos Books.

203・204頁　ローザ・パークスは三つともダグラス・ブリンクリー著『ローザ・パークス』（中村理香訳、岩波書店）から引用・参照。

205頁　ローザ・パークスは『勇気と希望』（高橋朋子訳、サイマル出版会）。

206頁　ラ・ブリュイエールは『カラクテール（上）』（関根秀雄訳、岩波文庫）。現代かなづかい、新字体に改めた。

209・210頁　ローザ・パークスは二つとも『ローザ・パークスの青春対話』（高橋朋子訳、潮出版社）。

211・212頁　与謝野晶子は五つとも『與謝野晶子全集 13』（文泉堂出版）から引用・参照。現代かなづかい、新字体に改めた。

213頁　与謝野晶子の一つめは『與謝野晶子全集 9』（文泉堂出版）。現代かなづかい、新字体に改めた。二つめは『與謝野晶子全集 3』（文泉堂出版）。

214頁　与謝野晶子は『與謝野晶子全集 13』（文泉堂出版）。新字体に改めた。

228頁　ホイットマンは『草の葉（中）』（酒本雅之訳、岩波文庫）。

229頁　『ナイチンゲール著作集 2』（湯槇ます監修、薄井坦子他編訳、現代社）

230頁　周恩来は新井宝雄著『革命児周恩来の実践』（潮出版社）。

## ■婦人部最高協議会（08・2・27）

236頁　レイモントは二つとも「ポーランドの春」（金子佳代訳）、『ポーランド文学の贈りもの』（恒文社）所収。
エミリ・ブロンテは「創造力によせて」（川股陽太郎訳）、『ブロンテ全集 10』（みすず書房）所収。

237頁　青山誠子著『人と思想 128　ブロンテ姉妹』（清水書院）

239頁　ホイットマンは、*Notebooks and Unpublished Prose*

*Manuscripts*, vol.1, edited by Edward F. Grier, New York University Press.

248頁　エレノア・ルーズベルトは二つとも、*You Learn by Living*, Westminster John Knox Press.

251〜254頁　エレノア・ルーズベルトは五つとも、*Tomorrow is now*, Harper & Row. から引用・参照。

272・273頁　モンゴメリは五つとも『エミリー（上）』（神鳥統夫訳、偕成社）。

274頁　モンゴメリは四つとも『エミリー（下）』（神鳥統夫訳、偕成社）。

276頁　馮夢竜編『喩世明言』（北京十月文芸出版社）

## ■婦人部・女子部最高協議会（09・2・18）

282・283頁　ナイチンゲールは二つともM・D・カラブリア他編著『真理の探究』（小林章夫監訳、竹内喜・菱沼裕子・助川尚子訳、うぶすな書院）。

290頁　ミシュレは『フランス革命史（下）』（桑原武夫・多田道太郎・樋口謹一訳、中央公論新社）。

299頁　与謝野晶子の一〜三つめは『與謝野晶子全集 13』（文泉堂出版）。現代かなづかい、新字体に改めた。
四つめは『與謝野晶子全集 11』（文泉堂出版）。現代かなづかい、新字体に改めた。

300頁　ナワイーは、Алишер Навоий, Уммондан дурлар, Шарк.

311頁　高碕達之助集刊行委員会編『高碕達之助集（上）』（東洋製罐）

312頁　ラダクリシュナン著「ガンジーにおける『サティヤーグラハ』と池田大作における『人間革命』」（栗原淑江訳）、「東洋学術研究」（第47巻第1号、東洋哲学研究所）所収。

317頁　ローザ・パークスは三つとも『勇気と希望』（高橋朋子訳、サイマル出版会）。

318頁　ケネディは二つとも『英和対訳ケネディ大統領演説集』（長谷川潔訳注、南雲堂）。

319頁　『カレル・チャペックの警告』（田才益夫訳、青土社）

322〜326頁　アンナ・パブロワは十二すべてマーゴ・フォンテーン著『アンナ・パヴロヴァ　白鳥よ、永遠に』（湯河京子訳、文化出版局）から引用・参照。

327頁　キケロは「ストア派のパラドックス」（水野有庸訳）、『世界の名著 13』（中央公論社）所収。

# 参考文献

## 第三章　スピーチ


■婦人部代表幹部協議会（06・2・10）
『ノーベル賞文学全集 7』（主婦の友社）
『娘たちに愛をこめて』木村治美訳（三笠書房）
『パール・バック伝』ピーター・コン著、丸田浩訳（舞字社）

■婦人部代表者会議（06・2・27）
『津田梅子文書』（津田塾大学）
『津田梅子　ひとりの名教師の軌跡』亀田帛子著（双文社出版）
『津田梅子を支えた人びと』飯野正子・亀田帛子・高橋裕子編（津田塾大学）
『津田梅子の娘たち――ひと粒の種子から』川本静子・亀田帛子・高桑美子著（ドメス出版）
『人と思想 116　津田梅子』古木宜志子著（清水書院）

婦人部指導集
# 希望の花束 2


発行日 二〇一〇年五月三日

編 者 創価学会婦人部
発行者 松岡 資
発行所 聖教新聞社
〒一六〇-八〇七〇 東京都新宿区信濃町一八
電話〇三-三三五三-六一一一（大代表）

印刷・製本 凸版印刷株式会社


＊




定価はカバーに表示してあります
ISBN978-4-412-01442-8
JASRAC 出 1002488-001